Elektronische Tachymetrie

Sammlung Wichmann

BEGRÜNDET VON DR.-ING. E. h. KURD SLAWIK

Neue Folge

HERAUSGEGEBEN VON PROFESSOR DR.-ING. HEINZ DRAHEIM

Schriftenreihe

Heft 15

Elektronische Tachymetrie

12 Vorträge

zum Oberkochener Geo-Instrumenten-Kursus 1970

HERBERT WICHMANN VERLAG KARLSRUHE

1971

ISBN 3—87907—024—5

647

Gesamtherstellung:

C. F. Müller, Großdruckerei und Verlag GmbH., Karlsruhe

Vorwort

Mit den modernen elektro-optischen Tachymetern ist der geodätische Instrumentenbau und mit ihm die praktische Geodäsie in letzter Zeit in eine neue Entwicklungsphase eingetreten. Sie scheint ähnlich, aber bedeutsamer als die früher mit der Einführung der optischen Streckenmessung, des automatischen Nivelliers oder der elektro-magnetischen Entfernungsmessung eingeleiteten Entwicklungen.

Der jetzige Schritt fügt sich als fehlender Stein in ein sorgsam vorbereitetes Mosaik. Automation in der Geodäsie bedeutet automatische Gewinnung und Verarbeitung von Meßdaten. Computer und Zeichenautomat dienen schon seit Jahren ihrer Verarbeitung, mit den neuen Instrumenten wird jetzt auch die automatische Gewinnung ermöglicht. Damit ist eine bisher klaffende Lücke gefüllt. Die datenverarbeitende Kette von der Messung über die rechnerische Auswertung bis zur automatischen Kartierung und Aufstellung der Register als Fachdatenbank ist geschlossen.

Nach stürmischer, erst 1966 begonnener Entwicklung stand im Herbst 1970 die Auslieferung der elektro-optischen Tachymeter SM 11 und Reg Elta 14 aus ersten Serien bei CARL ZEISS in Oberkochen unmittelbar bevor. Die Abteilung für Geodäsie und Photogrammetrie veranstaltete deshalb vom 29. 9. bis 1. 10. 1970, an alte Tradition anknüpfend, den 1. Oberkochener Geo-Instrumentenkurs und stellte die Vortragsreihe unter das Thema „Theorie und Praxis der modernen elektronischen Tachymeter".

Ziel dieses Kurses war es einmal, die zukünftigen Benutzer mit den neuen Instrumenten bekannt und vertraut zu machen. Es ist sicher übertrieben, wenn man die bisherige praktische Geodäsie als instrumentenfeindlich bezeichnet. Tatsache ist jedoch, daß sie im Felde mit relativ einfachen Instrumenten arbeitete, die für den Benutzer voll durchschaubar waren. Im Rahmen der neuen Entwicklung ist nunmehr neben Feinmechanik und Optik die Elektronik, und zwar in modernster Spielart, und damit neben den Vermessungsfachmann der Programmierer und der Instrumentenbauer getreten. Der Kurs wollte diesem Team ein Forum geben.

Ein weiteres Ziel wurde bezüglich der verfahrensmäßigen Voraussetzungen verfolgt. Instrument und Verfahren sind eng miteinander verbunden. Insbesondere durch das Wirken Otto von Grubers fühlen sich seine Nachfolger verpflichtet, gemeinsam mit der geodätischen Praxis Verfahren zu prüfen und gegebenenfalls neue zu entwickeln. Es galt, den Einsatz der neuen Instrumente vorzubereiten, die Verfahren zu durchdenken, anzupassen und gegebenenfalls liebgewordene Routinetechniken über Bord zu werfen.

Es galt schließlich, die Rückwirkungen aus der Praxis auf weitere, zukünftige Entwicklungen rechtzeitig zu erkennen und zu verarbeiten. Mit der Verpflichtung des Wissenschaftlers Ernst Abbe durch den Unternehmer Carl Zeiss wurde die Tradition begründet, den wissenschaftlichen Fachmann nicht nur beratend, sondern verantwortlich leitend am Instrumentenbau zu beteiligen. Dieser Tradition folgend, ist heute bei CARL ZEISS eine große Anzahl von Geodäten an der Entwicklung geodätisch-photogrammetrischer Geräte tätig. Sie kennen die Praxis, das Gespräch mit den Fachkollegen von der geodätischen Front ist für sie jedoch wichtig, wenn es gilt, neue Entwicklungen zu durchdenken. Der Kurs sollte auch hierfür Gelegenheit bieten.

Nahezu 150 Fachkollegen nahmen am 1. Oberkochener Geo-Instrumentenkurs teil. Weitere 150 Interessenten mußten zum größten Bedauern des Veranstalters auf später vertröstet werden, da nur mit dieser beschränkten Teilnehmerzahl das Ziel des Kurses erreichbar schien. Auf Grund dieses Echos wurde ein allgemeines Interesse für das in 12 Vorträgen behandelte, mit einem Referat von Prof. Dr. Draheim, dem Rektor der Universität Karlsruhe, eingeleitete Kursthema vermutet.

Es enstand der Plan, die Texte, ähnlich der „Optischen Streckenmessung und Polygonierung" Otto von Grubers, im Rahmen der Schriftenreihe „Sammlung Wichmann" zu veröffentlichen.

Der Schriftleitung und dem Verlag gebührt Dank für die Aufgeschlossenheit, mit welcher sie diesen Plan aufgriffen und verwirklichten. Dank aber auch den Autoren für die Mühe mit welcher sie die Vortragsmanuskripte zur Druckreife überarbeiteten.

Aus Fachkreisen wird der neuen Instrumentengeneration großes Interesse entgegengebracht. Einschlägige Hinweise wird man in Lehr- und Fachbüchern jedoch zur Zeit noch vergeblich suchen. Möge das vorliegende Heft diese Lücke schließen und jene Informationen vermitteln, die notwendig sind, unsere neuen Geräte zur Lösung der geodätischen Fachprobleme mit Erfolg und Nutzen anzuwenden.

Oberkochen, Dezember 1970 — Dr.-Ing. H.-K. Meier

Inhalt

Die elektronische Tachymetrie als geodätisches Meßverfahren

Von H. Draheim

Vor wenigen Monaten wandte sich ein Forstwissenschaftler an mich mit der Bitte, ihm ein Verfahren für die Bestimmung des Geländefaktors bei der Entwicklung eines Systems der forsttechnischen Geländeklassifizierung zu empfehlen. Beabsichtigt war für die Erfassung von Kleinformen von Stichprobenpunkten aus in „zwei senkrecht aufeinander stehenden Richtungen, die für die Oberflächengestalt maßgebenden Punkte nach Distanz und Höhe" mit Aufnahmedistanzen von 30–50 m einzumessen. Der Fragesteller hatte sich aber nicht mit der Anfrage begnügt, sondern sich auch Gedanken darüber gemacht, wie wohl die gesuchten Geräte für eine solche Aufgabe heute beschaffen sein könnten. Er fragte präzise:

- Existieren bereits Tachymeter, welche auf Grund einer einzigen Instrumenteneinstellung die Messung von Aufnahmeazimut, Geländeneigung, Horizontaldistanz und Höhenunterschied einzelner Punkte ermöglichen?
- Ist es möglich, solche Aufnahmedaten ohne handgeschriebenes Aufnahmeprotokoll auf Lochkarten einzutragen und anschließend auszuwerten?
- Gibt es Instrumente, welche die Meßwerte im Felde selbständig zu speichern vermögen?
- Sofern solche modernen Tachymeter mit Datenspeicherung bekannt sind, besteht die Möglichkeit zur leihweisen Benützung eines solchen Geräts für unsere Untersuchung?
- Wo wären allfällig solche Geräte erhältlich und wo bestehen Möglichkeiten zur Auswertung der Daten mit EDV?
- Wie groß wären die Kosten für die Benützung solcher Geräte und Recheneinrichtungen?

Man kann diese Anfrage zunächst einmal wohl als ein Kompliment an die Instrumentenindustrie ansehen, der man offenbar solche Konstruktionen zutraut, vor allem aber überrascht es doch wohl etwas, daß man für eine derartige bescheidene Aufgabe ohne Zögern nach einer so hochgezüchteten Konstruktion fragt. Ich konnte dem Fragesteller mitteilen, daß es solche Geräte gibt – dieser Instrumentenkurs ist ihnen gewidmet –, ich habe jedoch ein simples Reduktionstachymeter empfohlen, das dann auch völlig befriedigt hat.

An diesem einfachen Beispiel wird das immer wiederkehrende Problem der Vermessungsingenieure deutlich: Eine Aufgabe ist mit den geeigneten Instrumenten und der zweckmäßigen Methode zu lösen. Das klingt sehr trivial und doch wird es in jedem praktischen Fall Meinungsverschiedenheiten geben, was geeignet und zweckmäßig ist, nicht nur weil der Kenntnisstand über die Möglichkeiten unterschiedlich ist, sondern vor allem auch weil es vielfach gar nicht so leicht ist, eine objektive, von Traditionen und Gewohnheiten unbeeinflußte Einstellung zu neuen Möglichkeiten zu gewinnen, besonders wenn uns neue Werkzeuge zur Erfüllung unserer Aufgaben so schnell und so fremdartig beschert werden, wie es derzeit durch die Entwicklung der Elektronik, die kürzlich von amerikanischer Seite als eine neue geodätische Dimension bezeichnet wurde, der Fall ist. Von den beiden geodätischen Messungselementen, den Winkeln und den Strecken, haben die Winkel in den letzten Jahrhunderten die größere Bedeutung erlangt. Das Dreieck, die Triangulation, ist Symbol der Geodäsie geworden, wenn auch mein verehrter Lehrer, Professor Brennecke, immer mit besonderem Nachdruck darauf verwiesen hat, daß jede unmittelbare Messung eine Längenvergleichung ist, also ein eindimensionaler Vorgang, während alle anderen Messungen von Größen mittelbar geschehen und rechnerisch aus unmittelbaren Längenvergleichungen an geraden oder kreisförmigen Linien ermittelt werden. In der Tat hat das lineare Maß – die Länge – in jeder Weise die theoretische Priorität, wenn auch der Begriff des Winkels auf alle Fälle schon zur Zeit des Thales, also um 600 v. Chr. bekannt war. Wir wissen, daß wir die Eigenschaften einer Abbildung durch das Maß der Verzerrung der Längen vollständig erfassen können, und – wie GAUSS im theorema egregium gezeigt hat – können wir die Krümmungsverhältnisse einer Fläche allein durch Längenmessungen erfassen. Auch in der praktischen Erdmessung wurden die benötigten Längen ursprünglich direkt gemessen, durch die Kamele des Geographen und Bibliothekars ERATOSTHENES in Ägypten, die Reiter des Kalifen AL-MANUM in Arabien mit Gerstenkornbreiten als Längeneinheit oder die Radumdrehungen des Reisewagens des Arztes FERNEL in Frankreich. Mit den steigenden Genauigkeitsbedürfnissen und Qualitätsvorstellungen verdrängte dann die Winkelmessung die direkte Streckenmessung, und zwar nicht nur in der Erd- und Landesvermessung. Bis in unsere Tage, in denen die direkte Streckenmessung durch den Einsatz der elektromagnetischen Wellen von ihren materiellen Fesseln befreit wird, in der eine Aussage, „daß keine Messung möglich ist ohne den Begriff des starren Körpers im atomaren Verbande", weitgehend ihre Bedeutung verloren hat, sind Präzisionsmessungen auch im Bereich der Vermessungskunde in erster Linie den indirekten optischen Verfahren vorbehalten, es sei denn. man nimmt den ungewöhnlichen Aufwand einer Basismessung in Kauf.

So wurde also das Dreieck in der Triangulation wie bei der trigonometrischen Bestimmung einer Strecke mit der 2-m-Basislatte die geodätische Grundfigur. Wie sehr wir damit verhaftet sind, wurde deutlich, als vor etwa 15 Jahren die elektronische Entfernungsmessung möglich und zunächst auf die vertrauten geodätischen Konfigurationen übertragen wurde: Aus der Triangulation wurde die Trilateration. Allerdings setzte sich dann doch sehr schnell die eingangs angedeutete, notwendige gegenseitige Anpassung von Instrument und Methode durch und der Polygonzug und die Polarmethode kommen zu neuen Ehren sowie weitgehenden und vielseitigen Anwendungen, wie es z. B. durch die Messung der Satellitentraversen im vergangenen und in diesem Jahr auch in Europa deutlich wird.

Wenn der Polygonzug bei uns großräumig noch keineswegs die Bedeutung erlangt hat wie anderswo – etwa bei den transkontinentalen Polygonzügen und -netzen in den USA, in Australien und Afrika –, so liegt das zweifellos in erster Linie am fehlenden Bedarf, gewiß gilt es aber auch noch, die Polygonierung von einem ihr wohl immer noch anhaftenden Odium der Unterwertigkeit gegenüber der Triangulation und den Einschneideverfahren zu befreien. Schließlich weist noch der Festpunkterlaß von 1940 der Polygonierung nur eine Art Aushilfsfunktion zu, wie durch die Bestimmung, daß sowohl in den Landesdreiecksnetzen als auch in den Aufnahmenetzen die Lagebestimmung „in der Regel trigonometrisch" auszuführen ist und nur dann, wenn die trigonometrische Bestimmung besonders schwierig ist oder kostspielige Signalbauten erfordert, Feinpolygonzüge bzw. Gerüstpolygonzüge verwendet werden sollten, wobei es der Gesetzgeber nicht an der Mahnung fehlen ließ, „sorgfältig zu messen", was ihm bei der Triangulation wohl als selbstverständlich erschienen ist. Offenbar galten Vermessungsingenieure, die so windige Messungsverfahren der Triangulation vorzogen, als nicht besonders vertrauenswürdig. Vielleicht hat auch ein Übermaß an fehlertheoretischen Betrachtungen und die Schwierigkeiten der strengen Ausgleichung verängstigt und abschreckend gewirkt. Bemerkenswert ist z. B., daß der Ersatz der Triangulation von Berlin durch lange Polygonzüge nach dem 2. Weltkrieg keine mir bekannte Nachahmung gefunden hat und die damals mit sehr einfachen Mitteln gemessenen Züge von maximal rund 10 km auch heute noch deutscher Rekord sein dürften. Um so erfreulicher ist es, daß die von der Arbeitsgemeinschaft der Vermessungsverwaltungen der Bundesrepublik Deutschland verfaßten Richtlinien für den Erlaß zum trigonometrischen Festpunktfeld vom Jahre 1968 festlegen: „Die TP werden bestimmt durch Messung von Winkeln und Strecken. Es können entweder nur Verfahren der Winkel- oder der Streckenmessung oder beide Verfahren gemeinsam angewandt werden." Es ginge wohl zu weit, zu beanstanden, daß immer die Winkel an 1. Stelle genannt werden, wenn auch bei der Internationalen Konferenz über Methoden und Instrumente der geodätischen Netzverdichtung im August 1970 in Budapest von einem Autor so kriegerische Töne zu hören waren wie: „Es versteht sich, daß die Vorstellung, geodätische Netze in Zukunft ausschließlich mit Streckenmessungen zu messen, schwer fällt. Wir müssen trotzdem feststellen, daß die Triangulationsmethode von SNELLIUS ihren Anfang hatte und es daher logisch und notwendig ist, daß sie auch ein Ende hat. Mit anderen Worten wird diese Methode früher oder später ihre Möglichkeiten voll ausgeschöpft haben und ihren Platz zum Aufbau von geodätischen Grundnetzen einer anderen Methode abtreten müssen."

Nun ist die Frage, ob alles, was einen Anfang hat, auch ein Ende haben muß, kein geodätisches, sondern ein philosophisches Problem, das zu erörtern, Sie sicher nicht von mir erwarten, und ich würde wie WOLF bei der Erörterung der geodätischen Zielfunktionen auch hier einer mittleren Lösung zuneigen, jedoch dürfen wir nicht übersehen, daß in der Tat heute manch althergebrachter Glaubenssatz ins Wanken kommt. So haben GERKE und PELZER auf demselben Kongreß festgestellt, daß bei Streckennetzen der Grundsatz, vom Großen ins Kleine zu arbeiten, durch den entgegengesetzten Grundsatz zu ersetzen ist, weil die Genauigkeit abgeleiteter Netze, zusammengesetzt aus sog. spezifischen Entfernungen, d. h. aus günstigsten Streckenlängen der verschiedenen elektronischen Geräte, der direkten Messung von Netzen höherer Ordnung überlegen ist. CONZETT nennt die moderne Vermessung eine dynamische Technik und stellt fest: „Auch klassische, festfundierte Ideengebäude, wie die Fehlertheorie, die Ausgleichungsrechnung, die Triangulation, werden durch neue Instrumente, neue Rechenmethoden und neue Ideen verändert."

Mit der erfolgreichen Entwicklung von elektronischen Kurzstreckengeräten in den vergangenen zwei Jahren stehen wir erneut vor bedeutenden Veränderungen, die um so weittragender sind, weil diesmal der Bereich der täglichen Vermessungsarbeiten unmittelbar betroffen ist: Die elektronische Tachymetrie wird der Tachymetrie einen erweiterten Sinn und erhöhte Bedeutung geben. Tachymetrische Messungen standen bisher unter dem Bestreben, ein Optimum an Schnelligkeit, Genauigkeit, Sicherheit und Wirtschaftlichkeit zu erzielen, wobei gerade der Faktor Genauigkeit einengende Schranken für die Anwendungen setzte. Ohne eine Beeinträchtigung der übrigen Faktoren, ja sogar bei wesentlichen Verbesserungen der anderen Gesichtspunkte, wenn man den höheren Instrumentenpreis außer Betracht läßt, der im Vergleich zu den erbrachten Leistungen wirklich nicht entscheidend sein sollte, spielt nun die Genauigkeitsfrage bei der Streckenmessung in gewissen Bereichen praktisch überhaupt keine Rolle mehr: Mit minimalen Ansprüchen an meteorologische Korrekturen, die im Meßbereich bis 2000 m nicht die Problematik der großräumigen elektronischen Entfernungsmessungen haben, ist die cm-Genauigkeit gesichert, ja man kann es auch noch genauer haben. Wir müssen uns wohl alle daran gewöhnen, daß wir es so weit gebracht haben, auf die geodätische Kernfrage nach der Genauigkeit in manchen Bereichen nicht mehr achten zu müssen, und daß Fragen wie die, wie lange man mit einer Akkuladung messen kann, interessanter und wichtiger geworden sind. Ebenso dürfte die folgende, in einem englischen Fachbuch „The practical Surveyor" von 1750 enthaltene Anweisung an Bedeutung verloren haben: „Wenn man den Theodoliten durch eine Hecke trägt, kommt es manchmal vor, daß ein Dorn oder Zweig sich im Pferdehaar der Zielvorrichtung verfängt und es zerstört; darum sollte der Vermessungsingenieur immer Ersatzpferdehaare bereit haben und ein Stück eines trockenen, angespitzten Stockes, um das neue Pferdehaar in der Zielvorrichtung anzubringen." Heute ist es nützlicher, statt dessen bei Geräten, die einen falschen Akkuanschluß nicht vertragen, Ersatzsicherungen mitzuführen.

Bei den „Polaritäten", wie WOLF die Gegensätzlichkeiten nennt, die bei dem Versuch der Optimierung geodätischer Messungen zu berücksichtigen sind, treten daher heute vielfach arbeitstechnische, wirtschaftliche Gesichtspunkte mehr denn je in den Vordergrund. Auch der alte Streit im deutschen Vermessungswesen um die Vor- und Nachteile der Orthogonalmethode und des Polarverfahrens für Neu- und Fortführungsmessungen dürfte mit der Entwicklung der elektronischen Tachymeter in Verbindung mit der elektronischen Datenverarbeitung entschieden sein.

In der elektronischen Tachymetrie werden die beiden Elemente Strecke und Winkel gleichberechtigt zusammengeführt in einem Universalinstrument, das vielleicht erstmals diese Bezeichnung verdient. Natürlich darf man auch hier universal nicht zu universal auffassen. Nach wie vor gilt es, Instrumente und Methoden auf die jeweiligen Aufgaben abzustimmen, und bei einem langseitigen Polygonzug ist wohl eine Trennung der Streckenmessung von der Winkelmessung wegen der Schwierigkeiten, die jetzt bei den Winkelmessungen liegen, vorzuziehen; und selbst bei einem kurzseitigen Polygonzug kann es wirtschaftlicher sein, Strecken- und Winkelmessungen getrennt durchzuführen. Aber der Wunsch der Praxis war doch sehr auf derartige Tachymeter gerichtet. Erst kürzlich erschien in einer englischen Fachzeitschrift ein Vorschlag, durch die Montierung eines Theodoliten auf ein Geodimeter 6 zu einem universellen Messungssystem zu kommen. Typisch für den geodätischen Drang zur Perfektionierung ist dabei, daß vorgeschlagen wurde, Entfernungen bis zu 250 m durch ein hybrides Meßverfahren zu ermitteln, nämlich durch Grobablesungen an einer vertikalen Latte mit Feinmessung der letzten 5 m mit dem Geodimeter. Derartige Versuche können allerdings auch merkwürdige Formen annehmen. So waren auf einer amerikanischen Fachausstellung in diesem Jahr Theodolite mit 4 Fußschrauben und offenen Kreisen mit Lupenablesung zu sehen, auf deren Fernrohre Laser montiert waren, eine konstruktive Mischung, die nach meinem Geschmack nicht einer gewissen Komik entbehrt. Man möge mir verzeihen, wenn ich mit dieser Bemerkung vielleicht sehr brauchbaren Konstruktionen nicht Gerechtigkeit widerfahren lasse.

In dieser technischen Entwicklung, dem geodätischen Instrumentenbau, sind wir dabei, von der Perfektionierung, bei der es seit den bahnbrechenden Entwicklungen vor allem von Heinrich Wild kaum noch entscheidende Fortschritte gab, in Übereinstimmung mit den allgemeinen Tendenzen der Technik in eine Periode der Automatisierung einzutreten. Als erster spektakulärer Erfolg ist ohne Zweifel die Konstruktion des Ni 2, das freundlicherweise zu einem leicht merkbaren Zeitpunkt, nämlich zur Geodätischen Woche Köln 1950, vom Veranstalter unserer Tagung, der damals als Zeiss-Opton firmierte, herausgebracht wurde, zu bezeichnen. Zwar handelt es sich dabei nur um eine Teilautomatisierung, die aber so überragend ausgefallen ist, daß sie nicht nur alle anderen Hersteller praktisch zwang, sich ebenfalls um automatische Nivelliere zu bemühen, sondern ganz allgemein den Auftakt zur Automatisierung aller Horizontierungen bildete, selbst bei hochrangigen Theodoliten für astronomische Zwecke, was gewiß ungewöhnlich ist, denn im Gegensatz zu den Geodäten, die unentwegt justieren, sind die Astronomen mißtrauischer eigentlich immer von der Voraussetzung ausgegangen, daß dies doch nicht befriedigend gelingt, so daß sie den Instrumenten die schlimmsten Eigenschaften unterstellt haben, die Abweichungen bestimmten und durch Korrekturen der Messungen berücksichtigten.

Daß die Automatisierung mit der Horizontierung begann, ist sicher kein Zufall, weil sich hierbei die Schwerkraft gewissermaßen als automationsfreundliches Bauelement anbot. Schließlich zeigten ja schon die Nivelliere von Huygens und La Hire im 17. Jahrhundert automatische Tendenzen und um die Jahrhundertwende wurde das Versuchsmodell eines Nivelliers ohne Libelle vorgestellt – das Doppelbildnivellier – mit einer in einem Aluminiumkasten auf Quecksilber schwimmenden Eisenplatte, die ein Umkehrprisma trägt.

Wenn auch die Diskussion um die Automatisierung im geodätischen Instrumentenbau erst aufkam, als es üblich wurde, auch sonst von Automation zu reden, meist im Zusammenhang mit Rationalisierung und vielfach mit entgegengesetzter Wirkung, so erfreuen wir uns doch schon lange einer sehr wirkungsvollen Teilautomatisierung, nämlich der Selbstreduktion von Strecken und Höhenunterschieden in den verschiedensten Tachymetertypen, was zweifellos einen ganz großartigen Fortschritt der instrumentellen Entwicklung darstellte. Rückblickend möchte ich fast behaupten, daß dies gar nicht genügend gewürdigt wurde, ja ich habe oft die Feststellung machen müssen, daß Benutzer selbstreduzierender Tachymeter fälschlicherweise in dem Glauben waren, die auch äußerlich modern gestalteten Instrumente seien den alten Kreistachymetern an Genauigkeit überlegen, die Reduktion aber gar nicht so recht würdigten.

Wenn man unter Automation den Einsatz von weitgehend bedienungsfreien Arbeitssystemen versteht, so gehört die reine photographische Registrierung von Kreisablesungen trotz mancher automationsverdächtiger Merkmale wohl noch nicht dazu, denn in der Vergangenheit bedeutete dies eigentlich nur eine manchmal durchaus erwünschte zeitliche Verschiebung der Ermittlung von Ablesungen, die mit erheblichem Aufwand und unter der Gefahr der Verminderung der Genauigkeit erkauft werden mußte und sich deshalb auch nicht recht durchgesetzt hat. Natürlich erscheint es vorteilhaft, bei der Triangulation I. Ordnung die kostbare Beobachtungszeit für Zieleinstellungen und nicht für Ablesungen zu nutzen, aber schon bei astronomischen Beobachtungen nutzt die gewonnene Zeit kaum etwas, denn die für das jeweilige Verfahren geeigneten Sterne stehen deshalb nicht in kürzerem zeitlichen Abstand zur Verfügung. Die photographische Registrierung normaler Kreisbilder ist jedoch als Vorstufe der photographischen Erfassung kodierter Kreise und schließlich der photoelektrischen Abtastung und sofortigen Übertragung der Ablesungen auf Lochstreifen zu betrachten. So kommt den Code-Theodoliten, deren Konstruktion auf Betreiben der hessischen Flurbereinigungsbehörden vor über 10 Jahren in Angriff genommen wurde, gleichgültig, ob sie sich in der Praxis durchsetzen oder nicht, in der Entwicklungsgeschichte der geodätischen Instrumente sicher ein hervorragender Platz zu. Wenn man den Stand der Elektronik in den Jahren 1958/59 mit dem gesteckten Ziel vergleicht, kann man nur dankbar den Mut und die Weitsicht der Anreger und Förderer dieser Konstruktionen bewundern. Mit berechtigtem Stolz konnte Herr Dr. Dr. LANG auf dem FIG-Kongreß 1968 in London darauf verweisen, daß man hier erstmalig von der Erfassung der Meßwerte im Felde ab zu einer geschlossenen Automationskette gelangt sei.

Was die Messungen selbst angeht, so mutet die bei den Code-Theodoliten angewandte indirekte Bestimmung der Entfernungen über Basislatte und parallaktischen Winkel oder Drehkeilpaar wohl doch wie eine Verlegenheitslösung an. Auch Versuche, die Automatisierung der optischen Distanzmessung durch Photographieren des Lattenbildes zu fördern, wie sie von VAN GIJSEN angestellt wurden, wobei Fadenkreuzgeräte wegen ihrer einfachen Optik den Doppelbildgeräten vorzuziehen sind, oder die Verwendung codierter Scheiben anstelle von Skalen und Teilkreisen bei einem selbstreduzierenden Gerät mit Basis im Standpunkt, das von BOGAERTS konstruiert wurde, können nur als interessante und dankenswerte Versuche zur Überprüfung aller nur denkbaren Möglichkeiten angesehen werden. Das elektronische Registriertachymeter Reg Elta 14 hat gleich zwei Schritte über die bisherige Entwicklung hinaus getan: Die direkte Streckenerfassung und die direkte Ablochung der erfaßten Meßwerte. Trotzdem scheint mir auch dieses Instrument noch keine „rassereine" Konstruktion zu sein: Jetzt ist es die Winkelmessung, die nicht stilecht durchgeführt wird, die Codierung hat nur die Bezifferung elektrisch lesbar gemacht, ändert aber nichts an der üblichen Winkelmessung. Der direkten Streckenmessung entspricht aber die direkte Winkelmessung, wie sie heute durch elektronische Winkelmeßeinrichtungen, die Achsendrehungen digital anzeigen, etwa nach den Vorschlägen von Dr. LEITZ, möglich sind. Nun bin ich sicher, daß diese Möglichkeiten nicht übersehen wurden, ich erwähne sie nur, weil sie so schön in meinen Gedankengang passen.

Auch sonst sind natürlich die Möglichkeiten der Automation nicht erschöpft. An automatischen Zieleinstellungen – elektrischen Augen – wird ja bereits seit längerer Zeit herumkonstruiert und es ist sicher nicht besonders tapfer, Möglichkeiten einer Übertragung der Meßwerte auf eine direkt angeschlossene oder auch entfernte Datenverarbeitungsanlage mit praktisch sofortiger Rückmeldung der ausgewerteten Ergebnisse vorauszusagen. Zweifellos ist heute die Kritik ungeduldiger als früher, wo schon kleine instrumentelle Verbesserungen ausführlich gewürdigt wurden. So warf IWANOW auf der bereits erwähnten Konferenz in Budapest vor einigen Wochen der doch noch sehr jungen elektrooptischen Entfernungsmessung – sie ist etwa 20 Jahre alt – vor, sich immer nur in traditionellen Bahnen zu entwickeln. Die Geräte werden zwar kleiner und leichter, die Anwendungsmöglichkeiten – etwa die Tagesmessungen – wurden verbessert, aber grundsätzlich ändere sich nichts. Man müsse mit den Geräten von Punkt zu Punkt wandern und das Umsetzen und Aufstellen stelle die eigentliche Leistungsbegrenzung dar. IWANOW schlägt deshalb ein neues System vor, bei dem durch die Aufstellung von sog. Deviatoren, passiven optisch-mechanischen Elementen, die Lichtstrahlen eines elektrooptischen Geräts in jede gewünschte Richtung abgelenkt oder reflektiert werden können. Die Deviatoren bestehen dabei aus Spiegel-Linsen-Systemen, deren Konvergenzbündel durch ein Prisma rechtwinklig von ihrer optischen Achse abgelenkt und mit Hilfe zweier weiterer Prismen verbunden werden. Der aktive Entfernungsmesser braucht dann in Polygonnetzen nur auf den Knotenpunkten, in Zentralsystemen auf einer Station aufgestellt zu werden. Auch für Grubenmessungen, wo auch bisher schon ablenkende Spiegel Verwendung fanden, eignet sich dieses System.

Von der „Meßmaschine, die über das Gelände fährt, Karten aufnimmt und am laufenden Band herauswirft", von der PFITZER vor über 30 Jahren gesprochen hat, sind wir allerdings auch heute noch weit entfernt, wenn auch die Entwicklung in der Photogrammetrie, gekennzeichnet etwa durch neue Aufnahmetechniken aus der Luft, durch Analytical Plotter, Stereomat, Orthophotogrammetrie und Korrelatoren in dieser Hinsicht schon sehr weit gediehen ist. Aber auch da bleiben noch erhebliche Schwierigkeiten, so bei der Zeichenerkennung, angewendet auf topographische Gegenstände.

Trotz des Einsatzes hochgezüchteter technischer Bauelemente ist wohl auch bei der elektronischen Tachymetrie die Tendenz auf prinzipielle Vereinfachung gerichtet: Das Messungselement Strecke wird ohne Umwege ermittelt: Wenn man bedenkt, wie vielfältige Konstruktionen von Tachymetern in den vergangenen beiden Jahrhunderten entstanden sind – nach SCHNEIDER sind es über 100 Typen – in dem Bestreben, Genauigkeit, Wirtschaftlichkeit, Bequemlichkeit oder Sicherheit zu verbessern durch verschiedene Basisanordnungen, Ablesung an mehreren Fäden, Streckung von Diagrammkurven, besondere Ausbildung der Latten u. a. m., wird man die heutige Entwicklung erst recht zu würdigen wissen. Wir können dabei Übereinstimmung mit der allgemeinen Tendenz der Konzentration der Messungen auf die Grundelemente und der digitalen Verarbeitung derselben feststellen, wie es besonders ausgeprägt in der analytischen Photogrammetrie deutlich wird, wo Komparator und Rechenanlage zu den ausgeklügelten Auswertegeräten in Konkurrenz getreten sind. Gerade die geodätische Rechentechnik zeichnete sich in allen Bereichen durch besonderen Trickreichtum aus und die Entwicklung der Ausgleichsrechnung konzentriert sich in den vergangenen Jahrzehnten eigentlich vornehmlich auf die Auflösung großer linearer Systeme. Ohne Zweifel müssen wir uns heute noch dazu zwingen, stets ganz gezielt die Entwicklung der Rechenmöglichkeiten in unser Bewußtsein zu rufen, wenn wir ihnen gerecht werden wollen. Leserzuschriften auf Aufsätze zur elektronischen Datenverarbeitung zeigen immer noch ein erhebliches Mißtrauen gegenüber diesem „wirklichen Wunder unserer Zeit", wie der amerikanische Photogrammeter DOYLE die Datenverarbeitung kürzlich genannt hat. DOYLE weist dabei darauf hin, daß die angesehene Zeitschrift „Business Week" im Jahre 1954 den Bedarf an Großrechenanlagen für die USA für absehbare Zeit auf 50 geschätzt hat, daß es aber heute bereits über 100000 Computer in den USA gibt, von denen jeder größer ist als die der Schätzung zugrunde gelegten Anlagen.

Alle bisherigen Schritte in Richtung auf eine Automatisierung der Messungsvorgänge erwecken aber doch wohl mehr oder weniger den Eindruck der gelegentlichen Ausnutzung technischer Entwicklungen ohne eine wesentliche systematische Analyse der Notwendigkeiten und Möglichkeiten. Wie weit man sich einer vollständigen Automatisierug – einer Komplexautomatisierung – überhaupt annähern kann oder sollte, darüber gibt es erst Ansätze der Überlegung. Hier ist besonders auf die Arbeiten von SILAR zu verweisen, der den Messungsprozeß, in dem Mensch und Meßgerät untrennbar am Messungsvorgang beteiligt sind, als kybernetisches Modell betrachtet, die Elemente und Teilsysteme dieses Systems mit ihren Kopplungen analysiert, damit die Struktur des Systems erfaßt und in einer Matrix der Kopplungen darstellt. In diesem Modell werden die Sinne des Menschen – Augen und Ohren – zu Rezeptoren, Hände, Füße und Stimmbänder zu Effektoren, die Meßinstrumente zu Verstärkern, Feldbücher zu Speichern, es treten Vermittlungselemente, Begrenzungselemente, Umsetzer und ähnliches auf und es ist vom Rauschen die Rede. Wenn bei solchen Untersuchungen herauskommt, daß die Automatisierung der Vermessungen in der Ausschaltung menschlicher Funktionen auf der Bahn der Messungsinformation besteht, dann mag diese Erkenntnis als trivial erscheinen, man ist jedoch bei näherer Beschäftigung damit überrascht, wie sehr eine solche Betrachtungsweise geeignet ist, die komplexen Zusammenhänge, die weitgehend auch von menschlichen Gewohnheiten beherrscht werden, aufzuhellen und zu objektivieren. In diesen Bereich gehört auch die informations-theoretische Betrachtungsweise der Geräteprüfungen durch MICHALCAK und die Optimierungsversuche der Messungsmethoden mit Hilfe der Decision-Theory der holländischen Geodäten um BAARDA, besonders von ALBERDA.

In den letzten Betrachtungen war viel vom Menschen die Rede, dem Menschen als Beobachter, von dem Prof. BRENNECKE immer gern als 5. Koordinate sprach, um seine Bedeutung im Messungsprozeß zu unterstreichen. Auf die uns umgebende Natur, in der wir messen, bin ich nicht näher eingegangen, sie ist in der Aufgabe mit enthalten, die der Mensch mit Hilfe seiner Instrumente und Methoden lösen soll und sie hält dabei für uns so hilfreiche Eigenschaften bereit, wie die Refraktion, auf die wir alles das an Unzulänglichkeiten schieben können, was wir nicht anders zu erklären vermögen. Die Konstrukteure schrecken aber selbst davor nicht zurück, wie der Versuch von FROOME zeigt, gewissermaßen durch den Einbau der Natur, eine besondere Anpassung von Hohlraumresonatoren an die atmosphärischen Verhältnisse im Mekometer, zu einem „error-free-system" zu kommen, ein Ziel, daß der Mensch Gott sei Dank nie erreichen wird.

Von BESSEL, der im Jahre 1838 mit der ersten erfolgreichen Messung einer Sternparallaxe gewissermaßen den Schlußstein im Kopernikanischen System setzte, wissen wir, daß er in der Auswertung der Beobachtungen durch den Beobachter selbst eine Grundbedingung für den Erfolg der Messungen sah, und kein Geringerer als GAUSS, dem wir praktisch die objektivierende Ausgleichungsrechnung nach der Methode der kleinsten Quadrate verdanken, maß jeden Winkel so lange, bis ihm sein Recht geschehen war, und fand an dem ganzen „Geschäft mit seinen täglichen Ausgleichungen" Vergnügen und Unterhaltung. Er meinte in einem Brief an BESSEL, daß es vor Gott am Ende auch einerlei sei, ob wir die Lage eines Kirchturms auf einen Fuß oder die eines Sterns auf eine Sekunde bestimmt haben. Sicherlich hat sich seit dieser Zeit die Auffassung über den Messungsprozeß gewandelt, aber ebenso sicher lohnt es sich, darüber nachzudenken, ob mit der mehr oder weniger vollständigen Automatisierung der Messungen und ihrer Auswertung wirklich nur Gefühlswerte verloren gehen. Nun werfen die Automation oder auch nur die Möglichkeiten der elektronischen Datenverarbeitung ganz allgemein Probleme von ganz anderen Dimensionen auf, als wir sie hier vorliegen haben. Mir scheint aber dieser ganze Fragenkomplex durchaus sehr schnell in eine sachliche, unideologische Phase gekommen zu sein. Es fällt auf, daß man z. B. das Wort „Elektronengehirn" kaum noch hört und sich auch nicht mehr so sehr damit beschäftigt, ob die Computer denken können. Dafür ist aber die Bedeutung der soft-ware gegenüber der hard-ware erheblich gewachsen, d. h. der ideelle, intellektuelle Anteil – Organisation, die Photogrammierung – setzt sich gegenüber dem materiellen Anteil durch. Fassen wir die moderne technische Entwicklung als Intelligenz-Verstärkung auf, so wie die Maschine als Energie-Verstärker im noch andauernden industriellen Zeitalter wirkt, so braucht der Einsatz von weitgehend bedienungsfreien Arbeitssystemen zur Entlastung des Menschen keine Zurücksetzung menschlicher Aktivität zu bedeuten, sondern kann vielmehr zur Verbesserung von bisher unterbewerteten Anteilen an der Gesamtaufgabe führen. So wies CONZETT kürzlich darauf hin, „daß noch viel weitergehende Änderungen zu erwarten sind, deren Ursprung außerhalb von Meßtechnik und Berechnungstechnik liegt" und führt dafür Optimierungsprobleme an. Schon bei GAUSS können wir anläßlich der Vorarbeiten zur hannoverschen Gradmessung lesen: „Was mir Sorgen macht, ist nicht der szientifische, ja auch nicht der technische Teil der Operation, sondern vielmehr, wenn ich es so nennen darf, der administrative." Nun braucht man das gewiß nicht so eng aufzufassen, wie GAUSS es meinte, der bei dieser Klage wirklich nur an die Organisation der Feldarbeiten dachte und sich dafür Offiziere wünschte. weil diese am besten mit den Bauern fertig würden. Anlage und Planung der Messungen – das Administrative im technischen Bereich – waren aber auch bisher keineswegs untergeordnete Nebenarbeiten: In der Tachymetrie ist immer schon der Mann, der die Punkte auswählt und die Geländeskizzen fertigt, die Hauptperson gewesen und nicht der Mann am Instrument, der einstellt, abliest und Feldbuch führt und dem heute die letztgenannten beiden Tätigkeiten abgenommen werden. Auch bei technischer Perfektionierung bleibt das Gerät ein Werkzeug in der Hand des Menschen, das er geschickt oder ungeschickt, zweckmäßig oder unzweckmäßig benutzen kann. Als Beispiel möchte ich die hervorragenden Ergebnisse, welche unsere französischen

Kollegen mit dem guten alten Tellurometer MRA-2 – so darf man heute schon davon reden – erreicht haben, allein durch sorgfältig auf die technischen Möglichkeiten und ihre Abhängigkeit von den meteorologischen Bedingungen abgestimmte Messungsanordnung. Die technische Entwicklung machte den erfahrenen Beobachter nicht überflüssig.

Aber wie wird man heute ein erfahrener Beobachter? Kann man es werden, ohne jemals mit Reichenbachschen Distanzfäden gemessen, eine Winkelmessung in allen Kombinationen durchgeführt zu haben oder gar die Aug- und Ohr-Methode zu beherrschen? Wir streiten uns noch über den didaktischen Wert der Logarithmentafel für das geodätische Rechnen. Können wir angesichts hochgezüchteter, elektronisch ausgestatteter Instrumente Übungen am Legebrett veranstalten, Run-Bestimmungen und ähnliches durchführen oder reicht es, mit Frequenzzählern und Oszilloskopen umgehen zu können?

Wir haben festgestellt, daß Studenten bei den Übungen mit verschiedenen Geräten zur elektronischen Entfernungsmessung zunächst begeistert sind, wenn sie nach den oft mühsamen Ablesungen an der Anzeigeröhre des Tellurometers MRA-2 Geräte mit digitaler Angabe der Meßergebnisse kennen lernen, daß diese Begeisterung aber bald der Langweile weicht und ein Gefühl aufkommt, daß man eigentlich mit der Herstellung des Kreises und der Ableseunterbrechung die Messung selbst besser in der Hand hat. In der Tat ist es ja fast ein wenig lächerlich, mit welchem Eifer immer wieder darauf verwiesen wird, daß das mehr oder weniger starke Zittern irgendeines Ablesezeigers oder einer angezeigten Ziffer als Indiz für die Qualität der Messung bewertet werden könnte. Hier fehlt offenbar noch der Mut zur konsequenten Anerkennung der fortgeschrittenen Automation. Wenn die Digitalisierung der Messung einen Informationsverlust bedeutet, dann muß man den ganzen Messungsvorgang anders gestalten, wenn auf die in einem verknautschten Kreis oder einer schlechten Unterbrechung enthaltene Informationen nicht verzichtet werden kann.

Wir sehen, noch immer spielt Menschliches – Allzumenschliches – eine erhebliche Rolle und ich denke, es wird auch noch eine Rolle spielen, wenn die Automation weiter getrieben wird und nicht nur die Ablesungen in Lochstreifen gestanzt, sondern gleich die ausgewerteten Ergebnisse getrost nach Hause getragen werden.

Abschließend muß ich selbstkritisch feststellen, daß ich Ihnen eigentlich nicht viel Handfestes zum Thema dieser Tagung vorgetragen habe. Vielleicht ist es mir aber gelungen, für die Spezialthemen ein wenig Hintergrund zu liefern und Nachdenklichkeit gegenüber den heute fast zu selbstverständlich anmutenden technischen Erfolgen anzuregen.

Bei allem berechtigtem Stolz ist es sicher nicht die Hauptaufgabe dieser begrüßenswerten Veranstaltung, zu beweisen, wie herrlich weit wir es doch gebracht haben, vielmehr soll und wird hier ein Beitrag für die kritische Einordnung neuer technischer Möglichkeiten in unsere Arbeit geliefert werden. In diesem Sinne wünsche ich dem Oberkochener Instrumentenkurs einen erfolgreichen Verlauf.

Neue Ziele und Methoden der automatischen Berechnung umfangreicher geodätischer Netze

Von F. Ackermann, Stuttgart

Ziele

Mit den selbstregistrierenden elektronischen Tachymetern steht eine neue Generation geodätischer Meßgeräte für die Punktbestimmung im Bereich kurzer und mittlerer Entfernungen zur Verfügung. Diese Geräte schaffen für die Punktbestimmung im Kataster und für engmaschige Netze, das heißt Netze 3. oder 4. Ordnung hinsichtlich der Genauigkeit und der Operationsbedingungen eine neue Situation. Ohne eine Diskussion der Wirtschaftlichkeit hier vorwegnehmen oder die praktischen Probleme der Arbeiten im Felde gar übersehen zu wollen, kann man doch davon ausgehen, daß die Messungen im Feld mit den neuen Geräten beschleunigt werden und daß daher die Voraussetzungen dafür gegeben sind, Vermessungsprojekte großen Umfanges, mit einem sehr großen Anfall von Meßdaten, zu realisieren.

Angesichts dieser meßtechnischen Möglichkeiten ist es an der Zeit, sich die Frage zu stellen, ob damit nicht hinsichtlich der rechnerischen Datenverarbeitung ebenfalls eine neue Situation gegeben ist, und ob gewisse Konsequenzen zu ziehen sind. Ich möchte hier den Standpunkt vertreten, daß wir die Methoden der rechnerischen Verarbeitung von Meßdaten ebenfalls modernisieren müssen, um so das Äquivalent zu der Entwicklung in der Meßtechnik zu schaffen, und zwar speziell im Hinblick auf die automatische Verarbeitung großer Datenmengen.

Es geht im Grunde darum, die Automation in der Datenverarbeitung ernst zu nehmen. Dabei können wir von den heutigen Gegebenheiten der Computer-Technologie ausgehen, die im Hinblick auf unsere Problemstellung dadurch gekennzeichnet ist, daß mit Großrechenanlagen Ausgleichungen sehr großen Umfangs nicht nur durchgeführt, sondern mit relativ sehr niedrigen Kosten durchgeführt werden können. So ist z. B. das Leistungsverhältnis (Multiplikationsgeschwindigkeit) zwischen der Control Data CDC 6600 zur Zuse Z 23 etwa 30000 : 1, das Verhältnis der Rechenkosten pro Zeiteinheit nur rund 30 : 1. Man hat also bei gleichen Gesamtkosten den Faktor 1000 als Spielraum, um den man strenger, anspruchsvoller rechnen kann. Das ist der allgemeine Grund, weshalb man sehr bewußt über die Stufe der kleinen oder höchstens mittelgroßen Rechenanlagen hinausgehen sollte, die heute noch die Möglichkeiten und die Rechenmethoden bei den meisten unserer Behörden und Firmen bestimmen.

Lassen Sie mich aber zunächst an Hand der Stichworte Großrechenanlagen und Großausgleichungen rechtfertigen, weshalb ich als Photogrammeter hier über Fragen der Berechnung geodätischer Netze spreche. Ich erhebe nicht den Anspruch, für Einzelheiten der Meßpraxis mit elektronischen Tachymetern zuständig zu sein. Meine Ausführungen beruhen und beziehen sich darauf, daß die Probleme und die Strukturen von Großausgleichungen, oder allgemeiner die Probleme der automatischen Berechnung großer Datenmengen in der Photogrammetrie und in der Geodäsie völlig gleichartig sind. Weiterhin wendet die Photogrammetrie seit längerer Zeit Großausgleichungen erfolgreich in der Praxis an. Die Erfahrungen der Photogrammetrie können daher den Weg weisen für die Bewältigung umfangreicher geodätischer Ausgleichungen und bekräftigen die Überzeugung, daß die Anwendung im Bereich des Vermessungswesens ebenso erfolgreich sein wird wie in der Photogrammetrie.

Es muß besonders betont werden, daß ich hier nicht nur von theoretischen Möglichkeiten für Großausgleichungen spreche. Wir beschäftigen uns am Institut für Photogrammetrie an der Universität Stuttgart seit einiger Zeit mit den Problemen großer Blockausgleichungen und halten auf Grund unserer bisherigen Erfahrungen Großausgleichungen mit mehreren tausend bis 10000 Unbekannten für praktisch möglich und sinnvoll. Von uns aus sind also die Gedanken, die hier vorgetragen werden, nicht nur als akademische Prinzipbetrachtungen, sondern als unmittelbar praktisch realisierbar gemeint. An dieser Stelle sei darauf hingewiesen, daß ich hier die Arbeiten, Erfahrungen und Auffassungen meiner Mitarbeiter mitvertrete, unter denen besonders Dr. EBNER, Dipl.-Math. KLEIN und Dr. KRAUS genannt seien.

Um die neue Zielsetzung deutlich herausstellen zu können, sei zunächst die Ausgangssituation, wie sie sich speziell für umfangreiche Tachymeternetze bietet, durch 2 Thesen charakterisiert:

a) Die meßtechnischen Voraussetzungen zur Messung großer Punkthaufen oder umfangreicher Netze sind gegeben. Ebenso sind Aufgaben gegeben, die sehr umfangreiche Messungen erfordern oder nahelegen. Außerdem ist vorausgesetzt, daß die Meßverfahren im Großeinsatz wirtschaftlich sind.

b) Bisher ist die Berechnung von Netzen oder Punkthaufen nur schwach automatisiert und folgt noch weitgehend dem hierarchischen System der früheren Handmethoden.

Zu a):

Daß mit den neuen elektronischen Tachymetern die Messung großer Punktmengen möglich ist, muß ich hier nicht weiter ausführen. Auch hinsichtlich des Bedarfs bei umfangreichen Katasterneuvermessungen braucht wohl nicht viel gesagt zu werden. Dagegen ist ein Hinweis auf die Bedeutung sehr genauer, engmaschiger Netze angebracht. In [1] haben GERKE und PELZER (AVN 8, 1970) dargelegt, daß man mit genauen, engmaschigen Flächennetzen die klassische Hierarchie des Netzaufbaues umkehren oder zumindest die eine oder andere Stufe überspringen kann. Es gibt jedenfalls Fälle, wo das alte Prinzip „Vom Großen ins Kleine" unter modernen Bedingungen nicht mehr unbesehen Gültigkeit beanspruchen kann. Es ist wohl nie wirklich begründet worden, sondern ergab sich letztlich – wie viele Axiome des Vermessungswesens und der Vermessungsverwaltung – aus technologischen und organisatorischen Bedingungen historischer Art, die mit dem Wandel der Technik und der Gesellschaft der Abwandlung oder gar Umkehrung unterliegen müßten. Man sollte meines Erachtens solche Gesichtspunkte neben den viel strapazierten der Tradition und der Kontinuität stärker in das Bewußtsein rücken.

Zu b):

Die These, das Vermessungswesen rede zwar viel von Automation, speziell bei den Rechenverfahren, sei aber im Grunde nicht weit gekommen und nicht weit von den früheren Methoden der Handberechnung entfernt, läßt sich für den hier interessierenden Fall leicht dadurch stützen, daß man analysiert, wie die Meßdaten umfangreicher elektronischer Tachymetermessungen praktisch berechnet werden. Im wesentlichen werden doch nach wie vor zunächst einzelne Hauptzüge berechnet und für sich ausgeglichen, dann eventuell Nebenzüge eingehängt, bestenfalls die eine oder andere Verknotung berechnet und schließlich die Masse der Punkte polar angehängt. Diese vereinfachte Beschreibung dürfte nicht sehr weit von der Wirklichkeit der Praxis entfernt liegen. Im Laufe dieses Kurses wird noch mehrfach über Rechenverfahren vorgetragen werden. Es wäre erfreulich, wenn sich dabei die eben skizzierte Beschreibung als überholt erweisen würde.

Dieses hierarchische System der Berechnung ist selbstverständlich praktikabel. Wesentlich ist jedoch die Feststellung, daß es als System nicht wirklich automatisiert ist, auch wenn alle Einzelberechnungen elektronisch durchgeführt werden.

Weiterhin ist wesentlich, daß ein hierarchisches System der Berechnung sachlich nicht mehr gerechtfertigt ist, wenn keine wirkliche Genauigkeitshierarchie der Messungen vorliegt, d. h. wenn alle Messungen praktisch gleich genau sind. Dieser Fall ist bei den elektronischen Tachymetern gegeben.

Der Hauptnachteil des hierarchischen Systems ist aber, daß es bei sehr großen gleichartigen Datenmengen, wenn also tausende von Punkten gemessen wurden, seine Übersichtlichkeit verliert, speziellen Sachverstand erfordert, schwerfällig wird und nicht mehr als praktikabel und wirtschaftlich gelten kann.

Ferner soll nicht übersehen werden, daß diese Methoden der Berechnung der Messung im Feld sehr einschränkende Bedingungen auferlegen. Die Möglichkeiten der wirklich freien Stationierung können bisher kaum genützt werden. Die Messung richtet sich noch nach dem beabsichtigten Rechenverfahren.

Und schließlich sei darauf hingewiesen, daß durch die vereinfachten Rechenmethoden Genauigkeiten verschenkt werden. Ein großer Teil der Spannungen in Punktsystemen rührt durchaus nicht von unzureichenden Messungen, sondern von unzureichenden Rechenmethoden her.

Im Gegensatz zu diesen, sich an traditionelle Methoden anlehnende Rechenverfahren sei hier die neue Zielsetzung der völlig automatischen, möglichst strengen Berechnung hervorgehoben. Es geht dabei um die direkte, möglichst strenge Berechnung der Netze beliebigen Umfanges, unmittelbar aus den ursprünglichen Meßdaten, unter Beachtung aller Beziehungen oder Bedingungen des mathematischen Modells. Das bedeutet insbesondere, daß keine Zwischenberechnungen erfolgen sollen, die eine vom Bearbeiter im einzelnen zu wählende Strategie verlangen. Begriffe wie Hauptzüge, Nebenzüge, Verknotungen, Einhängen sollen überhaupt nicht mehr auftauchen. Wir haben standpunktweise geordnete Meßdaten, die einer Gesamtausgleichung zu unterziehen sind. Alles, was dazu benötigt wird, sollte sich in der Rechenanlage abspielen, die außer dem allgemeinen Rechenprogramm keine speziellen Anweisungen benötigen soll. Dazu gehört insbesondere auch, daß für die Ausgleichung keine Näherungskoordinaten für die unbekannten Neupunkte einzugeben sein sollen. Auch jegliche manuelle Auswahl oder Ordnung der Daten muß selbstverständlich entfallen, ebenso wie spezielle, auf den Einzelfall abgestimmte Anweisungen für die Ausgleichung. Und im Prinzip sollte auch die Fehlersuche nach groben Fehlern automatisch erfolgen. Dieser Punkt muß allerdings vorläufig noch zurückgestellt werden.

Diese Stichworte sollen hier ausreichen, die neue Zielsetzung für die Phase der Meßdatenverarbeitung – sehr zu unterscheiden von der der Datengewinnung – herauszustellen. Erfahrungsgemäß ist es nicht ganz einfach, die Notwendigkeit für derart radikale Forderungen einzusehen, wenn man in den Begriffen der bisherigen Stufe der Automation denkt, die doch scheinbar recht befriedigend arbeitet. Es ist wesentlich, die gemachte Voraussetzung sehr umfangreicher Datenmengen vor Augen zu halten. Wenn tausende von Punkten gemessen werden, sind die sonst so trivialen Dinge plötzlich sehr problematisch, wie zum Beispiel Näherungskoordinaten zu berechnen oder Punkte an Hand einer Übersichtskarte herauszusuchen oder sie einander zuzuordnen. Wir sollten nicht einmal mehr voraussetzen, daß eine gute graphische Punktübersicht vorhanden ist, und selbst wenn sie vorhanden ist, sollte sie für die Ausgleichung zunächst gar nicht herangezogen zu werden brauchen. Die gegebenen und gemessenen Daten allein bestimmen ein System und müssen für dessen Berechnung hinreichend sein.

An dieser Stelle sei der Hinweis auf die Blockausgleichungen der Photogrammetrie gestattet, wo derartige Forderungen schon seit längerem gestellt werden. Ihre weitgehende Berücksichtigung ist eine wesentliche Bedingung des Erfolgs der Verfahren.

Methoden

Im folgenden sollen einige technische Probleme der automatischen Berechnung von Netzen diskutiert werden. Dabei stehen der gebotenen Beschränkung wegen die Gesichtspunkte im Vordergrund, die mit der Durchführung der Berechnungen direkt zusammenhängen.

Beschränken wir uns auf die Fragen der Ausgleichung, dann können wir 3 Problemgruppen unterscheiden:

- Kodierung der Messungen
- Beschaffung von Näherungswerten für die Unbekannten
- Numerische Durchführung von Großausgleichungen

Das Problem der Kodierung der Messungen kommt im Kap. III kurz zur Sprache. Hier sei zunächst nur vorausgesetzt, daß jedem Geländepunkt (sei er Stand- oder Zielpunkt) eine Nummer und außerdem jeder Messung ein Standpunkt i und ein Zielpunkt j erkennbar zugeordnet ist.

Wir gehen für den Fall der elektronischen Tachymeter ganz allgemein davon aus, daß stets Strecke s und Richtung r vom jeweiligen Standpunkt i zum Zielpunkt j gemessen sind (Abb. 1). Gegeben sind also zusammengehörige Richtungs- und Streckenmessungen (r_{ij}, s_{ij}). Weiterhin sind mindestens einige trigonometrische Punkte gegeben, die als Stand- oder Zielpunkte Bestandteil des Punktfeldes sind: (x_T, y_T).

Gesucht sind die x, y-Koordinaten einer großen Zahl von Neupunkten sowie die Orientierungsgrößen ω der Richtungssätze. Also

$$(r, s, x_T, y_T) \rightarrow (x, y, \omega) \tag{1}$$

Kompliziertere Ansätze werden hier für den Fall elektronischer Tachymetermessungen nicht in Betracht gezogen.

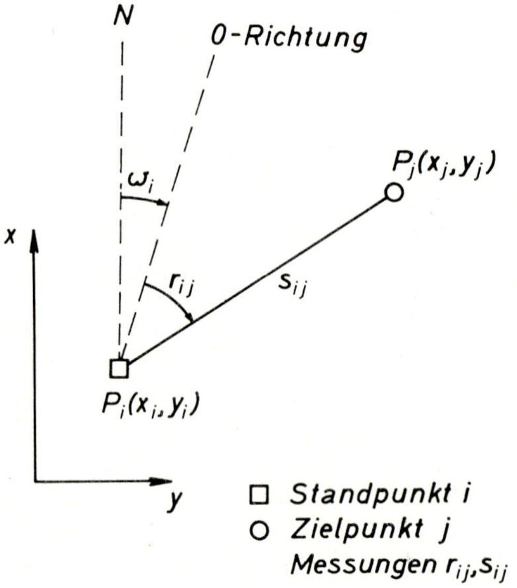

Abb. 1 Übersicht und Bezeichnungen

Die Behandlung eines derartigen Ausgleichungsproblems wird üblicherweise nach vermittelnden Beobachtungen angesetzt (Bedingungen sind sehr schwer allgemein zu formulieren und werden hier nicht in Betracht gezogen). Für Richtungs- und Streckenmessungen lauten die Fehlergleichungen wie folgt:

$$r_{ij} + v_{ij}^r = \text{arc tg} \frac{y_j - y_i}{x_j - x_i} - \omega_i \tag{2a}$$

$$s_{ij} + v_{ij}^s = \sqrt{(x_j - x_i)^2 + (y_j - y_i)^2} \tag{2b}$$

Diese Ausgangsbeziehungen sind nicht linear. Man pflegt sie zu linearisieren, indem man von Näherungen x^0, y^0, ω^0 der Unbekannten ausgeht und erhält

$$v_{ij}^r = -d\omega_i + \left(\frac{y_j - y_i}{s_{ij}^2}\right)_o \varrho\, dx_i - \left(\frac{x_j - x_i}{s_{ij}^2}\right)_o \varrho\, dy_i -$$

$$- \left(\frac{y_j - y_i}{s_{ij}^2}\right)_o \varrho\, dx_j + \left(\frac{x_j - x_i}{s_{ij}^2}\right)_o \varrho\, dy_j - f_{ij} \tag{3a}$$

wobei

$$f_{ij} = r_{ij} + \omega_i^o - \text{arc tg}\left(\frac{y_j - y_i}{x_j - x_i}\right)_o \tag{3b}$$

und

$$v_{ij}^s = -\left(\frac{x_j - x_i}{s_{ij}}\right)_o dx_i - \left(\frac{y_j - y_i}{s_{ij}}\right)_o dy_i + \left(\frac{x_j - x_i}{s_{ij}}\right)_o dx_j +$$

$$+ \left(\frac{y_j - y_i}{s_{ij}}\right)_o dy_j - l_{ij} \tag{3c}$$

wobei

$$l_{ij} = s_{ij} - s_{ij}^o = s_{ij} - \sqrt{(x_j - x_i)_o^2 + (y_j - y_i)_o^2} \tag{3d}$$

Diese linearisierten Fehlergleichungen sind als Ansatz für eine allgemeine Netzausgleichung geeignet. Mit der Einführung von Gewichten steht einer gemeinsamen, direkten Ausgleichung nach der Methode der kleinsten Quadrate auch für große Systeme prinzipiell kaum etwas im Wege. Entsprechend leistungsfähige Programme und Rechenanlagen können ausgearbeitet werden bzw. stehen zur Verfügung. Dabei ist angenommen, daß das System überhaupt bestimmt bzw. hinreichend konditioniert ist. Das sind aber Voraussetzungen, die generell schon bei der Planung und Durchführung der Messungen zu beachten sind und hier außerhalb der Betrachtungen bleiben.

Im Hinblick auf die automatische Berechnung stellt die Beschaffung von Näherungswerten für die Ausgleichung das wesentlich schwierigere Problem dar als die Ausgleichung selbst, und zwar schwieriger im strategischen Sinne, als dafür kein Algorithmus vorliegt, der allgemein anwendbar wäre.

Eigenartigerweise wird die Beschaffung von Näherungswerten für Ausgleichungen in der Geodäsie kaum als Problem gesehen. Auch in den Lehrbüchern der Ausgleichungsrechnung ist sehr wenig darüber ausgesagt. Der Grund hierfür ist natürlich der, daß es praktisch immer möglich ist, durch einfaches Fortrechnen von Polygonzügen oder von Vorwärts- oder Rückwärtseinschnitten bzw. auch Bogenschnitten zu Näherungswerten für die unbekannten Koordinaten der Neupunkte zu kommen. Wenn man aber große Systeme von Punkten im Auge hat und nur sehr allgemeine Voraussetzungen über die Messungen macht, dann ist die automatische Berechnung von Näherungswerten alles andere als trivial.

Es ist nicht übertrieben zu sagen, daß bei Großausgleichungen die automatische Beschaffung von Näherungswerten d a s Problem schlechthin ist. Das gilt auch für die geodätische Punktbestimmung. Betrachten wir also die Möglichkeiten für die B e s c h a f f u n g v o n N ä h e r u n g s w e r t e n für die Unbekannten etwas detaillierter:

Zunächst wäre die Möglichkeit zu nennen, ein Rechenprogramm aufzustellen, das in Analogie zu der bisherigen Strategie die Näherungswerte berechnet, indem – zum Beispiel ausgehend von einem anzugebenden Anfangspunkt – von Punkt zu Punkt weitergerechnet wird. Das Programm müßte selbsttätig jeweils so lange suchen, bis sich der nächste Standpunkt berechnen ließe. Es ist sicherlich möglich, diese Methode zu programmieren. Folgende Bedenken sprechen jedoch gegen sie:

– Es ist eine Imitation der bisherigen Handstrategie. Der Verdacht liegt nahe, daß sie schlecht automatisierbar ist.

- Die Strategie ist nicht eindeutig. Man müßte also nach einer einigermaßen wirksamen Optimierung suchen. Wenn man die Voraussetzungen ziemlich allgemein läßt, ist eine derartige Optimierung sicherlich nicht einfach zu erreichen. Und
- es gibt Fälle, bei denen das Verfahren versagt.
- Grobe Fehler werden nicht unmittelbar erkannt.

Man kann zweitens auch daran denken, nur sehr grobe Näherungen für die Koordinaten der Neupunkte einzuführen, die nicht eigens berechnet werden müssen, sondern zum Beispiel aus Karten, Skizzen oder Luftbildern abgegriffen werden oder sonstwie gegeben sein können.

Diese Methode ist praktikabel, zieht aber die Konsequenz nach sich, daß die Ausgleichung des Gesamtsystems mehrfach wiederholt werden muß, weil die bei der Linearisierung jeweils vernachlässigten Glieder 2. und höherer Ordnung bei schlechten Näherungen noch einen zu großen Effekt ausüben. Die Gesamtausgleichung wird hier zu einem Iterationsverfahren, bei dem die Ergebnisse jeder Ausgleichung als Näherungswerte für die nächste dienen. Das Verfahren wird fortgesetzt, bis hinreichende Konvergenz erreicht ist. Nach diesem Verfahren laufen zum Beispiel die drei-dimensionalen Blockausgleichungen in der Photogrammetrie ab.

Diese Methode der groben Näherungswerte sieht auf den ersten Blick attraktiv aus, bleibt es aber im Falle der Netzausgleichungen bei näherem Zusehen nicht. Der Grund liegt darin, daß auch diese groben Näherungswerte bei großen Systemen mangels Übersicht nicht mehr so ohne weiteres zu erhalten sind und außerdem in einem besonderen Arbeitsgang auf Datenträger wie Lochstreifen oder Lochkarten abgelocht werden müssen. Bei 30 Punkten ist das zumutbar, bei 3000 aber nicht mehr. Ganz davon abgesehen, daß Zuordnungsfehler, das heißt Numerierungsfehler oder Identifizierungsfehler unangenehm häufig auftreten dürften.

Außerdem scheint es bei dieser Methode nach unserer, an einem Einzelbeispiel gewonnenen Erfahrung noch theoretische Konvergenzprobleme zu geben, die nicht trivial sind, nämlich dann, wenn die Näherungswerte so ungenau sind, daß der topologische Zusammenhang der Punkte bzw. der geometrischen Konfigurationen nicht mehr gewahrt ist.

Die Methode der groben Näherungswerte möchte ich also ebenfalls nicht in Betracht ziehen oder sie höchstens als Ergänzung für einzelne Elemente in Reserve halten.

Als nächstes wäre zu überlegen, ob es anstelle der Gleichungen (2) andere Ansätze gibt, die vielleicht ohne Näherungen auskommen oder nur sehr schwache Näherungen benötigen. Aus der Photogrammmetrie ist ja bekannt, daß es in Einzelfällen auch für nicht lineare Probleme direkte Lösungen gibt.

Für die trigonometrischen Richtungsbeziehungen gibt es in der Tat solche Ansätze, wie Van den Hout [2 und Kraus [3] gezeigt haben. Im Vergleich zu (2) haben diese Ansätze den Vorteil, daß die unbekannten Koordinaten (x, y) unmittelbar linear auftreten. Aber in [3] wird immerhin noch die Orientierungsgröße $d\omega$ als klein, das heißt als näherungsweise bekannt vorausgesetzt, und auch für die Entfernungen s werden Näherungen benötigt. Es gelingt zwar, mit diesem Ansatz direkt das Problem des Vorwärtsschnittes zu lösen, und Van den Hout hat eine direkte Lösung für den Rückwärtsschnitt angegeben. Man könnte so ohne Näherungswerte für die Koordinaten auch genaue Richtungsnetze behandeln.

Mir ist bisher noch kein Ansatz bekannt, der für das allgemeine Problem des kombinierten Strekken- und Richtungsnetzes zu einer Formulierung der Fehlergleichungen führen würde, in denen die Unbekannten als lineare Größen auftreten und somit eine direkte Lösung ohne Näherungswerte möglich wäre. Allerdings sind in nächster Zukunft weitere Arbeiten und eventuell Lösungen zu diesem Thema zu erwarten.

Bei der Suche nach weiteren Möglichkeiten für lineare Formulierungen des Ausgleichungsproblems bietet sich die in der Photogrammetrie unter dem Namen „Anblock-Methode“ bekannte Methode der Blockausgleichung an. Es handelt sich hierbei um die simultane Bestimmung verketteter Helmert-Transformationen, wo ohne jegliche Näherungswerte die xy-Koordinaten von Neupunkten direkt ermittelt werden können. VAN DEN HOUT, auf den die Anblock-Methode zurückgeht [4], hat von Anfang an darauf hingewiesen, daß sich diese Methode auch zur Beschaffung von Näherungswerten für Polygon- oder Dreiecksnetze eignet.

Die Methode ist, abgesehen vom Gewichtsansatz, identisch mit der Feldermethode von S. FINSTERWALDER [5]. Ihre wesentlichen Gedanken sind also nicht neu und sind in der Vergangenheit schon verschiedentlich diskutiert worden und haben beim Zusammenschluß von Netzen oder Netzteilen sowie bei der Ausgleichung von Polygonzügen und Polygonnetzen Anwendung gefunden (siehe zum Beispiel [6], [7]). Dagegen verdanken wir die Erkenntnis der hervorragenden Automations- und Genauigkeitseigenschaften der Methode den erfolgreichen und umfangreichen Anwendungen in der Photogrammetrie. Auf Grund der photogrammetrischen Erfahrungen muß die Methode zur vollautomatischen Berechnung von Näherungswerten für Tachymeternetze beliebigen Umfanges als geeignet gelten. Sie wird deshalb hier vorgeschlagen und im folgenden ausführlicher dargestellt.

Die Block-Methode zur Bestimmung von Näherungswerten von Neupunkten aus Meßdaten elektronischer Tachymeter

Wir setzen voraus, daß bei der elektronischen Tachymetrie jeweils Strecken und Richtungen gemessen werden. Das heißt, die Lage der angezielten Punkte ist in Form von Polarkoordinaten in bezug auf den Standpunkt und die willkürliche Nullrichtung festgelegt. Diese Polarkoordinaten kann man leicht in rechtwinklige Koordinaten umrechnen, bezogen auf ein beliebiges rechtwinkliges Koordinatensystem, dessen Ursprung in den Standpunkt gelegt wird (Abb. 2).

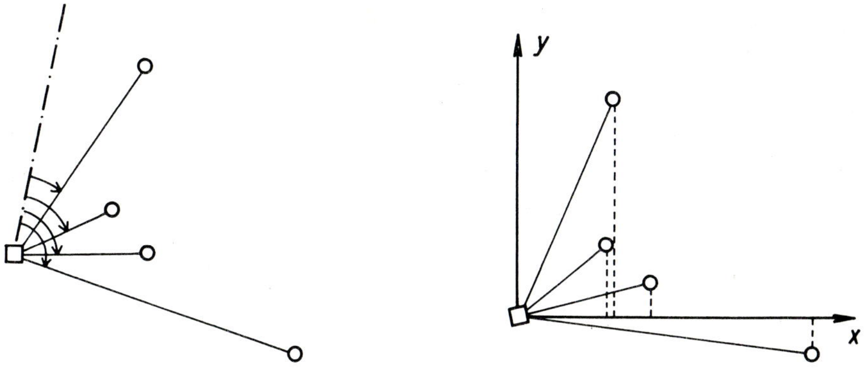

Abb. 2 Standpunktsystem in Polarkoordinaten und in rechtwinkligen Koordinaten

Diese Umrechnung ist problemlos und läßt sich für alle Datensätze, das heißt für alle Standpunkte leicht automatisch durchführen. Ausgangsdaten für die weitere Bearbeitung sind also nur noch rechtwinkligen Koordinaten, bezogen auf eine Anzahl örtlicher, unabhängiger Koordinatensysteme.

Die Aufgabe der Berechnung besteht nun darin, diese einzelnen Elementarsysteme oder örtlichen Standpunktsysteme durch ebene Helmert-Transformationen zu einem Verband zusammenzuschließen.

Zur Verdeutlichung vergegenwärtigen wir uns denselben Fall in der Photogrammetrie. Wie Abb. 3 zeigt, geht man dabei von den einzelnen, unabhängigen Modellen aus. Die in einem Modell gemessenen Maschinenkoordinaten der Punkte beziehen sich jeweils auf ein eigenes, unabhängiges Koordinatensystem. Der Zusammenschluß der Modelle zum Blockverband wird durch Transformationen der Einzelmodelle erreicht, wobei sowohl die gegebenen trigonometrischen Punkte (Paßpunkte) als auch die Identitätsbedingungen der sog. Verknüpfungspunkte berücksichtigt werden.

Genau dieselbe Situation gilt nun für die Elementarsysteme, das heißt für die Standpunktsysteme in der Tachymetrie. Auch hier haben wir Punktkoordinaten, auf örtliche, unabhängige Systeme bezogen. Und die örtlichen Systeme schließen wir durch Helmert-Transformationen zum Blockverband zusammen, wieder unter Beachtung der gegebenen trigonometrischen Punkte und der Identitätsbedingungen mehrfach angezielter Punkte, die wir ebenfalls als Verknüpfungspunkte bezeichnen können (Abb. 4). Im Gegensatz zur Photogrammetrie können hier auch gegenseitig angezielte Standpunkte als Verknüpfungspunkte auftreten.

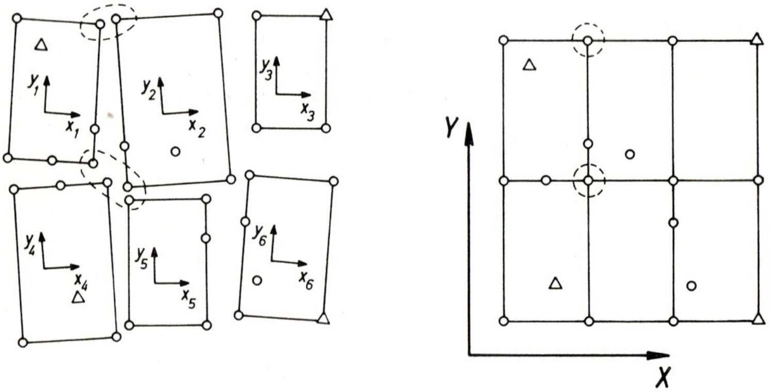

Abb. 3 Zusammenschluß photogrammetrischer Modelle zum Block (Lage)

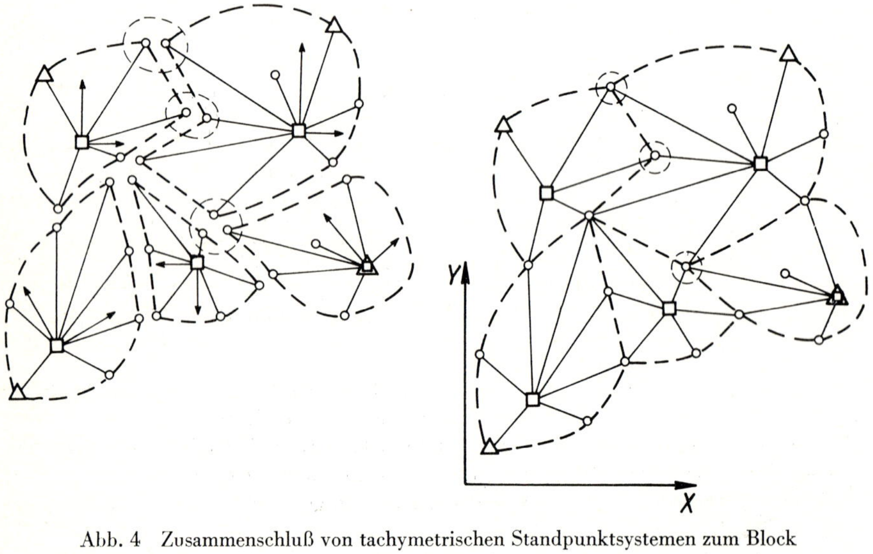

Abb. 4 Zusammenschluß von tachymetrischen Standpunktsystemen zum Block

Die Durchführung dieser Berechnungen wird als Ausgleichung nach vermittelnden Beobachtungen angesetzt, wobei die Restfehler der transformierten Koordinaten minimalisiert werden. Die Unbekannten werden dabei selbstverständlich simultan durch die Gesamtausgleichung erhalten.

Ehe wir uns dem Rechenformalismus zuwenden, ist es angebracht, zunächst noch bei der Geometrie dieser Blockmethode zu verweilen und ihre Leistungsfähigkeit auch auf Sonderfälle hin zu überprüfen. Es ist entscheidend, daß auch alle übrigen Fälle bzw. Meßanordnungen der tachymetrischen Messung durch die Methode generell erfaßt werden.

1. Fall: Einfache Züge (Abb. 5)

Bild 5 soll demonstrieren, daß beim einfachen Zug jedes Standpunktsystem auf ein Zweibein reduziert ist. Der Zusammenhang des Zuges ist durch die Verknüpfung der Zweibeine bestimmt, die hier ausschließlich über die gegenseitig angezielten Standpunkte erfolgt. Die Methode der gemeinsamen Helmert-Transformationen aller Standpunktsysteme liefert also direkt die Koordinaten der Zugpunkte. Etwaige polar angehängten Punkte werden mittransformiert, tragen aber nichts zur Ausgleichung bei.

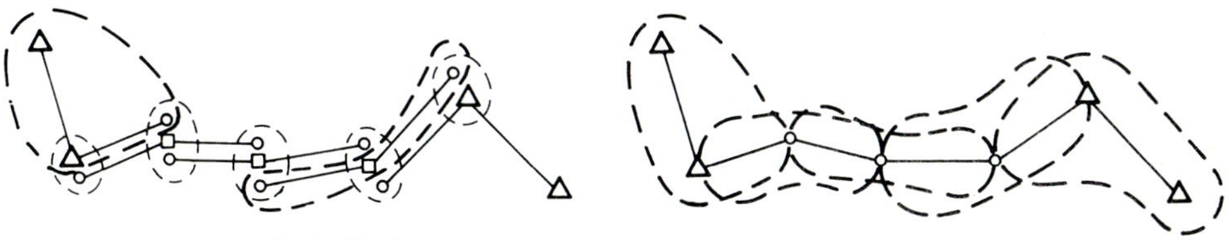

Abb. 5 Wirkung der Block-Methode beim einfachen Polygonzug

2. Fall: Zugverknotungen

Die Blockmethode bewältigt auch beliebige Zugverknotungen. Vom jeweiligen Knotenpunkt aus fungieren die angezielten Zugpunkte gemeinsam mit dem Knotenpunkt als Verknüpfungspunkte zu den benachbarten Standpunktsystemen. Deren Zahl ist nicht begrenzt, so daß auch vier und mehr zusammenlaufende Züge gleichzeitig und direkt behandelt werden.

In Erweiterung dieses Systems erkennt man, daß die Blockmethode ohne weiteres auf nach Art und Umfang beliebige Polygonnetze angewendet werden kann.

3. Fall: Zusätzliche polare Verknüpfungspunkte

Wenn zusätzlich polare Punkte von 2 oder mehr Standpunkten aus angezielt werden, tragen die Bedingungen der Identität für solche Verknüpfungspunkte ebenfalls zur Verknüpfung der Standpunktsysteme bei, wie Abb. 4 verdeutlichen soll. Die Berücksichtigung dieser Bedingungen in Verbindung mit den Zügen wird durch die Blockmethode unmittelbar geleistet.

Abb. 4 zeigt (der deutlicheren Darstellung wegen) den Sonderfall, daß die Verknüpfung ausschließlich über polare Punkte, also nicht über die Standpunkte erfolgt. Ein derartiges Verfahren, das keine Züge mehr kennt, wird von der Blockmethode ebenfalls unmittelbar bewältigt. Bei Verknüpfungen der Einzelsysteme mit jeweils mehreren Punkten ist dieses Verfahren übrigens dem reinen Zugsystem überlegen und kann durchaus in der Praxis angewendet werden.

4. Fall: Allgemeines Netz

Die Block-Methode bewältigt auch alle allgemeineren Fälle, bei denen in beliebiger Kombination bekannte und unbekannte Punkte einfach, mehrfach oder vielfach angezielt werden, also auch Fälle, auf die die traditionellen Begriffe der Züge, Hilfszüge usw. nicht mehr angewendet werden können. Insbesondere sind keinerlei Bedingungen für die Standpunkte auferlegt. Die Feldvorteile der beliebigen Wahl des Standortes, das heißt der freien Stationierung, können voll genützt werden. Solange die Verknüpfung der Elementarsysteme geometrisch bestimmt ist, ist die Blockmethode in der Lage, die rechnerische Verknüpfung zum Blockverband herzustellen.

Damit erfüllt die Methode eine ganz besonders wichtige praktische Funktion. Sie legt der Messung im Feld nicht nur keine speziellen Bedingungen auf (wie zum Beispiel Züge zu bilden), sondern sie befreit die Feldarbeit vielmehr völlig von dem bisherigen Zwang, auf Rechenverfahren Rücksicht nehmen zu müssen.

Der rechnerische Ansatz für die Berechnung des Blockverbandes lautet wie folgt:

Ein Punkt j, gemessen vom Standpunkt i, hat im örtlichen System (i) die abgeleiteten Koordinaten x_{ij}, y_{ij}. Für die Transformation dieser Koordinaten in das übergeordnete System (X, Y) gilt

$$X_j + V_j^x = a_i x_{ij} - b_i y_{ij} + c_i \tag{4a}$$
$$Y_j + V_j^y = a_i y_{ij} + b_i x_{ij} + d_i \tag{4b}$$

Dabei sind x_{ij}, y_{ij} gegeben. Die Größen a_i, b_i, c_i, d_i sind die 4 unbekannten Transformationsparameter für die Helmerttransformation des Systems i. Die ausgeglichenen Koordinaten X_j, Y_j sind entweder gegeben, wenn es sich um trigonometrische Punkte handelt, oder sie sind unbekannt, wenn es sich um Neupunkte handelt.

Dieser einfache Ansatz genügt, um nach den Regeln der Ausgleichungsrechnung simultan den Zusammenschluß aller Elementarsysteme zum Blockverband zu erreichen. Dabei werden die Verbesserungen V^x, V^y zwischen den jeweils transformierten Koordinaten X^{tr}, Y^{tr} und den endgültigen Neupunktkoordinaten (bzw. den Koordinaten der trigonometrischen Punkte) minimalisiert:

$$V^x = X^{tr} - X = (ax - by + c) - X \tag{5a}$$
$$V^y = Y^{tr} - Y = (ay + bx + d) - Y \tag{5b}$$

Bei mehrfacher Bestimmung von Verknüpfungspunkten sind die ausgeglichenen Neupunkts-Koordinaten X, Y übrigens streng die jeweiligen arithmetischen Mittel aus den transformierten Punkten der örtlichen Systeme. Abb. 6 zeigt diesen Sachverhalt und deutet gleichzeitig an, daß das Ergebnis dieser ,,Ausgleichung" selbstverständlich im Sinne von Richtungs- und Streckenverbesserungen interpretiert werden kann. Diese Blockausgleichung unterscheidet sich von der entsprechenden, streng auf dem Ansatz (2) beruhenden Ausgleichung durch ein modifiziertes mathematisches Modell (3 zusätzliche Freiheitsgrade pro Standpunkt) und durch die Benützung abgeleiteter Beobachtungen (Koordinaten anstelle von Strecken und Richtungen) mit Vernachlässigungen im stochastischen Modell.

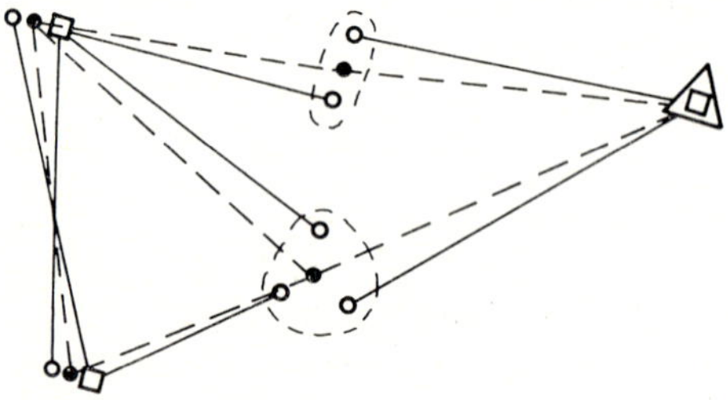

Abb. 6 Zusammenhang zwischen Koordinaten-Restklaffen und Richtungs- und Streckenverbesserungen

Die simultane Blockausgleichung ist durch eine sehr große Anzahl von Unbekannten gekennzeichnet: 4 Transformationsparameter (a, b, c, d) pro Standpunktsystem und 2 Koordinaten (X, Y) pro Neupunkt. Allerdings tragen zur Ausgleichung nur die Neupunkte bei, die gleichzeitig Verknüpfungspunkte sind. Polar angehängte Einzelpunkte laufen in der Ausgleichung mit, ohne die Normalgleichungen zu belasten.

Die Unbekannten können nach Abb. 7 in 2 Gruppen geordnet werden und ergeben dann die bekannte, klar gegliederte Struktur der Normalgleichungen, aus denen sehr leicht die Gruppe der Neupunktskoordinaten eliminiert werden kann. Numerisch wirklich zu lösen bleibt nur das auf die Transformationsparameter reduzierte Normalgleichungssystem, das außerdem zur weiteren Reduzierung des Lösungsaufwandes auf eine günstige Bandstruktur gebracht werden kann (Abb. 8).

Es ist hier nicht der Ort, auf die Fragen der numerischen Berechnung solcher Blockausgleichungen näher einzugehen. Die gemeinsame Ausgleichung von 100 oder 200 Standpunktssystemen mit 400 bzw. 800 unbekannten Transformationsparametern ist mit großen Rechenanlagen ohne weiteres möglich. In der Photogrammetrie werden derartige Ausgleichungen in der Praxis der Aerotriangulation seit längerer Zeit als Routinefälle durchgeführt.

Man kann also heute davon ausgehen, daß die vorgeschlagene Blockausgleichung bis zu den größten Systemen, die in der Praxis sinnvoll sind (und es können wesentlich größere Systeme erwartet werden als bis heute üblich), technisch bewältigt werden können. Als wesentlichste Eigenschaft sei noch einmal hervorgehoben, daß bei dieser Blockmethode alle Unbekannten nur als lineare Größen auftreten. Es werden also keine Näherungswerte benötigt, und die Ausgleichung ergibt die Unbekannten und damit auch die gesuchten Neupunktskoordinaten im Prinzip in einem Durchgang.

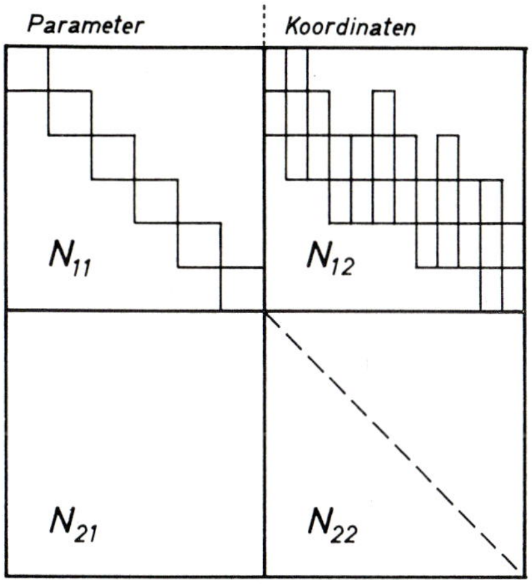

Abb. 7 Strukturschema der Normalgleichungen

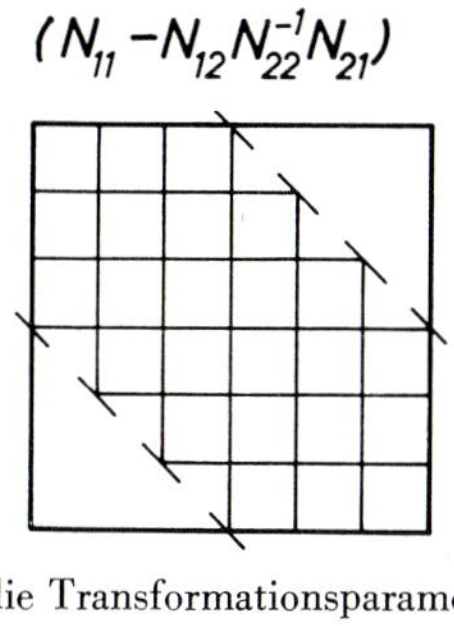

Abb. 8 Strukturschema der auf die Transformationsparameter reduzierten Normalgleichungen

Bei der Übertragung der Blockmethode in die Praxis werden selbstverständlich einige Schwierigkeiten auftauchen, und zwar vor allem dort, wo die gemachte Voraussetzung nicht eingehalten werden kann, daß zu jedem Punkt Richtung und Strecke gemessen werden soll. Diese Voraussetzung ist zum Beispiel nicht erfüllt, wenn zu Fernpunkten nur Richtungen gemessen werden. Diesen Fall kann man vorläufig am einfachsten durch die nicht sehr einschränkende Vorschrift auffangen, Fernvisuren nur von bekannten Punkten aus zu erlauben.

Ein ähnliches Problem sind die exzentrischen Punkte. Die genaue Analyse wird voraussichtlich ergeben, daß man sich auf einige Standardfälle beschränken und erreichen kann, daß die Berechnung keine Schwierigkeiten bietet, und zwar immer im Hinblick darauf, daß wir keine Näherungswerte für die Umrechnung voraussetzen wollen.

Es ist hier nicht beabsichtigt, diese und ähnliche Einzelprobleme näher auszuführen. Um ihre Klärung wird man sich bei der Ausarbeitung der Rechenprogramme kümmern müssen.

Nun noch einige Bemerkungen zur Ausgleichung selber: Es wird grundsätzlich mit Gewicht 1 (und Korrelationsfreiheit) für die rechtwinkligen Koordinaten gearbeitet. Diese Annahme ist selbstverständlich stark vereinfacht, sie ist aber nicht so schlecht, wie man zunächst glauben möchte. In der modernen Tachymetrie sind die Zentrierfehler etwa in der gleichen Größenordnung wie die Fehler der Richtungsmessung. Außerdem sind – zusammen mit den Zentrierfehlern – im Hauptarbeitsbereich elektronischer Tachymeter Richtungs- und Streckengenauigkeit weitgehend ausgewogen und nur schwach entfernungsabhängig. Der Gewichtsansatz kann also sicherlich mit dem bei Richtungsnetzen üblichen Ansatz entfernungsunabhängiger Richtungsgewichte konkurrieren.

Viel wesentlicher als eine Rechtfertigung des Gewichtsansatzes ist jedoch die Feststellung, daß die Blockberechnung lediglich Näherungswerte erbringen soll, wir uns also um die Gewichte oder Korrelationen zunächst gar nicht zu kümmern brauchen.

Von größter praktischer Bedeutung ist die Frage der groben Fehler. In einem umfangreichen System von Meßdaten treten immer grobe Fehler auf. Es handelt sich dabei meistens um Numerierungs- und Zuordnungsfehler, weniger um eigentliche Meßfehler.

Bei der Block-Methode können grobe Fehler erst nach einer vollständigen Ausgleichung erkannt werden, da auf jegliche Zwischenberechnungen und Vorausgleichungen verzichtet wird.

Es gibt gegenwärtig noch kein arbeitsfähiges System, das in der Lage wäre, grobe Fehler beliebiger Art automatisch zu erkennen oder zu eliminieren, obwohl sich gewisse Teillösungen abzeichnen. Vorläufig müssen grobe Fehler noch durch Analyse der Restfehler nach der Ausgleichung vom menschlichen Bearbeiter beurteilt werden, wobei der Blockverband das Verfahren wesentlich erleichtert und sichert.

Wenn sie von verschiedener Größenordnung sind, können nicht alle groben Fehler auf einmal erkannt werden. In diesen Fällen muß die ganze Ausgleichung mehrfach wiederholt werden. Nach diesem Verfahren wird bisher bei photogrammetrischen Blockausgleichungen vorgegangen. Es wäre aber denkbar, daß bei Tachymeternetzen die groben Fehler auch schon in einem Vorstadium voll- oder halbautomatisch erfaßt werden können, etwa durch das sogenannte ,,snooping" (Baarda).

Schließlich seien noch einige Bemerkungen zur Frage der Kodierung der Meßdaten gemacht. Es ist ein ganz entscheidender Gesichtspunkt, daß das Block-System praktisch ohne Kodierung auskommt, das heißt ohne Kode-Ziffern in der Punkt-Numerierung. Es genügt, wenn jedem Punkt im Gelände eine bestimmte Nummer zugeordnet wird, die bei der Messung jeweils auf dem Datenträger mit registriert wird. Entsprechend hat jeder Standpunkt seine Nummer, und die Messungen sollen standpunktweise geordnet sein, wie sie im Feld anfallen. Weiterhin benötigt man für die Berechnung noch eine Liste der gegebenen Festpunkte (in Anlehnung an die photogrammetrische Terminologie könnte man vom Null-System oder Null-Modell sprechen).

Diese Daten und Angaben sind ausreichend zur Berechnung des Systems, das heißt zur Herstellung aller Zuordnungen. Allerdings muß das Rechenprogramm ein entsprechendes Suchprogramm enthalten, das diese Zuordnungen automatisch ermittelt. Ein derartiges Suchprogramm kann einen großen Aufwand erfordern, entlastet aber den Kodierungs- und Verwaltungsaufwand bei der Feldmessung sehr weitgehend. Insbesondere ist es unnötig, durch Kodeziffern bei der Feldmessung verschiedene Punktarten zu unterscheiden oder gar anzugeben, welche Funktion die Punkte bei der Berechnung spielen sollen.

Selbstverständlich sind kompliziertere Kodierungssysteme möglich, und es mag gute Gründe für ihre Einführung in der Verwaltung geben. Aber man kann wohl feststellen, daß häufig in den Punktnummern ein zu großer Verwaltungsballast mitgeschleppt wird, der die Felda,beit nur belastet und fehleranfällig macht.

In den bisherigen Ausführungen ist die Block-Methode als ein Mittel vorgestellt worden, mit dessen Hilfe auch für sehr große Systeme Näherungswerte berechnet werden können, mit denen dann die strenge Netzausgleichung auf der Basis der Gleichungen (2) bzw. (3) durchgeführt werden soll. Die

Berechnung der Näherungswerte ist in Wirklichkeit eine sehr leistungsfähige Vorausgleichung, in die alle Messungen einbezogen und in deren Verlauf deshalb auch alle groben Fehler erkannt und eliminiert worden sind. Im Ergebnis liegen so gute Näherungswerte vor, daß die endgültige, strenge Ausgleichung relativ problemlos ist und in jedem Fall ein einziger Durchgang ausreichend sein wird.

Allerdings ist der numerische Aufwand für die strenge Netzausgleichung beträchtlich, da die Neupunktskoordinaten als Unbekannte auftreten und bei der elektronischen Tachymetrie unter Umständen Systeme mit mehreren tausend Neupunkten (zum Beispiel bei der Flurbereinigung) auszugleichen sind. Heute ist jedoch auch die numerische Durchführung derartig umfangreicher Ausgleichungen technisch möglich.

Die strenge Netzausgleichung auf der Basis der Gleichungen (2) bzw. (3) soll hier nicht mehr weiter erörtert werden. Als Bemerkung sei jedoch angedeutet, daß es vermutlich numerisch günstiger und sachlich richtiger sein wird, anstelle der Gleichungen (2) für die strenge Ausgleichung einen der Block-Methode ähnlichen Ansatz zu wählen, bei dem wiederum mit Standpunktsystemen und örtlichen Koordinaten als abgeleiteten Beobachtungen gearbeitet wird, deren Gewichte und Korrelationen jedoch in aller Strenge berücksichtigt werden. Weiterhin sollten dabei, sofern nicht besondere Gründe dagegen sprechen, die Freiheitsgrade für die Maßstabsfaktoren der einzelnen Standpunktsysteme unterdrückt werden, also nur Drehungen und Verschiebungen zugelassen werden.

Im Anwendungsbereich der elektronischen Tachymeter wird man in vielen Fällen auf eine strenge Nachausgleichung verzichten können. Die zur Berechnung von Näherungswerten vorgeschlagene Block-Methode ist tatsächlich eine außerordentlich leistungsfähige Näherungsausgleichung, deren Ergebnisse den bisher üblichen Rechenverfahren in jeder Hinsicht überlegen sind. Aus umfangreichen Untersuchungen in der Photogrammetrie ist bekannt, daß Block-Ausgleichungen außerordentlich genaue Absolutergebnisse liefern (die Relativgenauigkeit ist ohnehin gewährleistet), wenn sie sich in gewissem Umfang auf ein trigonometrisches Netz stützen können. Wenn also mit elektronischen Tachymetern die Einzelmessungen eine Genauigkeit von 1–2 cm haben, dann bleibt diese Genauigkeit insgesamt im Block etwa erhalten.

Das bedeutet, daß mit elektronischen Tachymeter-Meßdaten die Ergenisse der Block-Ausgleichungen, die ursprünglich nur als Näherungen gedacht waren, zum Beispiel für Zwecke des Katasters praktisch als endgültig gelten können. Auf die strenge Nachausgleichung wird man in vielen Fällen verzichten können. Die Ergebnisse werden allen Anforderungen des Katasters unmittelbar gerecht, sofern Netzspannungen das System nicht übermäßig stören.

Mit dem Stichwort Netzspannungen ist ein für die Praxis besonders wichtiges und lästiges Problem angeschnitten, das sich mit den neuen Meßgeräten dringender als bisher stellt. Das Problem liegt hier weniger bei der Ausgleichungsrechnung als vielmehr bei der Erfassung der Netzspannungen und dem Festhalten am hierarchischen Prinzip. So könnten bei dem vorgeschlagenen Block-Verfahren die Koordinaten der trigonometrischen Punkte mit beliebigen Gewichten als Beobachtungen und damit als zu verbessern behandelt werden. Man verläßt damit aber das Prinzip der Unveränderlichkeit der Festpunkte und geht auf ein dynamisches System über.

Eine andere, besonders attraktive Methode, die Netzspannungen unter Beibehaltung des hierarchistischen Prinzips optimal zu behandeln, ist die sogenannte Kleinste-Quadrate-Interpolation oder -Prädiktion. Diese Methode ist in [8] von Kraus für die Photogrammetrie aufgegriffen und inzwischen sehr erfolgreich auf die Beseitigung von Spannungen bei Blockausgleichungen angewendet worden. Sie läßt sich ebenso erfolgversprechend und allgemein auch auf Spannungen bei terrestrisch-geodätischen Anfelderungen, Blockberechnungen u. ä. übertragen.

Wirtschaftlichkeit

Zum Schluß bleibt noch die Frage zu erörtern, ob die Großausgleichung von Tachymeter-Meßdaten, speziell in der vorgeschlagenen Block-Methode, wirtschaftlich mit den einfacheren Rechenverfahren konkurrieren kann.

Wir können dazu auf die Erfahrungen in der Photogrammetrie zurückgreifen und danach erwarten, daß mit Großrechenanlagen auch sehr umfangreiche Ausgleichungen wirtschaftlich sind, wobei die allgemeinen Vorteile der strengeren Datenverarbeitung noch gar nicht mitgezählt sind.

Für die vorgeschlagene Block-Methode lassen sich der zu erwartende Rechenaufwand und die Rechenzeiten bzw. Rechenkosten ziemlich genau angeben. Nach einer Abschätzung von Dr. EBNER die von der Benützung der Großrechenanlage CDC 6600 (DM 1,25 pro sec Rechenzeit) ausgeht, werden die Rechenkosten bei Systemen mit mehreren hundert Standpunkten und etwa je 10 Zielpunkten bei etwa DM 1,— pro Punkt oder weniger liegen. Auch für die Arbeitsbedingungen der Flurbereinigung, wo insgesamt mit weniger Standpunkten, aber einer größeren Anzahl von Zielpunkten pro Standpunkt gerechnet werden kann, bleibt der Gesamtrechenaufwand in der angegebenen Größe.

In dieser Kostenabschätzung für die Block-Ausgleichung sind die Bearbeitungskosten enthalten, und außerdem ist berücksichtigt, daß die gesamte Ausgleichung wegen grober Fehler in den Daten mehrfach wiederholt werden muß.

Auch wenn es sich nur um eine überschlägige Abschätzung handelt, zeigt das Ergebnis jedenfalls, daß die Kosten der Methode in einer für die Praxis interessanten Größenordnung liegen. Die Methode kann mit den bisherigen Rechenkosten unmittelbar konkurrieren und steht in einem sehr günstigen Verhältnis zur Feldarbeit. Dabei ist noch völlig außer acht gelassen, daß die Blockmethode eine wesentlich homogenere Ausgleichung liefert als andere Verfahren und zusätzlich die Vorteile der freieren Messungsanordnungen im Feldeinsatz bietet.

Wir können also zusammenfassend feststellen, daß die vorgeschlagene Methode der Blockausgleichung für Tachymetermessungen sowohl technisch als auch wirtschaftlich interessant ist. Damit stellt sich das Problem, die Methode zu realisieren, das heißt das Problem der Programmierung. Generell muß der Aufwand für die Erstellung anspruchsvoller und umfassender Programmsysteme als sehr hoch veranschlagt werden. Im vorliegenden Fall könnte jedoch auf die Parallel-Entwicklungen und die geleisteten Vorarbeiten der photogrammetrischen Blockausgleichungen zurückgegriffen werden. Die verbleibende Programmierarbeit soll zwar nicht bagatellisiert werden, wird aber wesentlich geringer sein als bei einer völligen Neuentwicklung des Programmsystems für die Blockausgleichung elektronischer Tachymetermessungen.

Die Voraussetzungen sind also gegeben, die vorgeschlagene Block-Methode nicht nur zu überdenken, sondern sie in relativ kurzer Zeit zu entwickeln und praktisch zu erproben. Ich bin überzeugt davon, daß sich die erwarteten praktischen und wirtschaftlichen Vorteile der Block-Methode voll bestätigen werden.

Schrifttum

[1] GERKE, K. und PELZER, H.: Netzverdichtung oder Netzaufbau aus Funktionen gemessener Größen? AVN 8/1970, Seite 309–318.

[2] VAN DEN HOUT, C. M. A.: Een rechtsstreekse oplossing voor het probleem van de achterwaartse snijding, Tijdschrift voor Kadaster en Landmeetkunde, 1967, Seite 258–260.

[3] KRAUS, K.: Trigonometrisches Einschneiden mittels der Geradengleichung in Hessescher Normalform, ZfV 5/1967, Seite 189–192.

[4] VAN DEN HOUT, C. M. A.: The Anblock Method of Planimetric Block Adjustment, Photogrammetria 21 (1966), Seite 171–178.

[5] FINSTERWALDER, S.: Über die Ausgleichung des zukünftigen bayerischen Hauptdreieck-Netzes, Sitzungsber. der Bayer. Akademie der Wiss., Math.-physik. Klasse, 1915, Seite 199–209.

[6] VON GRUBER, O.: Anwendung der Feldermethode auf den Zusammenschluß der Netze von Bayern, Tirol und Salzburg, ZfV 53, 1924, Seite 164–177.

[7] FÖRSTNER, G.: Ausgleichung und Genauigkeit von Polygonzügen im weitmaschigen Dreiecksnetz, Dissertation TH Berlin, 1933.

[8] KRAUS, K.: Interpolation nach kleinsten Quadraten in der Photogrammetrie, ZfV 9/1970, Seite 387–390.

Aufbau und Funktion der elektronischen Tachymeter Reg Elta 14 und SM 11, ihre Leistungsfähigkeit und Hinweise auf ihren Gebrauch

Von H. Leitz

Jede Lagevermessung bedient sich direkt oder indirekt der Streckenmessung, wobei eine Analyse der bisher durchgeführten Verfahren zeigt, daß kurze Strecken weit häufiger vorkommen als lange Strecken. Dies ist bedingt durch den Einsatz von optischen Entfernungsmeßinstrumenten, deren Reichweite auf diese kurzen Strecken beschränkt ist und deren Genauigkeit mit wachsender Reichweite abnimmt. Elektromagnetische und elektrooptische Entfernungsmesser, die hinsichtlich der Genauigkeit voll genügten, konnten wegen des fehlenden Winkelmeßteils, der relativ großen Minimalentfernung und des hohen Bedienungsaufwandes nicht ohne weiteres für die Polaraufnahme benutzt werden.

Im Laufe der letzten drei Jahre wurde eine neue Generation von Geräten vorgestellt, die man als elektrooptische Nahbereichsentfernungsmesser, in unserem Hause als elektronische Tachymeter bezeichnet. Ein elektronischer Tachymeter ist ein Instrument, das gleichzeitige Richtungs- und Streckenmessung erlaubt, wobei die Streckenmessung mit Hilfe eines elektrooptischen Entfernungsmessers vorgenommen wird. Folgende Gesichtspunkte gaben bei der Konzeption dieser Instrumente den Ausschlag:

1. Meßbare Minimalentfernung wenige Meter.
2. Maximalentfernung mit einem durchschnittlichen Aufwand an Reflektoren etwa 1 km.
3. Vollautomatischer Ablauf der Messung.
4. Kontrollschaltungen zur automatischen Fehleranzeige.
5. Vermeidung von Rechnungen, das heißt direkte digitale Anzeige der gemessenen Entfernung unter automatischer Berücksichtigung der meteorologischen Daten.
6. Gleichzeitige Richtungsbeobachtung ohne erneute Zieleinstellung.

Die Polaraufnahme mit einem elektronischen Tachymeter ist trotz des hohen Anschaffungspreises für das Meßinstrument wirtschaftlicher als die Aufnahme mit rein optischen Instrumenten. Wirtschaftlichkeitsuntersuchungen, die in letzter Zeit bekannt wurden, sind nicht repräsentativ, weil bei diesen Untersuchungen nicht alle Komponenten einer Wirtschaftlichkeitsberechnung berücksichtigt wurden. So sind zum Beispiel die Anschaffungskosten des Instrumentes, der Personalbedarf, der Zeitaufwand und die Weiterverarbeitung der Meßdaten getrennt aufgeführt; außerdem wurde die große Reichweite der Instrumente entweder nicht berücksichtigt oder nicht ausgenützt und die Vorarbeiten zur Punktaufnahme, die Netzverdichtung und Polygonierung, die bei optischen Instrumenten sehr engmaschig sein muß, bei elektronischen Tachymetern dagegen im Zuge der Polaraufnahme durchgeführt werden kann, nicht in Rechnung gestellt.

Ich möchte jedoch auf diese Punkte nicht weiter eingehen, um den nachfolgenden Vorträgen nichts vorwegzunehmen, und komme jetzt zum Kernteil des Vortrages, nämlich der Beschreibung der elektronischen Tachymeter Reg Elta 14 und SM 11 (Abb. 1 und 2).

Beide Instrumente erfüllen die anfänglich genannten Forderungen. Sie enthalten einen automatischen elektrooptischen Entfernungsmesser für die Streckenmessung und Vorrichtungen zur Richtungsmessung. Während dies beim SM 11 durch einen eingebauten Skalentheodolit entsprechend dem Zeiss Th 4 verwirklicht wurde, mußten im Reg Elta 14 neue Verfahren zur Winkelmessung entwickelt werden, um eine Registrierung der Teilkreisablesungen zu ermöglichen. Die mit beiden Geräten erreichbare Genauigkeit ist identisch. Sie unterscheiden sich dadurch, daß beim SM 11 die Daten in konventioneller Weise abgelesen werden, während sie beim Reg Elta automatisch auf einem Lochstreifen registriert werden. Dieser Unterschied mag anfänglich nicht besonders gravierend erscheinen, bei einer näheren Betrachtung zeigt sich jedoch, daß es sich im Hinblick auf den praktischen Einsatz der Instrumente um zwei völlig verschiedene Systeme handelt. Während das SM 11 direkt als Ersatz für ein optisches Instrument eingesetzt werden kann und die nachfolgende Datenauswertung in der üblichen Weise über Ablesung, Aufschrieb, Ablochen und Auswertung in der Rechenanlage vorgenommen wird, bedingt das Reg Elta 14 durch die Registrierung der Meßdaten im Felde und den dadurch verwirklichten lückenlosen Datenfluß von der Feldmessung in die Rechenanlage neben der entsprechenden Bereitstellung von Aufbereitungsprogrammen auch eine sehr straff geführte Organisation bei der Feldmessung. Neben den eigentlichen Meßwerten Strecke, Horizontalrichtung und Zenitwinkel werden noch 12 Schlüsselzahlen, die vom Beobachter eingestellt werden können, mitregistriert, die im Vergleich zu den bisher geführten Feldbüchern oder Lochbelegen die Spalten „Standpunkt", „Zielpunkt" und „Bemerkung" ausfüllen.

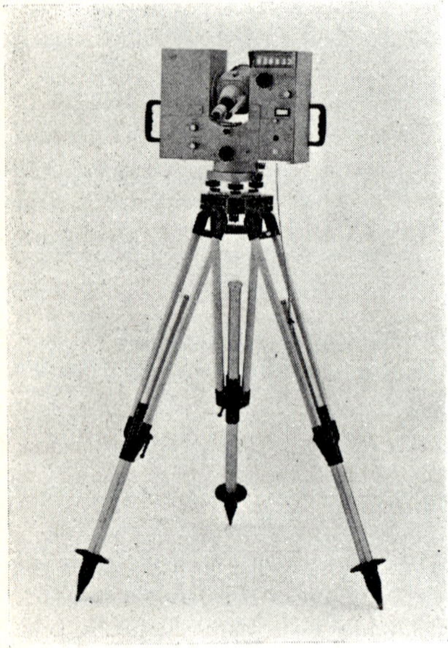

Abb. 1 Reg Elta 14

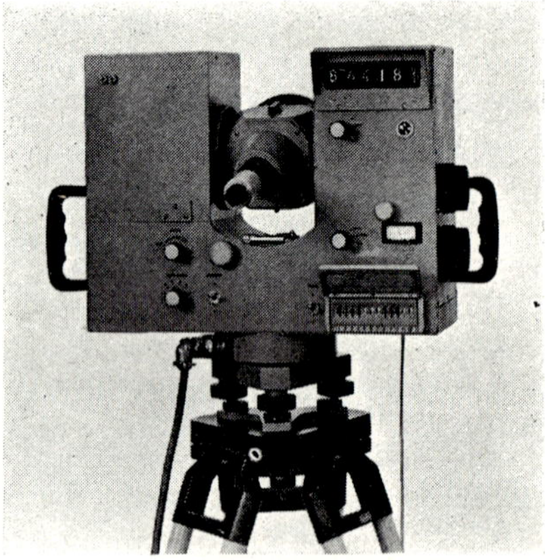

Abb. 2 SM 11

Die folgende Beschreibung des elektrooptischen Entfernungsmessers gilt für beide Instrumente, für Reg Elta 14 und für SM 11.

Das Prinzip der Streckenmessung beruht auf dem Vergleich einer Referenzwelle im Gerät und der am Endpunkt der Strecke reflektierten Welle, d. h. der Bestimmung der gegenseitigen Phasenlage. Die Strecke ergibt sich aus der bekannten Gleichung

$$s = n \cdot \lambda + \frac{\varphi}{2\pi} \cdot \lambda,$$

wobei λ die Modulationswellenlänge bedeutet.

Die wesentlichen Bestandteile jedes elektrooptischen Entfernungsmessers sind die Lichtquelle, die Einrichtung zur Modulation des Lichtes, die Sendeoptik, die Empfangsoptik, der photoelektrische Empfänger und der Phasenmesser.

Die Lichtquelle ist hier eine Gallium-Arsenid-Diode, welche direkt moduliert wird. Direkt moduliert heißt, daß die Lichtquelle eine Strahlung aussendet, deren Intensität dem Erregerstrom direkt proportional ist. Die Gallium-Arsenid-Lumineszenz-Diode besteht im Prinzip aus zwei Halbleiterschichten, von denen eine Seite negativ n-dotiert, die andere Seite positiv p-dotiert ist. n-dotiert bedeutet Elektronenüberschuß, p-dotiert bedeutet Elektronenmangel bzw. Löcherüberschuß. Die p-

und n-Schichten werden in einem Legierungs- oder Diffusionsprozeß durch eine Sperrschicht, die frei von beweglichen Ladungsträgern ist, getrennt. Fließt nun ein Strom in Durchlaßrichtung, fallen Elektronen aus dem sogenannten energetisch hohen Leitungsband auf das tiefere Valenzband und in der Übergangszone findet eine Rekombination von Elektronen und Löchern statt, wobei die Anregungsenergie spontan als Strahlung abgegeben wird, die das n-Material durchdringt und ins Freie tritt. Einfacher gesagt: Fließt durch die Lumineszenz-Diode ein Strom in Durchlaßrichtung, der sogenannte Injektionsstrom, wird in der Sperrschicht Energie in Form von Licht frei, dessen Intensität dem Injektionsstrom proportional ist. Um dieses Licht zu modulieren, braucht lediglich der Injektionsstrom moduliert zu sein. Die emittierte Strahlung liegt im nahen Infrarot und ist für das menschliche Auge nicht sichtbar. Die Lumineszenz-Diode befindet sich im Brennpunkt des Sendeobjektivs, und wegen der endlichen Ausdehnung des Lichtfleckes weist das ausgesendete Lichtbündel eine Divergenz von etwa 1 Bogenminute auf. Dieses Lichtbündel wird am Endpunkt der Strecke durch Tripelprismen reflektiert und zum Sendeobjektiv zurückgeworfen. Das Sendeobjektiv dient auch gleichzeitig als Empfangsobjektiv, wobei der Sende- und Empfangsstrahlengang durch einen teildurchlässigen Spiegel getrennt werden. Diese optische Anordnung ist echt koaxial, denn zum Senden und Empfangen wird das gleiche Objektiv in seiner vollen Öffnung benutzt. Durch den Teilerspiegel, dessen Verhältnis von Transmission zu Reflektion etwa 1 beträgt, tritt im Sende- und Empfangsbündel ein Energieverlust von je 50 % auf. Die gesamte Wirkungsgrad der Optik beträgt damit 25 % und ist der höchste, den man bei irgendeiner Anordnung theoretisch erreichen kann.

Im empfängerseitigen Brennpunkt des Objektivs, durch den Teilerspiegel vom senderseitigen Brennpunkt getrennt, liegt der photoelektrische Empfänger, welcher das modulierte Licht in eine elektrische Welle zurückverwandelt, hier ein infrarot-empfindlicher Sekundärelektronenvervielfacher, der vor Fremd- und Störlicht durch ein vorgeschaltetes Filter geschützt wird, dessen Transmission genau auf die Wellenlänge des von der Diode ausgesendeten Lichtes abgestimmt ist. Auf diese Weise ist der Entfernungsmesser tageslichtunempfindlich, das heißt die Tag- und Nachtreichweite und die Genauigkeit sind die gleiche. Die Phasenmessung wird nicht auf der ursprünglichen Modulationsfrequenz vorgenommen, sondern die Referenzwelle im Gerät und die Welle am Ausgang des Sekundärelektronenvervielfachers werden mit einer zweiten, etwas niedrigeren Frequenz, gemischt. Die entstehende Differenzfrequenz, die hier nur ein Tausendstel der ursprünglichen Frequenz beträgt, weist die gleichen Phasenbeziehungen auf wie die ursprünglich hochfrequente Schwingung. Die transponierte Referenzwelle und die reflektierte Welle werden dem Phasenmesser zugeführt, der hier nach dem Digital-Prinzip arbeitet. Beim Nulldurchgang des Referenzsignals wird ein Tor geöffnet und beim Nulldurchgang des reflektierten Signals geschlossen. Während der Öffnungsdauer gelangen Zählimpulse durch das Tor auf einen Zähler. Die Zählfrequenz wurde so gewählt, daß das Zählergebnis direkt die Schrägentfernung in Zentimetern angibt, das heißt 1 Zählimpuls entspricht 1 Zentimeter. Zählfrequenz und Modulationsfrequenz sind identisch und werden vom gleichen Quarzgenerator abgeleitet, deshalb entfallen sämtliche Eichprobleme im Zusammenhang mit der Phasenmessung. Zur Bestimmung der gesamten Schrägentfernung werden Phasenmessungen auf zwei Modulationswellenlängen vorgenommen: einmal auf 15 MHz – entsprechend einem 10-Metermaßstab –, zum anderen bei 150 kHz – entsprechend einem 1000-Metermaßstab. Die Phasenmessung selbst beschränkt sich nicht auf eine einmalige Messung, sondern auf jeder Frequenz werden 1000 Phasenmessungen durchgeführt und das Mittel gebildet. Durch diese Mittelbildung wird der Einfluß kurzperiodischer Störungen ausgeschaltet und die innere Genauigkeit des Instrumentes erhöht. Neben der digitalen Phasenmessung und der automatischen Frequenzumschaltung von der Fein- auf die Grobfrequenz wurde eine Reihe von Maßnahmen getroffen, um die Bedienung zu vereinfachen und die Meßsicherheit zu erhöhen.

Die Modulationsfrequenzen, die von einem quarzgesteuerten Oszillator erzeugt werden, lassen sich mit einem Stufenschalter in Schritten von $1 \cdot 10^{-5} \cdot f$ elektronisch verstimmen. Damit wird dem Benutzer die Möglichkeit gegeben, die Modulationsfrequenzen den atmosphärischen Bedingungen im Meßgebiet so anzupassen, daß eine rechnerische Reduktion der gemessenen Entfernung hinfällig wird, wobei kein größerer Fehler als 5 mm pro Kilometer auftritt. Die Stellung des Stufenschalters zur Frequenzverstimmung kann entsprechend den herrschenden Temperatur- und Luftdruckverhältnissen einer Tabelle entnommen werden:

p \ t	—20	—10	0	+10	+20	+30 [°C]
760	—	—	1	2	3	4
735	—	1	2	3	4	5
710	1	2	3	4	5	6
685	2	3	4	5	6	—
660	3	4	5	6	—	—
[Torr]						

Eine Besonderheit in diesem Entfernungsmesser ist die automatische Pegelkontrolle im Empfangsteil. Wird der Lichtstrahl durch ein Hindernis, z. B. Passanten, Kraftfahrzeuge oder durch im Wind bewegte Äste während der Messung unterbrochen, schaltet der Phasenmesser automatisch so lange ab, bis die Sicht wieder frei ist. Die vor der Unterbrechung durchgeführten Phasenmessungen gehen dabei nicht verloren. Das wird einmal durch die Anwendung des Zählprinzips und zum anderen durch die Aufsummierung von tausend Einzelmessungen ermöglicht. Der zeitliche Abstand zwischen 2 Einzelmessungen kann beliebig groß sein und der Strahl kann mehrmals unterbrochen werden, wobei sich die Dauer einer Streckenmessung lediglich um die Unterbrechungszeiten verlängert. Dieses Verfahren erlaubt Messungen im Stadtgebiet mit Fußgänger- und Kraftwagenverkehr, ohne auf die verkehrsarme Nachtzeit ausweichen zu müssen.

Die Entfernungsmessung läuft auf Knopfdruck automatisch innerhalb von 6 Sekunden ab. Eine Vergleichsschaltung sorgt dafür, daß die Grobmessung mit dem 1000-Meter-Maßstab und die Feinmessung mit dem 10-Meter-Maßstab, die zeitlich nacheinander getrennt durchgeführt werden, in der Überlappungsstelle übereinstimmen. Da der digitale Phasenmesser in Schritten von 1 cm bzw. von 1 m zählt, werden die Einer-Meter sowohl in der Fein- als auch in der Grobmessung gemessen. Eine Abweichung der Meterstelle wird vom Gerät erkannt und die offensichtlich ungenauere Grobmessung wird auf Grund der genaueren Feinmessung korrigiert.

Folgendes Zahlenbeispiel soll das anschaulich darstellen:

Feinmessung 0,438 m

Grobmessung 499 m

Als Gesamtergebnis werden 500,438 m angezeigt.

Diese Korrektur ist wirksam bei einer Differenz von maximal ±2 Metern zwischen Grob- und Feinmessung. Ein größerer Korrekturbereich darf nicht eingeführt werden, weil sonst die Gefahr eines 10-Meter-Fehlers besteht.

Für besondere Aufgaben, z. B. Abstimmung der Additionskonstanten, insbesondere der Additionskonstanten für den Grobmaßstab, Wiederholungen von Feinmessungen zur Genauigkeitssteigerung, überschlägige Grobmessungen mit Meter-Genauigkeit, kann die automatische Frequenzumschaltung ausgeschaltet werden, um Messungen wahlweise im Grob- oder Feinmaßstab vorzunehmen. Die Meßzeit beträgt dann pro Frequenz weniger als 3 Sekunden.

Die elektronischen Schaltungen des Entfernungsmessers sind weitgehend mit integrierten Schaltkreisen bestückt, was eine sehr hohe Zuverlässigkeit und lange Lebensdauer bedeutet.

Die Reichweite ist abhängig von der Zahl der verwendeten Tripelprismen und von den atmosphärischen Bedingungen. Die Tag- und Nachtreichweite ist annähernd gleich groß, Nebel schränkt die Reichweite stark ein. Das Durchdringungsvermögen der hier verwendeten Infrarot-Strahlung mit einer Wellenlänge von 900 Nanometern ist nicht größer als das von sichtbarem Licht. Unter durchschnittlichen Bedingungen ist die Reichweite 500 Meter mit 1 Prisma,

1000 Meter mit 7 Prismen und bei

guten Sichtverhältnissen 2000 Meter mit 19 Prismen.

Der mittlere Fehler einer eimal gemessenen Strecke ist kleiner als ± 1 cm. Die Eindeutigkeit des Meßbereiches ist 1000 Meter, bei längeren Strecken müssen zum angezeigten Meßergebnis 1000 Meter addiert werden.

Abschließend möchte ich einige Bemerkungen zu erreichbaren Streckenmeßgenauigkeit machen. Der mittlere Streckenfehler setzt sich aus einer Reihe von Einzelfehlern zusammen, die teils zufäliger, teils systematischer Natur sind. Ohne auf Einzelheiten einzugehen, möchte ich kurz nennen:

1. Die innere Genauigkeit des Gerätes $m_i = \pm 3$ mm
2. Die äußere Genauigkeit des Gerätes $m_a = \pm 5$ mm
3. Die Genauigkeit der Nullpunktsbestimmung $m_c = \pm 5$ mm.

Die äußere Genauigkeit wird durch den Einfluß eines zyklischen Fehlers bestimmt, der beim Vergleich mit Soll-Strecken eine sinusförmige Verteilung aufweist und bei dem die Wellenlänge dieses Fehlersinus mit der Modulationswellenlänge übereinstimmt (Abb. 3). Dieser Fehler wird durch eine direkte elektrische Verkopplung von Referenzwelle und reflektierter Welle im Gerät selbst verursacht.

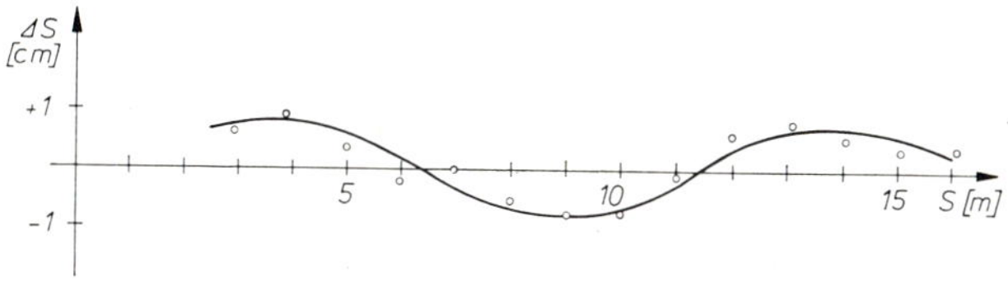

Abb. 3 Zyklischer Fehler des Entfernungsmessers SM 11
(1 Meßwert = Mittel aus 5 Einzelmessungen)

Die Genauigkeit der Nullpunktsbestimmung wird einmal durch die innere Meßgenauigkeit beeinflußt, zum andern von der Konstanz des Nullpunktes in Abhängigkeit von Temperatur und Zeit. Eine Kenntnis dieser Abhängigkeit ist wichtig, weil die Additionskonstante nicht vor jeder einzelnen Messung, sondern in der Regel nur ein- bis dreimal pro Tag bestimmt wird. Die Additionskonstante ist abhängig von der Temperatur, wegen der inneren Aufwärmung des Instrumentes bei Dauerbetrieb auch von der Betriebsdauer. Die Beträge, die hier erreicht werden, liegen im Bereich von etwa 1 cm (Abb. 4).

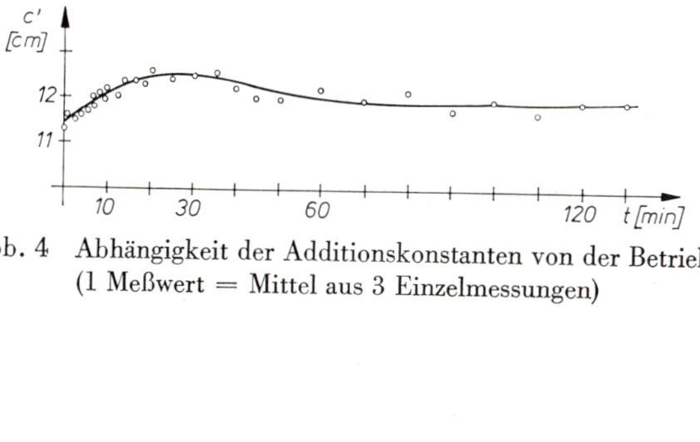

Abb. 4 Abhängigkeit der Additionskonstanten von der Betriebsdauer
(1 Meßwert = Mittel aus 3 Einzelmessungen)

Aus diesem Grund und zur Erhöhung der Kapazität der Batterie empfehlen wir, Messungen im intermittierenden Betrieb vorzunehmen, das heißt erst unmittelbar vor der Messung das Gerät einzuschalten und nach Beendigung der Messung wieder abzuschalten. Dies ist möglich, weil das Gerät keine Anheizzeit braucht. Bei intermittierendem Betrieb wird die Nullpunktsdrift vernachlässigbar klein.

Die Abhängigkeit von der Signalstärke des reflektierten Lichts und von der Batteriespannung ist praktisch null.

Die Additionskonstante wird unter denselben Bedingungen wie eine Strecke bestimmt, und zwar durch Vergleich einer bekannten Strecke = Soll mit der durch das Reg Elta oder SM 11 gemessenen Strecke = Ist. Die Differenz Soll — Ist gibt direkt die Additionskonstante an. Diese Soll-Strecke ist die Entfernung zwischen einem Tripelprisma, das direkt auf Kontakt vor das Objektiv gehalten wird, und der Kippachse des Instruments (= 0,120 m).

Der Frequenzfehler m_f, der sich als Maßstabsfehler auswirkt, ist bei Strecken bis zu 1 km praktisch vernachlässigbar, weil die Genauigkeit des Quarzoszillators etwa bei $1 \cdot 10^{-6}$ liegt. Der Restfehler, der sich aus der Differenz des eingestellten Refraktionsindex und des tatsächlich vorhandenen ergibt, beträgt maximal 5 mm pro km und ist für die Praxis ebenfalls uninteressant.

Der Gesamtfehler einer gemessenen Strecke setzt sich folgendermaßen zusammen:

$$m_s = \sqrt{m_i^2 + m_a^2 + m_c^2} = \pm 8 \text{ mm}$$

Nun noch einige Bemerkungen zur Winkeleinrichtung. Das SM 11 mit dem eingebauten Skalentheodolit enthält die bekannten Elemente Glaskreis und Skalenmikroskop entsprechend dem Skalentheodolit Th 4; ich brauche darauf hier nicht näher einzugehen. Beim Reg Elta 14, das einmal eine digitale Anzeige der Kreisablesung, zum andern auch die automatische Registrierung ermöglicht, wird die Winkelmessung mit einer Kombination von mechanischen und elektronischen Elementen durchgeführt. Das Herz der Winkelmeßeinrichtung ist ein mechanisches Element, eine Zahnkupplung, welche aus zwei identischen Hälften mit je 400 Zähnen besteht. Im eingekuppelten Zustand liegen die 400 Zähne der einen Kupplung in den Zahnlücken der anderen Kupplung. Durch Trennen der beiden Kupplungshälften und Umsetzen können Winkel in Beträgen von ganzen Graden geschaltet werden. Diese Zahnkupplung ist im Maschinenbau seit längerem bekannt, in einem geodätischen Instrument wird sie erstmals verwendet. Die erreichbare Genauigkeit ist erstaunlich groß, sie beträgt für einen beliebig geschalteten Winkel etwa 1 Neusekunde, obwohl die einzelnen Zähne, die man mit Teilstrichen auf dem Teilkreis vergleichen könnte, nicht allzu genau plaziert sein müssen. Zahnfehler in der Größenordnung von einer Neuminute wirken sich auf die Meßgenauigkeit nicht aus, weil bei einer Messung immer sämtliche Zähne im Eingriff sind und durch ihre Elastizität periodische Zahnteilungsfehler eliminieren.

Die Winkelmessung wird zweistufig vorgenommen, in der ersten Stufe die Gradmessung mit der erwünschten Endgenauigkeit, dieser Vorgang ist mit der Koinzidenzeinstellung diametraler Stellen beim Teilkreis vergleichbar, in der zweiten Stufe die Interpolation mit Hilfe eines mechanischen Keilmikrometers. Der Meßkeil bewegt den Theodolit, angetrieben durch die Feintriebe, aus der vollen Gradposition in einer zweiten Steh- und Kippachse in das Ziel. Das Maß des tangentialen Abtriebs ist direkt auf dem Keil in codierter Form geteilt und wird elektrooptisch abgelesen. Die ganzen Gradzahlen sind auf einem zur Zahnkupplung parallelen Code-Kreis in Form einer gedruckten Schaltung geteilt und werden durch elektrische Kontakte abgenommen. Dieser Codekreis hat keine Genauigkeitsfunktion, er stellt lediglich die Bezifferung der einzelnen Zähne der Zahnkupplung dar. Mit dem Prinzip der Zahnkupplung wird eine, ähnlich wie beim Sekundentheodolit, exzentrizitätsfehlerfreie Winkelmessung erreicht.

Bei der Messung des Zenitwinkels ist zwischen dem Interpolationsmeßkeil und der elektrooptischen Abtastung ein automatischer Höhenindexkompensator eingebaut.

Die Winkelmeßgenauigkeit mit diesem System wird durch 3 Faktoren bestimmt:

1. die Genauigkeit der Zahnkupplung, die mit ± 1 Neusekunde für einen beliebig geschalteten Winkel praktisch vernachlässigt werden kann,
2. die Genauigkeitkeit des Interpolationssystems und bei der Zenitwinkelmessung noch zusätzlich die Einspielgenauigkeit des Höhenindexkompensators,
3. die Genauigkeit des Theodoliten selbst, das heißt die Zielgenauigkeit, die Genauigkeit der Achsen und die mechanische Hysterese im Interpolationssystem, das ja gleichzeitig als Feintrieb ausgebildet ist.

Die hiermit erreichte Gesamtgenauigkeit beträgt als mittlerer Fehler für eine in einer Lage gemessene Horizontalrichtung $\pm 10^{cc}$, mittlerer Fehler für einen in einer Lage gemessenen Zenitwinkel $\pm 15^{cc}$. Die kleinste angezeigte Einheit sind 10^{cc}.

Die gemessenen Werte Horizontalrichtung, Zenitwinkel und Schrägentfernung können mit Ziffernröhren wahlweise je nach Schalterstellung angezeigt werden. Die Streckenanzeige geht hier bis in die Millimeterstelle, obgleich der Phasenmesser nur Zentimeter auflöst. Das täuscht zwar eine höhere Genauigkeit vor als man bei diesem Gerät erwarten kann, ist aber einmal durch die Mittelbildung aus 1000 Messungen als Recheneinheit durchaus sinnvoll, zum andern wird damit der Digitalfehler, der bei jeder digitalen Meßvorrichtung ± 1 Einheit der letzten Stelle beträgt, eliminiert.

Abb. 5 Registriereinrichtung

In der angeschlossenen Registriereinrichtung (Abb. 5), die aus einem Lochstreifenstanzer besteht, der in jedem beliebigen Code zwischen 5 und 8 Kanälen ablochen kann, werden nicht nur die Meßdaten Entfernung, Horizontalrichtung und Zenitwinkel registriert, sondern auch 12 Ziffern eines Einstellwerkes, die zur Identifizierung der Messung dienen. Alle Zahlen stehen im Gerät in einem Binär-Dezimalcode (1–2–4–8–BCD-Code) zur Verfügung. Diese Werte werden in einen Eins-aus-Zehn-Code decodiert mit den Ziffernröhren angezeigt, dann in den entsprechenden Code, der im Lochstreifenstanzer gewünscht wird, umcodiert und abgelocht. Die Zuleitung der Daten zum Streifenlocher, die Rückmeldung über das Ende des Stanzvorganges und die Spannungsversorgung erfolgt über ein Kabel, das am dreifußfesten Unterbau des Theodoliten befestigt wird. Die Übertragung zur Alhidade wird mit Hilfe von Schleifringen vorgenommen, so daß das Kabel nicht mitdreht. Weiterhin können in einer Programmschaltung neben den Meßwerten und den Zahlen aus dem Ziffereinstellwerk Sonderzeichen verdrahtet werden, um die Auswertung des Lochstreifens zu erleichtern. Die einzelnen Meßwerte können z. B. getrennt und die 12 Kennzahlen zu Gruppen zusammengefaßt werden. Mit Hilfe der Sonderzeichen „Wagenrücklauf" und „Zeilenvorschub" ist ein feldbuchähnlicher Ausdruck im Klartext möglich.

Um bei dem nahezu vollautomatischen Ablauf der Messung den Beobachter noch weiter zu entlasten, wurden eine Reihe von Maßnahmen getroffen, um die Registrierung bei Bedienungsfehlern oder Störungen im Gerät automatisch zu blockieren. Eine Störung wird durch Blinken der Ziffernröhren angezeigt und die Registrierung automatisch abgebrochen. Bei groben Bedienungsfehlern kann die Messung überhaupt nicht ausgelöst werden. Sie ist blockiert, wenn z. B. die Kupplung nicht bis zum Anschlag eingekuppelt wurde, der Signalpegel des reflektierten Meßlichtes zu klein oder zu groß ist und wenn die Batteriespannung nicht mehr ausreicht.

Die Bedienungselemente sind beim Reg Elta 14 wie bei den herkömmlichen Theodoliten angeordnet. Die Schaltknöpfe, die anstelle der Klemmen für die Horizontal- und Vertikalkupplung an der rechten Stütze liegen, sind mit den Feintrieben koaxial angeordnet. Beim SM 11 dagegen liegen die koaxialen Klemmen und Triebe auf der Bedienungsseite des Instruments. Neben dem üblichen Einstellen des Zieles mit Klemmen und Trieben sind noch folgende Handgriffe notwendig:

1. Einschalten des Instrumentes,
2. Regelung des zurückkommenden Lichtsignals über ein Zeigerinstrument auf eine vorgeschriebene Signalhöhe und
3. Auslösen der Messung mit einem Drahtauslöser.

Die weiteren Vorgänge laufen dann vollautomatisch ab.

1. Einschalten des Entfernungsmessers
   11. Nullsetzen von Zähler und Mittelwertrechner
   12. 1000 Phasenmessungen auf der Feinfrequenz, Mittelwertbildung und Speicherung
   13. Automatische Frequenzumschaltung
   14. 1000 Phasenmessungen auf der Grobfrequenz, Mittelwertbildung und Speicherung
   15. Überprüfung der Mittelwerte, evtl. Korrektur der Grobmessung, Speicherung und Anzeige der Strecke.

   Der Zeitbedarf beträgt bis jetzt 6 Sekunden, in denen beim SM 11 die Teilkreise abgelesen werden können. Beim Reg Elta 14 läuft parallel zur Streckenmessung unmittelbar nach dem Auslösen die Winkelmessung innerhalb von einer Sekunde ab.
2. Einschalten der Ableseelektronik für Teilkreise und Mikrometer, Ablesung, Speicherung und evtl. Anzeige der Ergebnisse, Ausschalten der Ableseelektronik.
3. Einschalten des Stanzermotors.
4. Stanzen von 12 Kennziffern, Schrägstrecke, Horizontalrichtung und Zenitwinkel, evtl. Sonderzeichen.
5. Gleichzeitig während des Stanzvorganges digitale Anzeige der jeweils gestanzten Werte.
6. Anzeige des am Wählschalter eingeschalteten Meßwertes (Hz, V oder Strecke).
7. Lochermotor aus.

Nach Beendigung der Entfernungsmessung kann während der etwa 5 Sekunden dauernden Registrierung bereits der Reflektor am Zielpunkt entfernt werden. Für reine Richtungsbeobachtung z. B. Anschlußrichtungen, kann der Entfernungsmesser ausgeschaltet werden, wobei auf dem Lochstreifen dann 6 Nullen anstelle der Entfernung registriert werden. Eine Entfernungsmessung ohne Richtungsregistrierung ist nicht möglich, denn zur Reduktion der Schrägentfernung auf die Horizontale wird der Zenitwinkel benötigt, d. h. mit der Entfernungsmessung erfolgt immer automatisch eine Winkelmessung.

Über die Auswahl der Kennziffern zur Identifizierung der Messung mit dem Ziffereinstellwerk, die Auswertung des Lochstreifens durch die Rechenanlage und über die Organisation bei der Feldmessung werden wir in weiteren Vorträgen Einzelheiten erfahren. Ich möchte deshalb nur einige wesentliche Punkte streifen.

Die Polaraufnahme und evtl. auch Richtungsbeobachtungen im übergeordneten Netz können in einer Fernrohrlage durchgeführt werden, wenn die Instrumentenkonstanten, nämlich Ziellinienfehler, Indexfehler und Kippachsenfehler durch eine Testmessung in zwei Lagen auf dem Lochstreifen registriert werden. Die entsprechenden Verbesserungen der in einer Lage durchgeführten Messungen werden dann vom Rechner automatisch an den Einzelmessungen angebracht, sofern ein entsprechendes Programm vorhanden ist. Die Messung der Additionskonstanten wird ebenfalls auf dem Lochstreifen registriert und in der Auswertung berücksichtigt. Für das SM 11 gelten ähnliche Überlegungen, nur daß hier alle Werte im Feldbuch notiert werden.

Zusammenfassend möchte ich noch einmal die Leistungsfähigkeit beider Instrumente kurz darstellen:

SM 11 und Reg Elta 14 sind elektronische Tachymeter zur gleichzeitigen Messung von Entfernungen im sogenannten Nahbereich bis zu einem Kilometer, bei guter Sicht bis zu zwei Kilometern mit gleichzeitiger Winkelmessung. Die erreichbaren und erreichten Genauigkeiten liegen bei ± 1 cm als mittlerer Fehler für eine einmal gemessene Strecke, $\pm 10^{cc}$ für eine einmal gemessene Richtung und $\pm 15^{cc}$ für den einmal gemessenen Zenitwinkel. Während die Streckenmeßgenauigketi weitgehend unabhängig von der Streckenlänge ist, und deshalb der Längsfehler eines aufgenommenen Punktes konstant sein wird, ändert sich der Querfehler wegen der Richtungsmeßgenauigkeit mit der Entfernung. Längs- und Querfehler haben bei etwa 700 m die gleiche Größe (± 1 cm). Praktische Erfahrungen haben gezeigt, daß bei einer Polaraufnahme kaum Strecken über 700 m gemessen werden, weil jenseits dieser Entfernung der Beobachter am Instrument bereits die Übersicht verliert und an die Vorerkundung zu hohe Ansprüche gestellt werden. Als eine günstige Maximalentfernung, bei welcher noch ein zügiger Ablauf der Messung gewährleistet ist, haben sich in der Praxis etwa 500 m herauskristallisiert. Bei Messungen im übergeordneten Netz, z. B. in der IV. Ordnung, wobei Strecken zwischen 700 und 2000 Metern vorkommen, muß bei der Ausgleichung das höhere Gewicht der Streckenmessung berücksichtigt werden.

Die Flächen- bzw. Punktleistung, die mit diesen Instrumenten pro Tag erreicht wird, hängt außer vom Gelände von einer guten Vorbereitung, das heißt einer gründlichen Vorerkundung ab. Wir haben im Durchschnitt folgende Werte erreicht:

Mit dem Reg Elta 14 in schwierigem Gelände (Hanglage, Bäume, bauliche Hindernisse) einschließlich Netzverdichtung und Polygonierung etwa 250 Punkte pro Tag, wobei grundsätzlich keine Punkte mit anderen Methoden wie z. B. Bandmaß und Winkelprisma nachträglich aufgemessen wurden. In offenem Gelände maximal 100 Punkte pro Stunde. Mit dem SM 11 bei einer Baulandumlegung 260 Punkte in drei Stunden, wobei die erreichte Punktezahl nicht durch Beobachter und Gerät, sondern durch den Aufschreiber begrenzt wurde.

Eine Durchschnittsleistung von 500 Punkten pro Tag, die in Veröffentlichungen im Zusammenhang mit anderen Geräten genannt wird, ist nach meiner Ansicht zu hoch gegriffen und stellt keinen repräsentativen Querschnitt für eine gesamte Feldsaison dar.

Diese neuen elektronischen Tachymeter bedeuten für die Polaraufnahme einen Fortschritt, der erstmalig seit der Einführung des Redta vor mehr als 40 Jahren eine Beschleunigung der Messung und eine spürbare Anhebung der Wirtschaftlichkeit bringt.

Organisatorische Probleme beim Feldeinsatz des Reg Elta 14

Von H. Knoop

Meinem Vortrag liegen Erfahrungen zugrunde, die ich seit mehreren Jahren u. a. mit dem ersten Reg Elta 14 bei umfangreichen Messungen im wesentlichen aus dem Aufgabenbereich der Vermessungs- und Katasterverwaltung gemacht habe. In einem größeren Rahmen untersuchte ich dabei die Leistung und Anwendung automatisch registrierender elektronischer Tachymeter. Seit Juli 69 stand mir dafür der erste Prototyp des Reg Elta 14 in der Abteilung Landesvermessung des Niedersächsischen Landesverwaltungsamtes zur Verfügung. Für Vergleichsmessungen gab mir die Firma Carl Zeiss Gelegenheit, ein neueres Instrument mit dem technischen Stand eines Seriengerätes zu benutzen. Außerdem stellte dieselbe Firma ein SM 11 für vergleichende Untersuchungen bereit.

Da das Reg Elta 14 als Vertreter einer neuen Instrumentengeneration gegenüber herkömmlichen Geräten ganz besondere Eigenschaften besitzt, war es für einen universellen und wirtschaftlichen Einsatz erforderlich, neue Meßverfahren zu entwickeln, die dem jeweiligen Anwendungszweck angepaßt sein müssen.

Folgende Eigenschaften automatisch registrierender elektronischer Tachymeter sind dafür von großer Bedeutung:

1. Das Reg Elta 14 besitzt zunächst alle Vorteile der optischen Streckenmessung schlechthin. Damit wird für die örtlichen Arbeiten eine gewisse Unabhängigkeit von der Geländeform und anderen Hindernissen für die Vermessung, wie z. B. Straßenverkehr, erzielt.

2. Mit einem Anwendungsbereich von 0 – 2000 ist es ein sehr weitreichendes Tachymeter und so für einen großräumigen Einsatz besonders gut geeignet.

3. Da – entsprechend dem Prinzip der elektro-optischen Entfernungsmessung – am Zielpunkt Reflektoren verwendet werden, wird im Gegensatz zur Verwendung von Latten am Zielpunkt jeweils nur ein punktförmiges Ziel angesprochen. Die erforderliche Sichtschneise kann also auf ein Minimum beschränkt werden. Daneben ist bei Verwendung von entsprechendem Zubehör eine gewisse Unabhängigkeit von der normalen Stativhöhe, wie sie z. B. eine Zwangsbedingung bei der Verwendung von Basislatten darstellt, möglich.

Als Ergänzung zum Serienzubehör habe ich besondere Verlängerungen, leichtere Stative, Reflektoren für kürzere Entfernungen und Spezialreflektoren zur Aufnahme von Gebäudepunkten entwickelt (Abb. 1, 2, 3).

Abb. 1

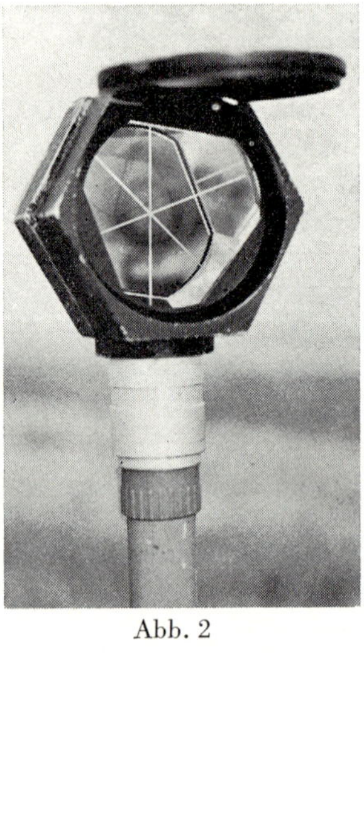

Abb. 2

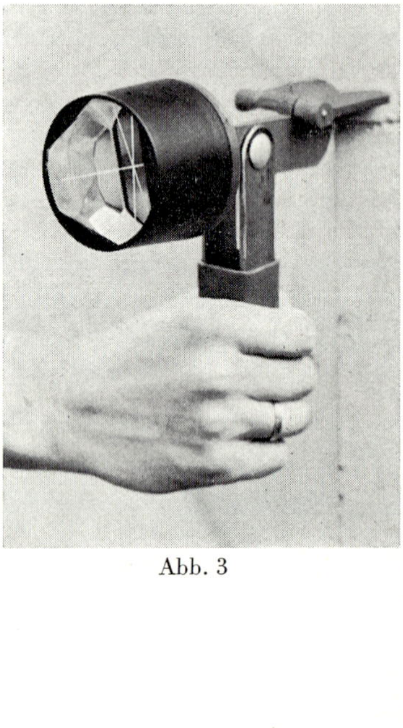

Abb. 3

4. Durch die elektronische Strecken- und Winkelmessung ist bei großer Meßsicherheit eine hohe Meßgeschwindigkeit (4 Sekunden für alle 3 Werte) und für den gesamten Meßbereich eine große Genauigkeit der Messungselemente (Strecke konstant $\pm 0{,}6$ cm; Horizontalrichtung $\pm 8^{cc}$; Zenitwinkel $\pm 13^{cc}$) gewährleistet. Diese Angaben habe ich für das Seriengerät des Reg Elta 14 ermittelt.

5. Ähnlich wie jeder herkömmliche Theodolit besitzt auch das Reg Elta 14 einige Instrumentenfehler, die konventionell durch Messen in zwei Fernrohrlagen eliminiert werden müßten. Da man in diesem Falle die Einflüsse der Instrumentenfehler rechnerisch in der Datenverarbeitungsanlage berücksichtigen kann, ist hier die Messung in einer Fernrohrlage möglich, wodurch weitere entscheidende Zeitersparnisse erzielt werden.

6. Die digitale Anzeige uncodierter und endgültiger Meßwerte auf einem 6stelligen System von Leuchtziffernröhren macht eine manuelle Umrechnung der Messungsdaten überflüssig und schafft zusätzlich die Voraussetzung für eine automatische Registrierung, bei der Horizontalrichtung, Zenitwinkel- und Schrägentfernung zusammen mit der einstellbaren Punktnummer und Steuermerkmalen für die Berechnung unmittelbar im Felde auf Lochstreifen registriert werden. Das fehleranfällige, zeitraubende und personalintensive manuelle Protokollieren der Meßergebnisse entfällt also.

7. Der Lochstreifen kann ohne Zwischenschaltung von speziellen Auswerte- oder Lesegeräten direkt in eine Datenverarbeitungsanlage eingegeben werden. Damit entfällt nicht nur das manuelle häusliche Aufbereiten und Ablochen der Meßdaten, gleichzeitig wird auch ein lückenloser Datenfluß von der örtlichen Aufnahme bis zum gewünschten Auswerteergebnis möglich.

Diese Eigenschaften automatisch registrierender elektronischer Tachymeter vom Typ des Reg Elta 14 begünstigen ihre Anwendbarkeit bei Vermessungen aller Art bis zur direkten dreidimensionalen Punktbestimmung. Sie erfüllen insbesondere die Voraussetzungen für den Einsatz im Polarverfahren – für den Lage- und Höhenbereich. Die angegebenen Genauigkeiten lassen durchaus auch eine polygonometrische Netzverdichtung zu.

Aus dem großen Anwendungsbereich soll hier die Anwendung dieses Gerätetyps für den Bereich der Lagevermessung und dabei vor allem für größere Katastervermessungen und ein geeignetes Aufnahmeverfahren erörtert werden. Der Anwendungsbereich erstreckt sich hier im wesentlichen auf größere Fortführungs- und Neuvermessungen.

Da die Polygonierung notwendiger Bestandteil der Aufnahme und Berechnung von größeren Fortführungsvermessungen ist, wird sie in diesem Rahmen mitbehandelt werden.

Die großräumige Polaraufnahme mit automatisch registrierenden elektronischen Tachymetern habe ich folgendermaßen durchgeführt:

Von einem Standpunkt aus werden die zu koordinierenden Punkte mit dem Reg Elta 14 polar aufgenommen. Da man im allgemeinen nicht alle Zielpunkte von einem einzigen Standpunkt aus erfassen kann, muß das aufzunehmende Gebiet mit einem Netz von Gerüstpunkten überzogen werden, dessen Anschlußpunkte trigonometrische Punkte sein sollten. Bei bandförmigen Vermessungen genügt in der Regel ein großräumiger Polygonzug, von dem aus gegebenenfalls seitwärts gelegene Standpunkte polar mitbestimmt werden.

Dieser übergeordnete Polygonzug wird nur für die Aufnahme geplant und dient vorrangig der Koordinatenübertragung auf die Polarpunkte. Er wird später in aller Regel nicht wieder benutzt. Vorhandene Polygon- und andere Altpunkte können dabei als Standpunkte mitverwendet werden; sie dürfen aber auf keinen Fall Zwangsbedingungen – beispielsweise auf Kosten der Einsichtmöglichkeit in das Gelände – darstellen.

Von diesen Aufnahmestandpunkten aus werden folgende Punktarten polar bestimmt:

1. Grenzpunkte (darunter ausgewählte Grenzpunkte als Endpunkte eines Orthogonal-Liniennetzes für die Fortführung),
2. alte Polygon- und Liniennetzpunkte zur Neukoordinierung oder zum Koordinatenvergleich,
3. Fortführungspunkte, die mit den Grenzpunkten in Beziehung stehen,
4. weitere Punkte (Gebäude-, topographische Punkte usw.).

Bei der Wahl der Standpunkte für die Polaraufnahme wird man aus Wirtschaftlichkeitsgründen immer bestrebt sein, möglichst viele Zielpunkte auf einen Standpunkt zu beziehen, um damit die Anzahl der Gerüstpunkte gering zu halten.

Diese Forderung nach einem möglichst großen Abstand der Gerüstpunkte muß jedoch im Zusammenhang mit den folgenden Gesichtspunkten gesehen werden, die ein großräumiges Arbeiten teilweise einschränken:

1. Technische Möglichkeiten des Instruments in Verbindung mit der geforderten Genauigkeit der Punktbestimmung,
2. Geländeabhängigkeit und Identifizierbarkeit der Zielpunkte,
3. Kontrollmöglichkeit für die Aufnahme,
4. Zugänglichkeit der Aufnahmestandpunkte mit Fahrzeugen,
5. Gesichtspunkte der Meßanordnung.

Die Länge der Polarstrahlen richtet sich nach der Genauigkeit der geforderten Punktbestimmung.

Geländeform und Sichtmöglichkeiten setzen der Reichweite elektro-optischer Geräte Grenzen; dem Prinzip der elektro-optischen Entfernungsmessung entsprechend muß Sichtverbindung zwischen Anfangs- und Endpunkt der zu messenden Strecke bestehen. Diese Forderung wird zwar beim Reg Elta 14 dadurch abgeschwächt, daß der Lichtweg durchaus ohne Beeinträchtigung der Messung beliebig oft vorübergehend unterbrochen werden darf.

Aber auch bei sehr offenem Gelände wird man die volle Reichweite des Gerätes nicht immer ausnutzen können, da bei größeren Entfernungen die Identifizierbarkeit der Zielpunkte zurückgeht und dadurch der Ablauf der Messung beeinträchtigt werden kann. Besonders beim Einsatz automatisch registrierender Geräte ist die Vermeidung von Punktverwechslungen und damit die richtige Zuordnung der Meßelemente zu dem betreffenden Punkt im Hinblick auf den lückenlosen Datenfluß außerordentlich wichtig.

Bei den praktischen Untersuchungen hat sich herausgestellt, daß für den Abstand benachbarter Gerüstpunkte eine überschlägige Entfernung von etwa 500 – 800 m optimal ist.

In Zweifelsfällen hat es sich bewährt, das Aufnahmenetz besser engmaschig als allzu großräumig zu gestalten, da andernfalls nicht nur die Meßgeschwindigkeit beeinträchtigt wird, sondern sich auch der Arbeitsaufwand bei der vorbereitenden Erkundung vergrößert.

Je nach Meßanordnung für die Polaraufnahme werden die Spannmaße zwischen polar aufgenommenen Punkten als Kontrollen für die Punktbestimmung benutzt. Dabei ist die Wirksamkeit dieser Kontrollen abhängig von der Lage des jeweiligen Spannmaßes zu den Aufnahmerichtungen. Bei größeren bandförmigen Vermessungen z. B. Autobahn-, Wasserlauf- oder Deichschlußvermessungen ergeben sich hier Schwierigkeiten bei der Auswahl der Standpunkte. Um möglichst viele Zielpunkte von einem Gerüstpunkt aus aufnehmen zu können, bieten sich bei derartigen Vermessungsobjekten Brücken und andere hochgelegene Punkte des Bauprojektes als Standpunkte mit guten Einsichtmöglichkeiten an. Bei der Aufnahme der Einzelpunkte wird man in der Regel in Richtung der Grenzführung messen müssen, so daß die Spannmaße in Aufnahmerichtung liegen und damit nur die Streckenmessung kontrollieren. Legt man den Standpunkt jedoch seitlich des Vermessungsobjektes, so ergeben sich meistens Nachteile hinsichtlich der Einsichtmöglichkeit vom Aufnahmestandpunkt sowie der Zugänglichkeit des Aufnahmestandpunktes mit dem Fahrzeug. Bei einer bestimmten Anzahl der aufzunehmenden Punkte wird auch hier jeweils nur ein Aufnahmeelement durch die Spannmaße überprüft.

Zwischen diesen gegensätzlichen Gesichtspunkten wird man in der Praxis einen Kompromiß zugunsten der besseren Einsichtmöglichkeit wählen und hier durch anderweitige Kontrollen, z. B. Doppelbestimmung, die Messung sichern müssen.

Da der Beobachter nicht nur die umfangreiche Meßausrüstung, sondern auch seine Vermessungsunterlagen usw. als Meßtruppführer am Standpunkt benötigt, ist es sehr wichtig, die Lage der Standpunkte so zu wählen, daß man sie mit dem Pkw unmittelbar erreichen kann. Diese Forderung ist so bedeutend, daß man sogar ein weniger großräumiges Standpunktnetz dafür hinnehmen sollte.

Einige mit dem Reg Elta 14 bearbeitete größere Vermessungen wurden auf die Verteilung von Polarstrahllängen und Zenitwinkel untersucht. Bei den untersuchten Vermessungsobjekten liegen die meisten Strecken unter 400 m. Die volle Reichweite des Reg Elta 14 ist jedoch z. B. für großräumige Polygonierungen – auch im Polarverfahren – erforderlich.

Zusätzlich müssen die Forderungen aus der zu wählenden Art der Meßanordnung (z. B. Doppelbestimmungen) bei der Anlage des Standpunktnetzes berücksichtigt werden.

Bei der Polaraufnahme erfolgt die Koordinatenübertragung über den Gerüstzug direkt auf die Polarpunkte. Damit wird hier die Anlage und Messung eines Liniennetzes eingespart.

In Gebieten mit orthogonalem Vermessungszahlenwerk wird man bei dem derzeitigen technischen Ausrüstungsstand der Vermessungsstellen bei der Fortführung polar aufgenommener Gebiete einer einheitlichen und praktischen Fortführungsmöglichkeit Rechnung tragen müssen. So habe ich bei sämtlichen von der Landesvermessung in Niedersachsen im Polarverfahren durchgeführten Vermessungsaufträgen zur Angleichung der Besonderheiten der Polaraufnahme an die Orthogonalmethode aus den aufgenommenen Grenzpunkten geeignete Punkte schon bei den Abmarkungsarbeiten auswählen lassen, die als Koordinatenträger im Sinne von Liniennetz- oder Polygonpunkten Endpunkte eines Orthogonalliniennetzes für die Fortführung werden.

Auf diese Linien werden im Zuge der automatischen Berechnung die polar bestimmten Koordinaten der übrigen im Nahbereich dieser Linien gelegenen Grenzpunkte transformiert und die orthogonalen Daten für die Fortführung ausgegeben. So wird in bisher orthogonal bearbeiteten Gebieten durch die Polaraufnahme die Einheitlichkeit des vorhandenen Bestandes nicht beeinträchtigt.

Da für die Polaraufnahme mit Hilfe elektronischer Tachymeter der Aufnahmepolygonzug in der Regel als Hauptzug zwischen trigonometrischen Punkten geplant und gemessen wird, kann es zu Überschneidungen mit dem vorhandenen Polygon- und Liniennetz kommen. Um Aussagen über die Nachbargenauigkeit von Neuaufnahme zu Altbestand machen zu können, werden die nächstgelegenen alten Polygon- und Liniennetzpunkte im Zuge der Polaraufnahme koordiniert.

Außer den bereits erläuterten Punktgruppen sind häufig andere Punktarten Gegenstand der Polaraufnahme. So sind z. B. oft topographische Veränderungen mitzuerfassen.

Bei der Meßanordnung für die weiträumige Polaraufnahme sind zum Teil gegensätzliche Forderungen wie Genauigkeit, Kontrollmöglichkeit, Organisation und Wirtschaftlichkeit zu berücksichtigen. Wegen der unterschiedlichen Merkmale der einzelnen Vermessungsobjekte kann hier nur das Grundsätzliche angegeben werden.

In der Regel werden die Polarpunkte von einem Standpunkt oder von mehreren Standpunkten aus einfach oder doppelt bestimmt.

In Verbindung mit dem Polarverfahren kommt der Kontrollmöglichkeit seit jeher eine besondere Bedeutung zu. Im folgenden soll auf die einzelnen Fehlerquellen bei der Polaraufnahme mit dem Reg Elta 14 eingegangen werden.

Dabei wird als Grundsatz verfolgt, daß Fehler unbedingt aufgedeckt werden müssen. In vielen Fällen werden genügend Überbestimmungen vorliegen, so daß Fehler auch häuslich bereinigt werden können.

Bei Verwendung von selbstregistrierenden elektronischen Tachymetern im Polarverfahren gibt es im wesentlichen folgende Fehlermöglichkeiten:

1. Fehler am Standpunkt

   Instrumentenfehler (soweit nicht automatisch bereinigt)

   Einstellfehler (falsches oder ungenaues Einstellen des Zielpunktes)

   Fehlerhafte Einstellung einzelner Ziffern der richtigen Daten für Stand- und Zielpunkt

   Einstellung einer falschen Punktnummer

2. Fehler am Zielpunkt
   Grob falsches Aufstellen des Strebenstativs am Zielpunkt
   Fehlerhaftes Aufstellen des Strebenstativs (z. B. Schrägstellen)
   Angabe einer falschen Punktnummer durch den Vermessungsgehilfen.

Da außer der Einstellung des Zielpunktes die eigentliche Messung – Ermittlung und Registrierung der Meßdaten – ohne direkte Eingriffsmöglichkeiten durch den Beobachter erfolgt und als Voraussetzung für eine automatische Registrierung ein fehlerfreies Arbeiten des Gerätes erforderlich ist, entfallen hier die bei anderen Aufnahmemethoden des öfteren auftretenden Ablesefehler des Beobachters, Hör- und Schreibfehler beim Protokollieren. Das ist ein wichtiger Vorteil.

Sollte wider Erwarten die Elektronik des Gerätes bzw. der Lochstreifenstanzer während einer Messung nicht mehr exakt arbeiten, ohne daß es bei der örtlichen Messung bemerkt wird, so werden die dadurch verfälschten Meßergebnisse durch die im Rechenprogramm vorgesehenen Kontrollen oder durch die nachstehend genannten Sicherungen aufgedeckt.

Standpunktexzentrizitäten durch fehlerhafte Zentrierungen bei mehreren Stativaufstellungen treten insofern nicht auf, als die Aufnahme der einzelnen Polarpunkte in der Regel gleichzeitig mit der Bestimmung der Aufnahmepunkte erfolgt.

Da bei Zuordnung vieler Zielpunkte zu einem Aufnahmestandpunkt das Stativ zwangsläufig sehr lange auf derselben Stelle steht, besteht die Möglichkeit, daß die Orientierung durch Erwärmung, Verdrehung, Einsinken des Stativs usw. verloren geht.

Eine diesbezügliche Kontrolle kann durch die Überprüfung der Orientierungsunterschiede erfolgen. Sie muß bei der Messung dadurch erreicht werden, daß bei größeren Standpunktsätzen die Anschlußrichtungen nicht nur zu Beginn eines Messungssatzes, sondern auch am Ende oder zwischendurch zur Richtungskontrolle gemessen und auch bei der nachfolgenden Auswertung berücksichtigt werden.

Als zweckmäßige Kontrollmöglichkeit für das Polarverfahren mit dem Reg Elta 14 sehe ich die Verwendung von Spannmaßen in geeigneter Kombination mit polaren Doppelbestimmungen an, so daß den örtlichen Gegebenheiten und den Grundsätzen einer genauen, aber auch wirtschaftlichen Vermessung am besten Rechnung getragen wird. Unter dieser Voraussetzung wird bei größeren Fortführungsvermessungen die polare Einfachaufnahme in der Regel angewandt werden. Möglichst in der Mitte zwischen benachbarten Aufnahmestandpunkten sollte eine sogenannte „Überlappungszone" vorgesehen werden, in der ausreichend viele Punkte jeweils von beiden Standpunkten aus zu bestimmen sind.

Die Zweitbestimmung von demselben Standpunkt aus wird immer dann in Frage kommen, wenn Polarpunkte nur von einem Aufnahmepunkt aus angezielt werden können und keine andere geeignete Kontrollmöglichkeit besteht.

Sind Spannmaße nicht vorhanden oder nur sehr aufwendig zu ermitteln, so wird besonders in übersichtlichem Gelände die Doppelaufnahme von zwei möglicherweise benachbarten Standpunkten aus erfolgen. Aus Gründen der besonders guten Kontrollfunktion und der Genauigkeitssteigerung ist diese Meßanordnung für große Neumessungsgebiete und insbesondere für die Bestimmung von trigonometrischen Punkten IV. Ordnung und Polygonpunkten gut geeignet. Darüber hinaus bietet sie im Gegensatz zur Verwendung von Spannmaßen, die für die Kontrollrechnung manuell einzugeben sind, den Vorteil, daß die Doppelbestimmung wegen der Kontrollmöglichkeit durch automatischen Koordinatenvergleich besonders automationsgerecht ist.

Die Vorbereitung der Messung wird bestimmt durch Gesichtspunkte des Katasters und des gerätebedingten Meßverfahrens. Da sich die katastertechnischen Erfordernisse nach den bestehenden Rechtsvorschriften regeln, werden im folgenden nur die Besonderheiten berücksichtigt, die sich aus dem Einsatz automatisch registrierender elektronischer Tachymeter ergeben.

Gerätetechnik und Meßanordnung bedingen eine Reihe organisatorischer Forderungen für die Aufnahme, denen bereits bei der Vorbereitung Rechnung getragen werden muß. Entsprechend den gerätetechnischen Voraussetzungen ist man erstmalig in der Lage, Polarpunkte sehr einfach und schnell zu bestimmen und damit sehr hohe Punktleistungen zu erzielen. Da diese Leistungen nunmehr jedoch entscheidend davon abhängen, daß für den Beobachter keine Wartezeiten entstehen und auch die Vermessungsgehilfen beim Bestücken der Zielpunkte voll ausgelastet sind, muß durch die Vorbereitung eine reibungslose Organisation bei der Messung und ein vollautomatischer Ablauf der Berechnung gewährleistet sein. Nicht immer kann man davon ausgehen, daß das Personal für die Vorbereitung auch bei der Messung zur Verfügung steht. Zweifellos wäre es nicht wirtschaftslichkeitsfördernd, wollte man dieses als Forderung erheben. Es muß deshalb das Ziel der Messungsvorbereitung sein, die polar aufzunehmenden Punkte örtlich so aufzubereiten und zu kennzeichnen, sowie die örtlichen Ergebnisse in Übersichten für die Aufnahme darzustellen, daß auch ein völlig fremder Vermessungstrupp bei der Durchführung der Messung keine Identifizierungsschwierigkeiten oder andere Anlässe zur Verzögerung der Messung hat.

Die örtliche Vorbereitung umfaßt:

1. das Aufsuchen von Altpunkten,
2. das Festlegen und Abmarken von Neupunkten,
3. das Erkunden und Festlegen der Aufnahmestandpunkte,
4. die Zuordnung der polaren Zielpunkte zu den Aufnahmestandpunkten entsprechend der gewählten Meßanordnung,
5. den Nachweis der örtlichen Vorbereitungsergebnisse in Übersichten für die Aufnahme,
6. erforderlichenfalls das örtliche Kennzeichnen der aufzunehmenden Punkte z. B. durch gut sichtbare Pflöcke zum schnelleren Auffinden.

Für den reibungslosen Ablauf einer solchen Polaraufnahme und die häusliche Weiterbearbeitung sind Unterlagen erforderlich, die nach Form und Inhalt den aufnahmetechnischen Besonderheiten entsprechen müssen:

1. Standpunktübersicht,
2. Aufnahmeübersicht.

Zur Arbeitserleiterung bei der Polaraufnahme sollte man die Anzahl und das Format der Aufnahmeübersichten möglichst klein halten. Aus Gründen der Handlichkeit und der Übersichtlichkeit ist anzustreben, auf jedem Standpunkt möglichst eine Aufnahmeübersicht zu verwenden, die wegen der großen Reichweite kombinierter elektronischer Tachymeter viel Inhalt auf wenig Fläche darstellt.

Für die Polaraufnahme und die Weiterbearbeitung ist folgender Inhalt – zweckmäßigerweise durch Farbgebungen besonders übersichtlich und deutlich gestaltet – erforderlich:

1. Aufnahmestandpunktnetz mit Bestimmungsstrahlen, Anschlüssen usw.,
2. Polarpunkte mit Art der Vermarkung, unterschieden nach Neu- und Altzustand,
3. Zuordnung der Polarpunkte zu den Aufnahmestandpunkten (soweit wegen Unübersichtlichkeit erforderlich),
4. Spannmaße, soweit nach gewählter Meßanordnung und Kontrollmöglichkeit ermittelt,
5. alle Punktnummern einschließlich Kennziffern zur Kennzeichnung der Punktarten,
6. alle für die automatische Registrierung und Berechnung notwendigen Angaben allgemeiner und rechentechnischer Art,
7. topographische Besonderheiten (insbesondere der neue Bauzustand) für die Aufnahme und zur schnelleren Orientierung des Vermessungstrupps im Gelände sowie zur besseren Identifizierung der Punkte.

Um die Meßdaten eindeutig auf die einzelnen Aufnahmepunkte beziehen zu können, sind Punktnummern erforderlich.

Ich habe die verschiedenen Numerierungssysteme auf ihre Eignung für die großräumige Polaraufnahme mit automatisch registrierenden elektronischen Tachymetern eingehend untersucht. Dabei hat sich gezeigt, daß die technischen Möglichkeiten des Reg Elta 14 mit dem 12ziffrigen Zifferneinstellwerk ausreichen, um jede beliebige Punktadresse zur Kennzeichnung der Meßdaten eingeben zu können.

Der für die Durchführung der großräumigen Polaraufnahme erforderliche Vermessungstrupp gliedert sich entsprechend den einzelnen Aufgabenbereichen am Stand- und Zielpunkt wie folgt:

1. Ein Beobachter zur Durchführung der Polaraufnahme mit eigenem Kraftfahrzeug (Pkw mit Kofferraum genügt) zum Transport der Geräteausrüstung (Reg Elta 14) und der Vermessungsunterlagen,
2. mehrere Vermessungsgehilfen zum Bestücken der polaren Zielpunkte mit Strebenstativen und Reflektoren,
3. ein Vermessungsgehilfe (zugleich Fahrer) mit Kraftfahrzeug zum Transport des Gerätezubehörs, zum Aufstellen und Umsetzen der Standpunktstative und für Sonderaufgaben.

Jeder Angehörige des Vermessungstrupps hat einen Satz Aufnahmeübersichten und ein Funksprechgerät.

Hinsichtlich der genauen Aufgabenverteilung innerhalb des Vermessungstrupps ergeben sich je nach Funktion des Beobachters zwei Möglichkeiten:

1. Der Beobachter (zugleich Truppführer) bedient nicht nur das Gerät, sondern leitet auch die gesamte Polaraufnahme. Am Zielpunkt arbeiten die Vermessungsgehilfen im Rahmen der vom Standpunkt aus im allgemeinen über Funksprechverbindung erteilten Anweisungen selbständig. Bei Einsatz von weniger qualifizierten Vermessungsgehilfen könnte derjenige mit der größten Erfahrung eine gewisse „Federführung" bei der Zielpunktbestückung übernehmen. Wegen der bereits angesprochenen guten örtlichen und häuslichen Vorbereitung kann die Polaraufnahme auf diese Weise reibungslos erfolgen.

2. Der Beobachter beschränkt sich nur auf die Instrumentenbedienung und erhält seinerseits Anweisungen vom Zielpunkt über die einzustellende Punktnummer, den weiteren organisatorischen Ablauf usw. Als Voraussetzung dafür muß sich der Vermessungstruppführer im Bereich der polaren Zielpunkte aufhalten. Dort könnte er gleichzeitig die Vermessungsgehilfen einweisen.

Da der Truppführer damit bei hinreichender Organisation nicht ausgelastet ist, könnte er in Abweichung von der beschriebenen häuslichen Aufbereitung zusätzlich die Punkte im Felde numerieren. Dadurch würde jedoch nur ein Teil der häuslichen Aufbereitung für die Polaraufnahme eingespart und die Messung selbst dafür zeitlich belastet werden.

Diese zweite Art der Aufgabenverteilung hat sich bei meinen umfangreichen Untersuchungen nicht als optimal erwiesen. Als weniger personal- und kostenaufwendige Form der Arbeitsorganisation wurde dagegen die als erste genannte bei mehreren Vermessungsobjekten erprobt. Vorrangig auf dieses Verfahren bezieht sich auch die Vorbereitung und die weitere Durchführung der Messung.

Vor der Messung führt der Beobachter eine kurze Funktionskontrolle auf dem ersten Standpunkt durch und stellt den Refraktionsindex ein. Die Messung beginnt mit der Eingabe der von mir als „Vorspann" bezeichneten allgemeinen Angaben sowie Meß- und Rechendaten. Die dafür erforderlichen Angaben für die automatische Berechnung wie Ordnungsmerkmale für den Vermessungsauftrag, Rollen-, Beobachter- und Gerätenummer, Rechen- und Meßdaten sowie notwendige Unterverschlüsselungen (Zuordnungen) werden einen häuslich vorbereiteten „Laufzettel" bzw. den Aufnahmeübersichten entnommen. Zur Vereinfachung der Höhenübertragung kann eine konstante Tafelhöhe angegeben werden. Sodann erfolgen die Messungen zur Ermittlung der Instrumentenfehler.

Nach Eingabe der Standpunktnummer werden die Anschlußrichtungen gemessen. Die Bestimmung des Aufnahmestandpunktnetzes erfolgt in einem Zuge mit der Polaraufnahme.

Bei Einsatz mehrerer Vermessungsgehilfen ist es wichtig, daß diese in einer geschlossenen Gruppe ihre Stative aufhalten und dabei demselben Grenzverlauf folgen. Bei entsprechender durchlaufender Punktnumerierung ergeben sich folgende Vorteile:

1. Der Beobachter braucht jeweils nur wenige Ziffern im Einstellwerk zu verändern,
2. es besteht eine gute Kontrolle über die Vollständigkeit der Aufnahme,
3. das Fernrohr braucht nur geringfügig gekippt und geschwenkt zu werden,
4. eine Umfokussierung ist in der Regel nicht notwendig,
5. für die Vermessungsgehilfen besteht die Möglichkeit, sich bei der Punktidentifizierung gegenseitig zu unterstützen.

Dieses von mir entwickelte Meßverfahren hat sich bei meinen umfangreichen Untersuchungen als optimal erwiesen. Ich habe bei den untersuchten Vermessungsobjekten eine durchschnittliche Leistung von 250 Punkten pro Tag erzielt. Der dafür eingesetzte Meßtrupp setzte sich zusammen aus einem motorisierten Beobachter, der gleichzeitig Truppführer war, zwei bis drei Vermessungsgehilfen an den Reflektoren und einem Kraftfahrer mit Fahrzeug. Wirtschaftlichkeitsuntersuchungen haben ergeben, daß sich bei entsprechender Auslastung eine Instrumentenausrüstung bereits in wenigen Jahren amortisiert.

Aufbereitung und Programmierung der Meßdaten

Von H. Knoop, Hannover

Für den wirtschaftlichen Einsatz des Reg Elta 14 als automatisch registrierendes elektronisches Tachymeter ist neben der Entwicklung eines geeigneten Meßverfahrens eine Verarbeitung der Messungsdaten, die den geräte- und verfahrenstechnischen Voraussetzungen gerecht wird, von entscheidender Bedeutung. Dieser Forderung genügt man mit Sicherheit nicht, wenn man den örtlich entstandenen Lochstreifen häuslich in Form eines nachträglich ausgeschriebenen Klartextes als bequem gewonnenes Meßprotokoll benutzt, dem dann in herkömmlicher Weise die Messungselemente für die konventionelle Weiterberechnung manuell entnommen werden. Hier würde man sinnvollerweise ein kombiniertes elektronisches Winkel- und Streckenmeßgerät ohne Registriereinrichtung (z. B. SM 11) einsetzen.

Der wesentliche Vorteil der automatisch registrierenden Geräte besteht darin, daß der im Felde erzeugte Lochstreifen alle notwendigen Informationen für eine automatische Weiterverarbeitung enthält. Damit besteht zum ersten Mal die Möglichkeit, die Vielzahl manueller Berechnungen und Eingriffe in den Rechenablauf herkömmlicher Art ohne Zwischenschaltung von speziellen Umsetzgeräten durch einen lückenlosen Datenfluß von der Aufnahme bis zum gewünschten Ergebnis wie Koordinate, Fläche oder Karte zu ersetzen.

Da heute fast in allen Zweigen des Vermessungswesens Programme für die Ermittlung der gewünschten Rechenergebnisse benutzt werden, ergibt sich die Frage, ob man

1. die bereits vorhandenen Programme auch auf die Meßergebnisse des Reg Elta 14 anwendet oder
2. eine Neuprogrammierung vornimmt.

Obwohl die Verwirklichung des ersten Schrittes nahe liegt, können bei einer Neuprogrammierung folgende Forderungen besser berücksichtigt werden:

1. Die örtliche Messung darf durch keine programmabhängigen Zwangsbedingungen belastet werden.
2. Die Besonderheiten der Gerätetechnik und der Meßanordnung sind zu beachten.
3. Der Ablauf der automatischen Berechnung muß bereits im Felde durch eine Kennzeichnung der Meßelemente festgelegt werden.

Aus diesen Gründen wurde im vorliegenden Fall im Hinblick auf den anzustrebenden lückenlosen Datenfluß eine Neuprogrammierung zumindest für den spezifischen Teil des Reg Elta 14 bis zur Koordinatenberechnung für die Polarpunkte durchgeführt. Da es sich hier um technisches „Neuland" handelt, sollte dem Erprobungscharakter bei der Programmierung dadurch Rechnung getragen werden, daß eine Überprüfung der Rechenschritte grundsätzlich gewährleistet ist.

Entsprechend den gerätebedingten Möglichkeiten des ersten Prototyps wurde der Datenumsetzer zum Streifenlocher des Reg Elta 14 so programmiert, wie es die als Beispiel bezeichnete Lösung beim Instrument der Niedersächsischen Landesvermessung aufzeigt (Abb. 1).

Um einen möglichst automatischen Rechenablauf zu gewährleisten, sind die Meßdaten vom Beobachter mit Schlüsselzahlen zu versehen. Dadurch werden die Meßanordnung charakterisiert und die Art der Berechnung festgelegt. Dies entspricht den bisher üblichen Zeichen in Vermessungsrissen für Endmaß, Einbinder u. a. m. bei der orthogonalen Aufnahme. Die Schlüsselzahlen werden zusammen mit der Punktnummer über das zwölfstellige Zifferneinstellwerk als 11. und 12. Ziffer unmittelbar im Felde eingegeben.

Das Verzeichnis der Schlüsselzahlen (Anhang) bezieht sich auf die Kennzeichnung der Zeilen für

1. Vorspann,
2. Messung,
3. Irrungen und Testmessungen,

wobei unter „Zeile" eine beim Ausdrucken des Lochstreifens gedruckte Zeile verstanden wird.

PROGRAMMIERUNG DES DATENUMSETZERS ZUM STREIFENLOCHER

Gerätebedingte Möglichkeit

A	B	C	K_1 6 Stellen	D	E	B	C	K_2 6 Stellen	D	E	B	C	Hz 6 Stellen	D	E	B	C	Z 6 Stellen	D	E	B	C	S 6 Stellen	D	E
1	2	3	4 5 6 7 8 9	10	11	12	13	14 15 16 17 18 19	20	21	22	23	24 25 26 27 28 29	30	31	32	33	34 35 36 37 38 39	40	41	42	43	44 45 46 47 48 49	50	51

Minimale Möglichkeit

$K_1 + K_2$ 6 + 6 Stellen	Hz 6 Stellen	Z 6 Stellen	S 6 Stellen	E
1 2 3 4 5 6 7 8 9 10 11 12	13 14 15 16 17 18	19 20 21 22 23 24	25 26 27 28 29 30	31

Ziffernumschaltung	A
Wagenrücklauf	B
Zeilenvorschub	C
Zwischenraum	D
Endzeichen (z.B. Punkt)	E
Kennziffern (2x6)	K_1,K_2
Horizontalrichtung (6)	H_z
Zenitwinkel (6)	Z
Schrägstrecke (6)	S

Beispiel

B	C	K_1 6 Stellen	D	K_2 6 Stellen	D	Hz 6 Stellen	D	Z 6 Stellen	D	S 6 Stellen
1	2	3 4 5 6 7 8	9	10 11 12 13 14 15	16	17 18 19 20 21 22	23	24 25 26 27 28 29	30	31 32 33 34 35 36

Klartext zum Beispiel

```
301000 201260 300714 100004 288055
202000 780860 293130 100159 402105
301000 201160 300363 100121 262756
301000 200160 302018 100202 364763
301000 200260 302135 100240 451591
201000 280660 302408 100266 246456
301000 201060 300443 100154 250439
```

Abb. 1

Diesen zunächst recht umfangreich erscheinenden Katalog von Schlüsselzahlen habe ich für die universelle Anwendung des Reg Elta 14 im Lage- und Höhenbereich aufgestellt. Für eine auf den Lagebereich beschränkte Minimalkonzeption genügen etwa 10 – 15 Schlüsselzahlen, für die ich den Begriff „Standardschlüsselzahlen" einführe.

Die Schlüsselzahlen für den Vorspann kennzeichnen Ordnungsmerkmale für den Vermessungsauftrag sowie Rechen- und Meßdaten, insbesondere für die Berechnung der Korrekturen zur Verbesserung der mit Instrumentenfehlern behafteten Meßdaten. Der Vorspann kann ganz oder teilweise an jeder beliebigen Stelle des Vermessungsauftrages eingegeben werden. Damit besteht die Möglichkeit, inhaltliche Änderungen des Vorspanns jederzeit für die Korrektur der Messungsdaten zu berichtigen.

Für die Messung werden die Schlüsselzahlen im wesentlichen für die Lage- oder Höhenberechnung nach Angaben für den Standpunkt, Anschlußpunkt, Polygon- und Polarpunkt entsprechend den vermessungstechnischen Notwendigkeiten vergeben. In diesem Zusammenhang seien hier nur die Kennzeichen der über 999,999 m langen Strecken sowie die Möglichkeit der Trennung der Horizontalrichtungs-, der Strecken- und Zenitwinkelmessung bei Geländehindernissen erwähnt.

Die Schlüsselzahlen für die Irrungen sind erforderlich, um fehlerhafte Zeilen korrigieren – löschen oder berichtigen – zu können. Je nach dem Zeitpunkt des Erkennens und der Berichtigung der fehlerhaften Werte im Vorspann oder Messungssatz können Irrungen auf verschiedene Arten korrigiert werden.

Der in einem Flußdiagramm dargestellte Programmablauf bezieht sich auf Auswertungen mit der elektronischen Rechenanlage ZUSE Z 25 beim Niedersächsischen Landesverwaltungsamt. Die Programmierung wurde im Maschinen-Code vorgenommen (Abb. 2).

Bei der Aufbereitung der Messungsdaten ist es zunächst erforderlich, eine formale Lochstreifenprüfung vorzunehmen. Dieser Programmschritt hat die Aufgabe, sämtliche Daten des vom Reg Elta 14 erstellten Lochstreifens auf die formale Richtigkeit zu kontrollieren, damit die anschließenden Berechnungen ohne diesbezügliche Fehler ablaufen können. Die bisher übliche Datenvorbereitung, die sich im allgemeinen in das Aufbereiten der Messungszahlen durch Erstellung von Ablochbelegen und die Übertragung auf einen Informationsträger gliederte, wird hier automatisiert.

Das Ergebnis dieser automatischen Datenaufbereitung ist ein zur Weiterverarbeitung geeigneter Lochstreifen mit gleichzeitig erstelltem Protokoll, auf dem alle formalen Fehler ausführlich erläutert sind, so daß eine gezielte Berichtigung möglich ist.

Im einzelnen geschieht dabei folgendes:

1. Jede gestanzte Zeile des Originallochstreifens wird auf ihre Vollständigkeit geprüft.
2. Die Schlüsselzahlen werden innerhalb der Meßfolge auf ihre Gültigkeit untersucht, wobei solche Zeilen, die nicht für die Berechnung erforderlich sind, wie beispielsweise Zeilen für die Statistik, protokolliert werden.
3. Die Irrungen, die durch Schlüsselzahlen gekennzeichnet sind, werden berichtigt und zusätzlich protokolliert.

Auf dem ausgegebenen Lochstreifen sind die Zeilen standpunktsweise aufgegliedert und innerhalb des Standpunktes nach aufsteigenden Punktnummern geordnet. Die örtliche Meßfolge ist anhand der eingelesenen Zeilennummer zu erkennen. Außerdem sind Berichtigungen, die an Schlüsselzahlen oder Punktnummern vorgenommen wurden, markiert. Ebenfalls ist zu erkennen, an welchen Stellen unvollständige Zeilen vorhanden waren. Zeilen mit beispielsweise ungültigen Schlüsselzahlen sind besonders gekennzeichnet. So ist es möglich, den erzeugten Lochstreifen unmittelbar weiterzuverarbeiten.

Danach erfolgt die Erstellung der Berechnungselemente aus den aufbereiteten Meßwerten.

Die aufbereiteten, formal einwandfreien Messungsdaten sind als örtlich gewonnene Rohwerte für die Koordinatenberechnung nicht unmittelbar geeignet. Gerätetechnik und Meßanordnung machen einige Korrektionen erforderlich. So müssen die Strecken hinsichtlich der Additionskon-

DATENFLUSSDIAGRAMM

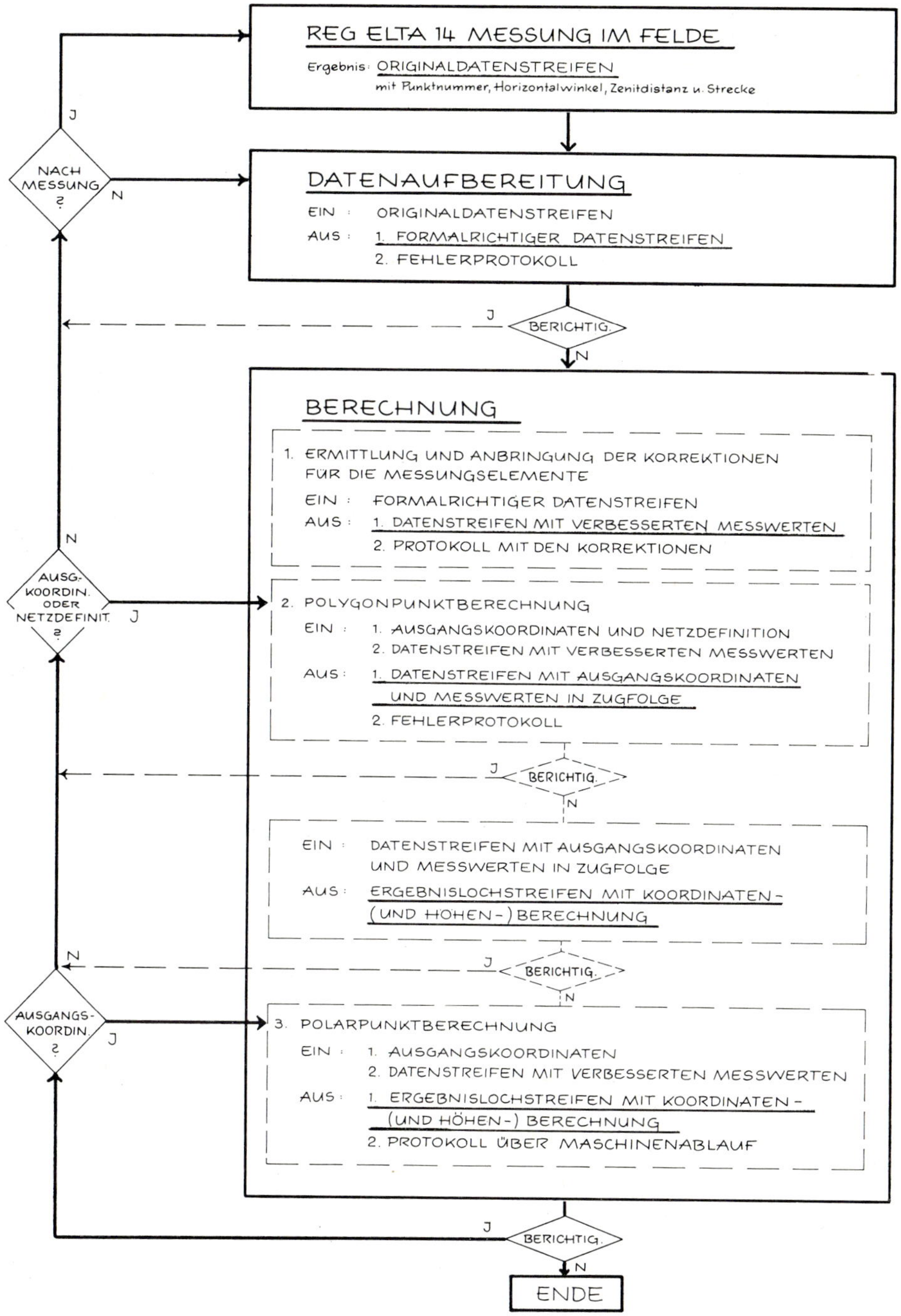

Abb. 2

stanten, die Horizontalrichtungen bezüglich der Ziel- und Kippachsfehler und die Zenitwinkel wegen des Indexfehlers verbessert werden. Die dafür erforderlichen Korrektionen werden aus den Messungselementen des Vorspanns berechnet. Außerdem sind die Strecken auch auf die Horizontale zu reduzieren. Ferner sollte hier die NN-, m- und GK-Reduktion angebracht werden. Die Höhenunterschiede für eine eventuelle Höhenübertragung werden hier ermittelt.

Zur Polygonpunktberechnung ist außer den Messungselementen – Brechungswinkel und Strecken – auch die Rechenfolge der einzelnen Punkte innerhalb der Polygonzüge erforderlich. Während die Messungselemente auf Datenstreifen registriert sind, wird die Zugfolge durch eine Netzdefinition festgelegt, in der auch bereits vorhandene Brechungswinkel oder Strecken eingetragen werden können. Mit dieser Netzdefinition wird ein Lochstreifen erstellt, der alle zur Berechnung von Polygonzügen notwendigen Daten enthält. Bei Mehrfachmessungen werden Richtungen und Strecken nur gemittelt, wenn die Abweichungen in bestimmten Fehlergrenzen liegen. Dadurch soll erreicht werden, daß nur sinnvolle Messungsdaten gemittelt und zur Berechnung benutzt werden. Treten Widersprüche auf, wird jeweils die erste gefundene Richtung oder Strecke zur Weiterverarbeitung benutzt. Die Widersprüche werden protokolliert. Sind Ausgangskoordinaten, Brechungswinkel oder Strecken nicht, wie in der Netzdefinition vorgesehen, vorhanden, wird auf dem Berechnungslochstreifen 6 mal die Ziffer Null gestanzt. Auf dem Protokoll wird genau angegeben, welche Koordinaten, Richtungen oder Strecken unbekannt sind. So kann der Lochstreifen selbst mit unvollständigen Messungsdaten für die Polygonpunktberechnung benutzt werden.

Nachdem die Polygonpunktberechnung einwandfrei vorliegt, erfolgt die Koordinaten- und Höhenberechnung für die Polarpunkte.

Die Polarpunktberechnung wurde so programmiert, daß während der örtlichen Arbeiten keine Rücksicht auf eine bestimmte Reihenfolge genommen werden muß, wie es bislang der Fall war, wenn Berechnungen mit Hilfe der Automation ermittelt werden sollten. Zur Orientierung auf dem Standpunkt können mehrere Anschlußrichtungen benutzt werden. Sie müssen durch Schlüsselzahlen definiert sein, können aber an beliebigen Stellen des Messungssatzes stehen.

Bei den Ausgangswerten für die Aufnahmestandpunkte wird es sich in der Regel um neue Werte aus der vorangegangenen Polygonpunktberechnung handeln; es können aber auch Altkoordinaten und -höhen angegeben werden. In einem ausgedruckten Protokoll wird die Berechenbarkeit der Aufnahmestandpunkte nachgewiesen. Sollten zunächst nicht alle Punkte berechnet werden können, handelt es sich um

1. Punkte, deren Ausgangswerte (Koordinaten, Höhen, Anschlußrichtungen usw.) fehlen oder fehlerhaft sind, oder um
2. Punkte, deren Anschlußwerte zwar richtig sind, aber erst später zur Verfügung stehen, da sie sich nicht in Rechenfolge befinden.

Aus diesen Gründen ist es zweckmäßig, sich die nicht verwertbaren Standpunkte erst dann ausgeben zu lassen, wenn durch mehrere Rechendurchläufe sichergestellt ist, daß nicht die fehlende Rechenfolge, sondern fehlende oder fehlerhafte Ausgangswerte die Fehlernachricht bewirkt haben.

Bei jedem Durchlauf erfolgt die Koordinaten- und Höhenberechnung standpunktweise für die Punkte, die bereits berechnet werden können. Es können bis zu zwei Anschlußrichtungen verwendet werden, wobei der Orientierungsunterschied ausgegeben wird. Wird ein Polarpunkt mehrfach bestimmt, werden die Koordinaten- bzw. Höhendifferenzen gegen die erste Bestimmung ausgegeben; so ist ein Koordinatenvergleich unmittelbar möglich.

Falls gemessene Anschlußrichtungen nicht zur Verfügung stehen, erfolgt die Berechnung ersatzweise automatisch mit Polarpunkten als Anschlußrichtungen, deren Koordinaten bereits von einem anderen Standpunkt aus erzeugt wurden. Standpunkte, bei denen die Koordinaten der Polarpunkte auf diese Weise ermittelt worden sind, werden im Protokoll nachrichtlich als fehlerhafte Standpunkte ausgegeben.

Nach Abschluß der Polarpunktberechnung werden als Absicherung gegen grobe Fehler und vor allem gegen Punktverwechslungen

1. alle Punkte mit identischen Nummern mit Koordinatendifferenzen >1 m und
2. alle Punkte mit unterschiedlichen Nummern mit Koordinatendifferenzen <1 m

aufgelistet. Anhand dieser Zusammenstellung können Punktverwechslungen und Unstimmigkeiten sofort aufgedeckt werden.

Die Trennung bei 1 m ist zunächst willkürlich gewählt; sie muß möglicherweise noch nach unten verschoben werden. Die Berechnungsergebnisse bestätigen jedoch die Richtigkeit dieser zunächst als Test durchgeführten Maßnahme.

Für den Fall, daß Spannmaße zwischen den Polarpunkten als Kontrollen gemessen worden sind, ist im Programm eine Spannmaßberechnung aus Koordinaten und gegebenenfalls ein maschineller Vergleich mit den örtlich ermittelten Maßen vorzusehen.

Entsprechendes sollte auch bei der Verwendung von Richtungsmessungen für Vergleichszwecke, für Vorwärtsabschnitte, Richtungskontrolle usw. vorgesehen werden.

Die einzelnen Programmschritte werden anhand von Klartexten der Einzelabschnitte des automatischen Rechenablaufs erläutert.

Zu den Erfahrungen und Ergebnissen hinsichtlich der automatischen Auswertung und dem hier aufgezeigten Programm läßt sich folgendes feststellen:

Da das Programm in dieser Form eine gewisse Doppelaufgabe zu erfüllen hat, nämlich

1. die gewünschten Rechenergebnisse zu erzeugen und
2. als Testfall Auskunft über die Zweckmäßigkeit der einzelnen Programmschritte zu geben,

stellt sich in Anbetracht der Forderung nach einem lückenlosen Datenfluß abschließend die Frage, inwieweit dieses Ziel überhaupt erreichbar und sinnvoll ist. Die Beantwortung dieser Frage nach einem komplexen Programm, bei dem der im Felde erzeugte Originallochstreifen unmittelbar in die Datenverarbeitungsanlage eingegeben wird und ohne Zwischenergebnisse die gewünschten Koordinaten und Höhen erzeugt, ist abhängig von dem jeweiligen Anwendungszweck.

Für den Bereich größerer Fortführungsvermessungen im Kataster kann diese Frage nur mit Einschränkungen bejaht werden.

Hier sind zumindest die Zwischenschritte „formale Prüfung" und „Netzdefinition" erforderlich, da man entsprechend dem Prinzip der Nachbarschaft die im Altnetz vorhandenen Spannungen durch entsprechende Zugführungen berücksichtigen muß. Aus diesem Grunde erscheint es auch sinnvoll, die Sortierung der Messungsdaten bis zur Polygonpunktberechnung als Zwischenergebnis ausgeben zu lassen. Für geschlossene Neuvermessungen (z. B. Flurbereinigung) sowie für die topographische Aufnahme ist die Anlage der Messung in dieser Hinsicht nicht von so großer Bedeutung; hier könnte man nach der formalen Prüfung sofort die Koordinaten der Polarpunkte erzeugen.

Das im vorliegenden Fall für die Messungen mit dem Reg Elta 14 entwickelte Programm hat sich gegenüber konventionellen Programmierungen insbesondere in folgenden Punkten bewährt:

1. Die Messung wird nicht durch programmabhängige Zwangsbedingungen belastet; das Programm arbeitet also geräte- und verfahrensgerecht.
2. Da die bisher notwendige manuelle Aufbereitung der Daten automatisiert sind, wird sichergestellt, daß sämtliche im Felde erstellten Messungsdaten zur Berechnung herangezogen werden und keine zusätzlichen Aufbereitungsfehler auftreten können.
3. Alle Messungswidersprüche werden aufgedeckt, da für die Kontrollen alle Messungen automatisch herangezogen werden. In jedem Programmabschnitt werden fortlaufend Kontrollen über die Meßgenauigkeit ausgeübt. Sobald bei den Zwischenschritten keine Unstimmigkeiten mehr auftreten, sind die Voraussetzungen für die Richtigkeit der am Schluß erzeugten Koordinaten gegeben.
4. Darüber hinaus wird die Fehlersuche durch das Programm vereinfacht, da auftretende Messungswidersprüche genau definiert sind.

— = Standardschlüsselzahlen

1. Vorspann

00 Allgemeine Angaben (Statistik z. B. Uhrzeit)
01 Datum (Stellen 1–6), Rolle (7–10)
02 Vermessungsantrag (1–5), Beobachter (6–7) u. Gerät-Nr. (8–10)
03 Sonderangaben (z. B. Batterie, Refraktionsindex)
04 Mittl. Rechtswert [Dm] (1–6), Mittl. Höhe [m] (7–10)
05 Zielachsenfehler
06 Kippachsen- und Indexfehler
07 Additionskonstante
08 Konstante Tafelhöhe [mm] (7–10)
09 Zuordnung (1–10)

2. Messung

10 Standpunkt
11 Standpunkt mit Höhenübertragung
14 Standpunkt (exzentrisch)
15 Standpunkt (exzentrisch) mit Höhenübertragung
19 Instrumentenhöhe im Standpunkt (zentrisch oder exzentrisch) [mm] (7–10)
20 Anschlußpunkt
21 Anschlußpunkt mit Höhenübertragung
29 Tafelhöhe des Anschlußpunktes [mm] (7–10)
30 Polygonpunkt
31 Polygonpunkt mit Höhenübertragung
37 Strecke zum Polygonpunkt [mm] (manuelle Eingabe) (4–10)
38 Strecke zum Polygonpunkt über 1000 m (10)
39 Tafelhöhe des Polygonpunktes [mm] (7–10)
40 Zentrum der Standpunktzentrierung
41 Zentrum der Standpunktzentrierung mit Höhenübertragung
42 Exzentrischer Zielpunkt als Lotfußpunkt des Zentrums (Fall 1)
43 Exzentrischer Zielpunkt in Richtung des Zentrums (Fall 2)
44 Nummer des zentrischen Zielpunktes (Fälle 1 und 2)
45 Lage des zentrischen Zielpunktes zum Zentrum (1)
KZ 0: Der exzentrische Zielpunkt liegt links vom Zentrum (Fall 1) oder vor dem Zentrum (Fall 2)
KZ 9: Der exzentrische Zielpunkt liegt rechts vom Zentrum (Fall 1) oder hinter dem Zentrum (Fall 2)
Schlüsselzahl des zentrischen Zielpunktes (Fälle 1 und 2) (2–3)
Strecke der Zielpunktexzentrizität [mm] (Fälle 1 und 2) (4–10)
46 Exzentrischer Zielpunkt in Richtung des Zentrums mit konstanter Exzentrizität (z. B. Gebäudepunkt)
47 Strecke der Standpunktexzentrizität [mm] (manuelle Eingabe) (4–10)
49 Tafelhöhe des Zentrums der Standpunktzentrierung [mm] (7–10)
51 Höhenübertragung ohne Lagebestimmung
60 Polarpunkt
61 Polarpunkt mit Höhenübertragung
62 Zenitwinkel und Strecke zum Polarpunkt

63 Messungselemente vom Polarpunkt (Bogenschlag)
64 Horizontalrichtung vom Polarpunkt (Rückwärtseinschnitt)
65 Horizontalrichtung zum Polarpunkt (Vorwärtseinschnitt)
66 Zenitwinkel zum Polarpunkt
67 Strecke zum Polarpunkt [mm] (manuelle Eingabe) (4–10)
68 Strecke zum Polarpunkt über 1000 m (10)
69 Tafelhöhe des Polarpunktes [mm] (7–10)
<u>80</u> Endpunkt für Streckenmessung (Spannmaß)
87 Strecke [mm] (manuelle Eingabe) (4–10)
88 Strecke über 1000 m (10)

3. Irrungen und Testmessungen

90 Die fehlerhaften Daten der unmittelbar vorhergehenden Zeile des Vorspannes oder des Messungssatzes werden berichtigt.
91 Die fehlerhaften Punktnummern innerhalb des noch nicht abgeschlossenen Messungssatzes werden berichtigt.
92 Die fehlerhaften Daten beliebiger Zeilen des Messungssatzes werden nach Abschluß der Messung korrigiert.
93 Die fehlerhaften Daten beliebiger Zeilen des Vorspanns werden nach Abschluß der Messung korrigiert.
94 Geräte-Test
95 Beobachter-Test
96 Die fehlerhaften Zeilen des noch nicht abgeschlossenen Vorspannes werden gelöscht.
97 Der gesamte noch nicht abgeschlossene Messungssatz (Standpunkt) wird gelöscht.
98 Die fehlerhaften Zeilen innerhalb des noch nicht abgeschlossenen Messungssatzes (Standpunktes) werden gelöscht.
<u>99</u> Die fehlerhafte, unmittelbar vorhergehende Zeile des Vorspannes oder des Messungssatzes wird gelöscht.

Erwartungen, Erfahrungen und Probleme beim Einsatz des Reg Elta 14 in der Katastervermessung. Vergleich mit dem photogrammetrischen Aufnahmeverfahren

Von P. Schulze

Bei der Abhandlung des gestellten Themas soll zunächst über die Erwartungen gesprochen werden, die die Geodäten mit dem Einsatz des Reg Elta 14 verbinden.

Jeder Fachmann und vielleicht sogar noch mehr der Nichtfachmann, der auch nur oberflächlich etwas vom Reg Elta und dessen technischen Möglichkeiten gehört hat, erwartet eine wesentliche Erleichterung und Beschleunigung der gesamten Messungsarbeiten. Der Laie hat sofort die Vorstellung vom Geometer, dem nun nichts mehr zu tun bleibt, als am Instrument zu stehen, durch einen Druck auf den Drahtauslöser Meßwerte abzulochen und über Sprechfunk seine Meßgehilfen zu dirigieren. Aber auch in der Fachwelt – einschließlich den mit Bergen von Rückständen konfrontierten Vermessungsverwaltungen – verspricht man sich wahre Wunder von diesem Instrument und hegt vielfach übertriebene Vorstellungen von der Auswirkung seines Einsatzes. Ich glaube, es ist nötig, dies deutlich auszusprechen. Die Leistungen des elektronischen Tachymeters Reg Elta werden damit keineswegs geschmälert, doch können sie unmittelbar Erleichterungen nur auf dem Gebiet der Neuaufnahme, also einem Teil der bei Katastervermessungen anfallenden Arbeiten, bringen.

Was kann man nun tatsächlich und im einzelnen vom Einsatz des Reg Elta erwarten? Als erstes ist hier die Verbesserung der Leistung gegenüber den bisher üblichen Aufnahmemethoden zu nennen, und zwar eine Leistungssteigerung sowohl in qualitativer wie in quantitativer Hinsicht.

Einige Ursachen für die erwartete Verbesserung der Qualität der Meßergebnisse liegen klar auf der Hand. Es sind beim Reg Elta die automatisierte Ablesung der Meßwerte und ihre automatische Registrierung. Damit entfallen alle Fehlermöglichkeiten beim Ablesen, beim Aufschrieb und anschließend beim Ablochen. Aber auch abgesehen von der Ausschaltung ausgesprochener Fehler können wir eine Steigerung der Aufnahmegenauigkeit erwarten, die in der Konstruktion des Reg Elta begründet liegt. Die auf dem Lochstreifen festgelegten Meßwerte sind – zumindest von der Beobachter- und Instrumentenseite her – objektiv richtig und mit der erforderlichen Genauigkeit gemessen. Bei den bisher allgemein praktizierten Aufnahmeverfahren sind die Ergebnisse in erheblichem Maße subjektiven Einflüssen unterworfen; genannt seien als Beispiele nur die unterschiedliche Qualifikation des Aufnahmepersonals oder der vielzitierte Augfehler bei optischen Reduktionstachymetern.

Einen weiteren Beitrag zu einer höheren absoluten Qualität der Messungen wird die Reichweite des Instruments leisten. Es werden hierdurch einwandfreie und wirtschaftlich durchführbare Verdichtungen des Festpunktfeldes möglich, die bisher an zu hohem Aufwand und an den Geländeschwierigkeiten gescheitert sind, d. h. man hat sich mit unbefriedigenden Notlösungen begnügt oder teilweise auf eine Einbeziehung der Messung ins Landessystem verzichtet.

Der Hauptgesichtspunkt bei der Beschaffung und beim Einsatz des Reg Elta sind die Erwartungen, die hinsichtlich der quantitativen Leistungssteigerung gehegt werden. Man hofft auf eine Beschleunigung der Aufnahme insgesamt und – detaillierter – auf eine höhere Aufnahmeleistung pro Arbeitskraft.

Die Erwartung zeitlicher Einsparungen beruht zum einen auf der Funktionstüchtigkeit des Gerätes, also der einfachen und sicheren Bedienung des Instruments und dem schnellen Ablauf des Meß- und Registriervorgangs. Zum anderen liegt ihr die große Reichweite des Instruments zugrunde. Hierdurch muß sich die Zahl der Instrumentenaufstellungen wesentlich verringern lassen und kann eine größere Unabhängigkeit von der örtlichen Topographie erreicht werden. Zu den meßtechnischen Voraussetzungen, die einen raschen Arbeitsablauf ermöglichen sollen, gehören daneben noch die geringen Anforderungen, die an die Sichtverbindung zwischen Aufnahmestandpunkt und Zielpunkt gestellt werden. Schließlich ist eine zeitliche Einsparung noch dadurch gegeben, daß sämtliche

Meßwerte sofort auf einen Lochstreifen gestanzt und von diesem direkt in die elektronische Datenverarbeitungsanlage eingelesen werden können.

Mit dem Stichwort Datenverarbeitungsanlage verbindet man sofort die Vorstellung, daß bei Messungen mit dem Reg Elta unmittelbar im Anschluß an die Feldmessung die vollautomatische Koordinatenerzeugung erfolgt. Beim Vorliegen eines entsprechenden Programms und Eingabe der erforderlichen Schlüsselzahlen auf dem Felde wäre dies theoretisch möglich, und ist es zunächst auch durchaus naheliegend. Wie später ausgeführt werden wird, ergeben sich in vielen Fällen jedoch erhebliche Schwierigkeiten bei der Verwirklichung dieses Gedankens in der Praxis.

Hinsichtlich der Rentabilität werden ebenfalls Erwartungen mit dem Reg Elta verknüpft. Selbst wenn die hohen Anschaffungskosten des Instruments, von Reflektoren, Funkgeräten etc. zu berücksichtigen sind, kann angenommen werden, daß eine höhere Arbeitsleistung bei den ständig steigenden Personalkosten mit Sicherheit auch eine wirtschaftlich bessere Lösung bedeutet.

Auch auf einem weiteren Gebiet kann man vielleicht noch Hoffnungen mit der Reg Elta-Messung verbinden. Dort, wo die Meßgehilfen nicht in einem festen Arbeitsverhältnis bei der Vermessungsverwaltung stehen, ergibt sich ständig die Schwierigkeit, gute und geübte Meßgehilfen für jeden einzelnen Messungsfall zu bekommen. Während bisher etwa bei einer Stangenmessung in steilem Gelände oder beim Einfluchten in eine Gerade doch bestimmte Vorkenntnisse bei den Gehilfen verlangt werden müssen, werden bei einer Reg Elta-Aufnahme wesentlich weniger Ansprüche an die Qualifikation gestellt. Die einzige Aufgabe besteht nun im senkrechten Aufhalten der Reflektoren auf dem Meßpunkt. Es sollte eher möglich sein, im Einzelfall Hilfspersonal zu bekommen, wenn diese Leute keine Vorkenntnisse mitbringen müssen.

Ohne mir selbst vorzugreifen, möchte ich auch an dieser Stelle schon kurz die Photogrammetrie erwähnen. Luftbildaufnahmen werden bei umfangreichen Katastervermessungen, insbesondere bei Straßenmessungen, immer häufiger verwendet, um die topographischen Gegebenheiten daraus zu entnehmen. Der einzige Feldaufwand ist bei Befliegungen zu diesem Zweck die Signalisierung und die Bestimmung der Paßpunkte. Und hier kann gerade die Paßpunktbestimmung bei einer Reg Elta-Aufnahme ohne nennenswerte Mehrarbeit miterledigt werden. Die für die Paßpunkte erforderlichen Höhen fallen bei jeder Messung nebenbei an. Sie können bei Bedarf auch für jeden aufgenommenen Grenz- und Geländepunkt berechnet werden.

Schließlich möchte ich nicht versäumen, auf einige indirekte Folgen des Reg Elta-Einsatzes hinzuweisen. Die Reg Elta-Aufnahme sollte dazu führen, der Landeskoordinate als Bestimmungselement für jeden einzelnen Punkt mehr Bedeutung beizumessen und die vielfältigen Konsequenzen hieraus zu ziehen.

Das Reg Elta wird schon durch seinen Preis und den daraus resultierenden zentralen Einsatz zu einer weiteren Spezialisierung führen und uns zu systemvoller Arbeitsweise, zur Planung von Einsatz und Arbeitsablauf zwingen. Wenn diese Erwartungen realisiert werden, werden sie nicht der kleinste Beitrag sein, den das Gerät zur Arbeitsbewältigung bei Katastervermessungen leistet.

Bevor ich nun auf einige konkrete Messungsfälle eingehe, muß ich vorausschicken, daß die beim Landesvermessungsamt Baden-Württemberg gemachten Erfahrungen auf einer Messung von vier Tagen im Oktober 1969 und einer knapp dreiwöchigen Messung vom Frühjahr 1970 beruhen. Eingesetzt war jeweils ein eigenes Gerät der Firma Zeiss, und beobachtet wurde ebenfalls überwiegend von Herren dieser Firma. Es handelte sich ausschließlich um Messungsaufträge aus der Katasterpraxis; spezielle Meßanordnungen für Versuchszwecke wurden nicht getroffen.

Unsere Erfahrungen werde ich nun etwa analog zu den oben aufgezählten Erwartungen schildern. Zuerst sollen daher einige Angaben zur Genauigkeit gemacht werden. Auch wenn die von der Herstellerfirma genannten Genauigkeitswerte nicht angezweifelt werden, so sind die bei praktischen Arbeiten erzielten Ergebnisse doch immer von Interesse.

Im Herbst letzten Jahres wurde in Wangen im Allgäu für ein Baugebiet von ca. 35 ha die Umfangsgrenze zunächst herkömmlich aufgenommen, wobei die Linienpunkte der Orthogonalaufnahme durch Polygonzüge an die umliegenden trigonometrischen Punkte angeschlossen wurden. Es wurden

27 Polygonpunkte neu bestimmt. Dasselbe Gebiet wurde später mit dem Reg Elta noch einmal aufgemessen. Dabei reichte es für die Aufnahme aus, zwei neue Polygonpunkte einzuschalten und zwei Standpunkte polar abzusetzen. Der größte Teil der Punkte wurde doppelt aufgenommen, die Koordinaten anschließend gemittelt. Ein Vergleich der herkömmlich und mit Reg Elta ermittelten Koordinaten für 90 Punkte brachte ein gutes Ergebnis. Die lineare Differenz der Punkte bei Berechnung aus herkömmlicher Bestimmung und Doppelaufnahme mit Reg Elta lag bei 96 Prozent aller Punkte zwischen 0 und 4 cm, bei vier Prozent betrug sie 5–6 cm.

Noch mehr interessiert die lineare Punktdifferenz bei zwei verschiedenen RegElta- Aufnahmen. Man erhält aus den Differenzen der Doppelaufnahme einen mittleren Punktfehler und damit eine gute Genauigkeitsangabe für die Punktbestimmung. Außer den Ergebnissen von Wangen werden auch die Ergebnisse einer Messung mit dem SM 11 vom Frühjahr 1970 in Bad Rappenau angegeben. Das SM 11 soll hinsichtlich der Meßgenauigkeit ja dem Reg Elta entsprechen, und da bei der Messung in Rappenau eine wesentlich größere Anzahl von Punkten aufgenommen wurde, ist das Ergebnis vielleicht repräsentativer. Ein Vergleich der beiden Meßergebnisse ist erstaunlich (Abb. 1).

Landesvermessungsamt Baden-Württemberg

RegElta-Aufnahme in Wangen
(aufgenommen wurden 90 Polarpunkte)

SM 11-Aufnahme in Bad Rappenau
(aufgenommen wurden 258 Polarpunkte)

mittlerer linearer Punktfehler einer Aufnahme

RegElta (Wangen): $m = \sqrt{\frac{[dd]}{2n}} = \pm 2{,}2$ cm

SM 11 (Bad Rappenau): $m = \sqrt{\frac{[dd]}{2n}} = \pm 2{,}4$ cm

mittlerer linearer Punktfehler einer Doppelaufnahme

RegElta (Wangen): $M = \frac{1}{2}\sqrt{\frac{[dd]}{n}} = \pm 1{,}6$ cm

SM 11 (Bad Rappenau): $M = \frac{1}{2}\sqrt{\frac{[dd]}{n}} = \pm 1{,}7$ cm

Aufgliederung der Differenzen aus 1. und 2. Aufnahme

RegElta-Aufnahme in Wangen:

Differenz (cm)	0 – 2	3 – 5	6 –10
Prozent	47	50	3
Prozent	97		3

SM 11-Aufnahme in Bad Rappenau:

Differenz (cm)	0 – 2	3 – 5	6 –10
Prozent	53	41	6
Prozent	94		6

Abb. 1

Ende Mai dieses Jahres kam das Reg Elta an elf Arbeitstagen zum Einsatz bei der Katastervermessung des Autobahnkreuzes Weinsberg. Da in dieser kurzen Frist die gesamte Polaraufnahme der alten und neuen Grenzpunkte durchgeführt werden sollte, blieb auch hier keine Zeit für besondere Genauigkeitsuntersuchungen. Die Auswertung der Messungen zur Festpunktsverdichtung gibt jedoch einige Aufschlüsse. Die Einschaltung von Vermessungspunkten erfolgte durch kombinierte Winkel- und Streckenmessung, die Bestimmung der Koordinaten war teils durch trigonometrische, teils durch polygonometrische Berechnung vorgesehen. Die Messungen wurden jeweils zusammen mit der Polaraufnahme durchgeführt, Zwangszentrierung wurde nicht verwendet. Nach Vorliegen der Meßergebnisse wurden Winkelabschlüsse in vollständig ausgemessenen Vielecken zusammengestellt, ein Ringpolygon von 4,7 km Länge durchgerechnet sowie zur Koordinatenbestimmung für die Praxis eine Netzausgleichung auf einer Großrechenanlage durchgeführt. Die Ergebnisse sind in den Abb. 2 und 3 zusammengestellt. Man kann danach feststellen, daß sich die Erwartungen an die Genauigkeit voll erfüllen.

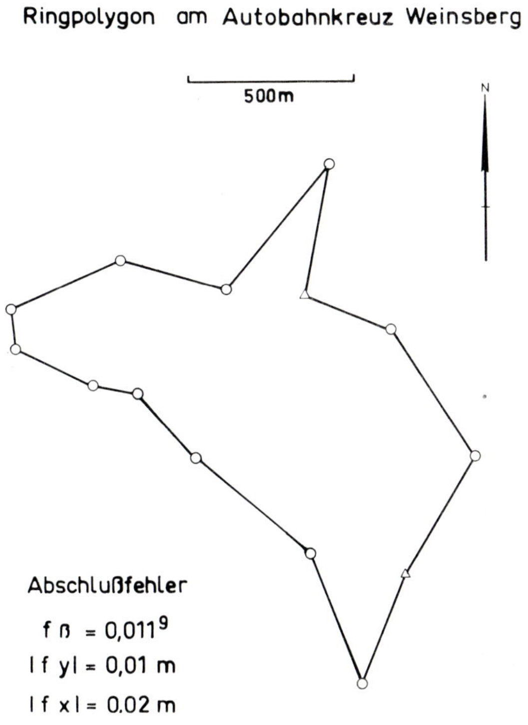

Abb. 2

Als nächstes möchte ich den Arbeitsablauf und Personalaufwand bei der Weinsberger Messung schildern. Aufzunehmen waren die neuen Grenzpunkte entlang der Autobahn, einer Landesstraße und einer großen Anzahl von Parallelfeldwegen sowie sämtliche für eine rechnerische Grenzprüfung erforderlichen alten Steine, insgesamt etwa 2000 Punkte. Dabei waren am Instrument ständig zwei Mann beschäftigt, einer zur Bedienung des Reg Elta und einer, der Funkverbindung mit dem Feldtrupp halten mußte. Ob hier am Instrument auch ein Mann genügen kann, hängt von zwei Voraussetzungen ab, einmal von der Konstruktion eines geeigneten Funksprechgeräts und zum anderen von einem günstigen Numerierungssystem der Vermessungs- und Grenzpunkte.

Im Gelände waren eingesetzt ein Aufnahmeleiter, vier Reflektorenträger und ein Mann mit Funkgerät. Der Aufnahmeleiter wies den Reflektorenträgern ihre Standpunkte zu, der zweite Mann hielt per Sprechfunk Verbindung mit dem Instrumententrupp, gab die Nummern der aufgestellten Punkte durch und benötigte hierzu einen schon vorher aufgestellten Numerierungsplan. Auf die Numerierung wird später noch besonders eingegangen.

Nun zu den mit der Geräteausrüstung gemachten Erfahrungen. Die Bedienung des Reg Elta ist so einfach, daß jeder, der mit dem Gerät arbeiten soll, dies nach wenigen Minuten schnell und sicher kann. Ein genaues Anzielen der Reflektoren ist vom Fernrohr und den koaxial angeordneten Klemmen und Feintrieben her leichter und bequemer als bei vielen Theodoliten, eine Ablesung entfällt und Fehler sind fast ausgeschlossen. Der Meßvorgang läuft so schnell ab, daß in übersichtlichem Gelände für Anzielen und Messen eine Durchschnittszeit von knapp einer Minute tatsächlich erreichbar ist. Das Instrument verkraftet diese Beanspruchung leichter als der Beobachter, und vor allem als die Reflektorenträger, die ein derartiges Tempo keinen ganzen Tag mithalten können, und schließlich wird die Punktleistung durch Sichthindernisse in bewachsenem oder bebautem Gebiet weiter eingeschränkt.

Festpunktbestimmung am Autobahnkreuz Weinsberg

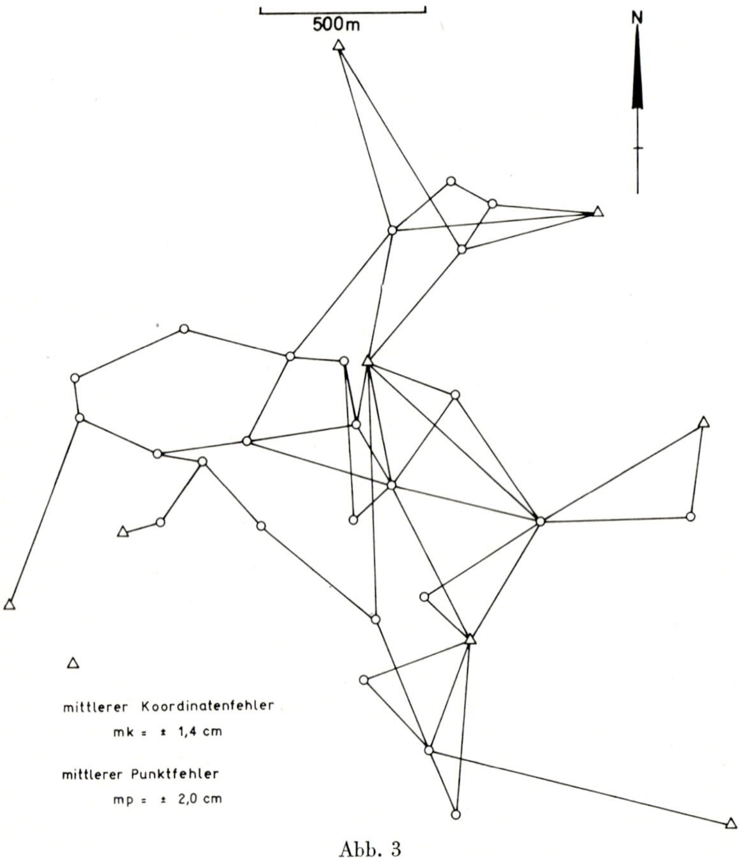

Abb. 3

Auch die Erfahrungen mit den Reflektoren waren gut. Die Aufstellung der Strebenstative ist einfach und einigermaßen sicher. Die vielen Vorteile durch geringe Anforderungen an die Sichtverbindung liegen auf der Hand. Bei normalen Zielweiten bis 300 m und etwas darüber genügt ein Prisma für eine genügend starke Reflexion. Ein Sichtfeld vom Durchmesser einer Faust reicht also für die Messung schon aus. An Gebäudeecken oder direkt auf einem Grenzstein ist ein einzelnes Prisma leicht aufzuhalten, und in bewachsenem Gebiet – in Weinsberg mitten in Weinbergen – kann mit den auf 2,50 m ausziehbaren Reflektoren oft noch in einer Jahreszeit gemessen werden, in der sonst Feldvermessungsarbeiten entfallen. Das Aufsetzen eines Verlängerungsstücks auf die Strebenstative zu einer Länge von insgesamt 5,00 m empfiehlt sich nicht; ein zentrisches Aufhalten der Reflektoren ist hier nicht mehr gewährleistet. Wünschen würde man sich eine schlankere Spitze am Fuß des Strebenstativs, um ein präzises Aufstellen zu erleichtern.

Wenn das hier geschilderte gute Funktionieren der Ausrüstung schon eine erhebliche zeitliche Beschleunigung bewirkt, so läßt sich durch die große Reichweite des Instruments noch eine weitere zeitliche Einsparung erreichen. Im allgemeinen ist es jedoch nicht ratsam, Zielweiten über 400–600 m vorzusehen. Bei darüberliegenden Entfernungen macht die visuelle Verfolgung der Reflektorenträger durch den Beobachter oft Schwierigkeiten, so daß ein weiterer Standpunkt die bessere Lösung darstellt. Auch eine Reichweite von 500 m bringt gegenüber bisher erheblich bessere Leistungen. Sie vermindert wesentlich die Zahl der Instrumentenstandpunkte und ermöglicht insbesondere eine größere Unabhängigkeit von Geländeformen. So konnte in Weinsberg bei einem Autobahneinschnitt ein großes Gebiet vom Gegenhang ausgezeichnet eingesehen werden und an einem steilen runden Hang, an dem man nicht einmal die Reichweite eines Redta hätte ausnutzen können, machte die Aufnahme keine Schwierigkeiten mehr.

Nachdem nun die einzelnen Komponenten geschildert sind, die sich auf den zeitlichen Ablauf der Messung auswirken, möchte ich einige Angaben über die erreichten Punktleistungen machen. In Weinsberg wurden im Frühjahr an 11 Tagen insgesamt 88,5 Stunden mit dem Reg Elta gemessen und dabei 2160 Polarpunkte aufgenommen. Daraus errechnet sich eine Tagesleistung von 196 und eine Stundenleistung von 24 Punkten. Berücksichtigt man die Messungen zur Festpunktverdichtung und nach Anschlußpunkten ergeben sich 216 Zielungen pro Tag und 27 Zielungen pro Stunde. Eine Steigerung auf eine Durchschnittsleistung von 35 Punkten pro Stunde halte ich noch für möglich, viel mehr wird jedoch ohne besonderen Aufwand nicht zu erreichen sein. Zwar hatten wir auch in Weinsberg an einzelnen Tagen eine Durchschnittsleistung von 42 und einmal sogar von 56 Punkten pro Stunde erreicht, doch war eine solche Leistung nur bei besonders günstigen Geländeverhältnissen und dichter Punktlage möglich.

Über die Verarbeitung der Meßdaten durch Eingabe des Reg Elta-Lochstreifens direkt in die Rechenanlage liegen noch keine Erfahrungen vor. Das Landesvermessungsamt Baden-Württemberg besitzt bis jetzt noch keinen eigenen Reg Elta und hat auch noch kein Programm zur Verarbeitung der Meßdaten aufgestellt. Die bisher angefallenen Ergebnisse wurden auf einem Fernschreiber ausgedruckt und müssen von Hand abgelocht werden.

Auch zur Rentabilität sind noch keine präzisen Angaben möglich. Ein Vergleich mit anderen Verfahren hinsichtlich der Wirtschaftlichkeit wird wohl immer nur auf groben Schätzungen beruhen und keine zuverlässigen Werte ergeben, zumal ein Vergleich sehr stark von den jeweiligen Geländeverhältnissen abhängig ist. Vorläufig muß es also genügen, festzustellen, daß die Reg Elta-Messung allen bisherigen Aufnahmemethoden weit überlegen ist.

Einige Worte sollen noch zur Erkundung der Aufnahmestandpunkte gesagt werden. Für einen rationellen Messungsablauf ist eine gründliche Erkundung unabdingbare Voraussetzung; jeder Aufenthalt bei der Messung fällt hinsichtlich Geräte- und Personalkosten wesentlich stärker ins Gewicht wie bei bisherigen Einmannaufnahmen. Auf der anderen Seite muß aber auch nicht jeder einzelne Polarpunkt vorher auf seine Sichtverbindung zu einem Standpunkt überprüft werden. Im Bedarfsfall ist das Instrument schnell auf einem schon bestimmten Grenzpunkt nochmals aufgestellt, und oft bringt ein derartiges Vorgehen erhebliche Zeiteinsparungen gegenüber mühsamen Versuchen, eine Sichtverbindung unter allen Umständen zu verwirklichen. Hinzuweisen ist beim Thema Erkundung noch auf die Änderungen im Bewuchs. Dadurch, daß jetzt erheblich größere Zielweiten wie bisher in Anspruch genommen werden, stört eine aufkommende Belaubung auch wesentlich mehr und kann in Gebieten mit Laubbäumen eine ganz neue Erkundung erforderlich machen.

Nebenbei sei noch die Bedeutung eines guten Funkkontaktes zwischen Instrument und Feldtrupp unterstrichen. Einsparungen bei der Anschaffung der Funkgeräte sind oft Maßnahmen am falschen

Platz. Eine schlechte Verständigung ist die Ursache für viel Ärger, für Unterbrechungen und für Fehler in der Numerierung.

Der nächste Abschnitt meines Referates soll sich mit den Problemen befassen, vor die uns ein Gerät wie der Reg Elta stellt. Es sind deren eine ganze Menge. Zum großen Teil geht es allerdings um Fragen, die nicht speziell nur mit dem Reg Elta zusammenhängen, auf die man aber bei dessen Verwendung besonders deutlich gestoßen wird.

Eine der Hauptschwierigkeiten bei Aufnahmen mit elektronischen Tachymetern ist die Einpassung der Messungen bzw. ihrer Auswerteergebnisse in das vorhandene trigonometrische und polygonometrische Netz. Die Reichweite der Geräte ist so groß und ihre Genauigkeit so gut, daß sich jede Spannung im Netz störend bemerkbar macht. Wurde bisher orthogonal aufgenommen, so konnte eine Ungenauigkeit einer 100 m langen Messungslinie von 5 cm noch verkraftet werden, solange die Kleinkoordinaten Bestimmungselemente für den aufgenommenen Punkt bildeten. Ein Polygonzug mit einem Längsfehler von 5 cm pro 100 m war daher nicht zu beanstanden. Bei einer Polaraufnahme aber mit Zielweiten von bspw. 400 m addieren sich diese Beträge schon zu 20 cm, und bei einer Aufnahme zweier benachbarter Punkte von verschiedenen Festpunkten aus können Spannungen im Festpunktnetz klar zutage treten. Was also bei konventionellen Meßmethoden der Fall war, nämlich, daß bei einer richtig angelegten Polygonierung und anschließender Orthogonal- oder Polaraufnahme die Auswirkungen einer Netzspannung fehlertheoretisch richtig verteilt wurden, ist nun nicht mehr gegeben. Polygonierungen als Methode zur Verdichtung des Festpunktfeldes verlieren an Bedeutung und die großen Zielweiten zeigen jede Spannung direkt auf.

Diese Netzspannungen, die in einzelnen Landesteilen erhebliche Beträge annehmen, können nicht einfach unberücksichtigt bleiben. Bei jeder Reg Elta-Messung eine spannungsfreie Insel zu schaffen und auf das Hauptdreiecksnetz zurückzugreifen ist gleichfalls unmöglich. Für die Praxis bleiben damit nur zwei Wege: Entweder, man mißt nur in Gebieten mit einem einwandfreien geodätischen Netz, oder aber man findet geeignete Wege, die neuen Reg Elta-Aufnahmen möglichst gut, d. h. nachbarschaftstreu in das vorhandene System einzupassen.

Man denkt dabei an folgendes Verfahren: Die alten Festpunkte, in die die Messung eingepaßt werden soll, und die neuen Aufnahmestandpunkte werden in einem neu auszumessenden geodätischen Netz miteinander in Verbindung gebracht. Dieses Netz wird zwangsfrei ausgeglichen, wobei die Koordinaten eines Festpunktes sowie eine Richtung angehalten werden. Man erhält ein vorläufiges Arbeitsnetz, in dem auch die Polaraufnahme berechnet wird. Darauf vergleicht man die Festpunktkoordinaten aus dem Grundnetz mit den vorgegebenen Werten über eine Helmerttransformation. Man hält die Differenzen fest und kann nun über eine maschenweise affine Transformation sämtliche Aufnahmepunkte ins bestehende Netz überführen. Das Programm sucht hierzu für jeden Punkt die richtige Masche selbst aus, so daß der ganze Rechengang weitgehend automatisch abläuft. Anleitungen und Eingriffe sind bei der Verbindung von altem Festpunktnetz mit neuen Aufnahmepunkten sowie bei der Beurteilung der Ergebnisse der Helmerttransformation und bei der Festlegung der Maschen für die affine Transformation erforderlich. Dabei muß die Netzgestaltung bereits vor Beginn der Messungen festgelegt, die Netzberechnung kann schon bei der Aufnahme durch Eingabe entsprechender Kennzahlen für die Berechnung vorbereitet werden. Die Beurteilung der Restdifferenzen bei der Helmerttransformation könnte theoretisch auch dem Computer überlassen werden, doch scheint es richtig, den Rechenablauf hier zu unterbrechen. Die Differenzen sind, wenn sie einen bestimmten Betrag überschreiten, zu untersuchen und können sich auf die Auswahl der Maschen für die affine Transformation auswirken. Vorläufig sollte also hier der vollautomatische Rechenablauf unterbrochen und dem Fachmann noch eine Entscheidung überlassen werden.

Wie nach einer vorgesehenen zukünftigen Neutriangulierung die so gewonnenen Gebrauchskoordinaten in das neue Netz überführt werden sollen, ist noch nicht geklärt. Obwohl zunächst einiges dafür spricht, die Koordinatenberechnung mit den Originalmeßwerten in einem Netz mit Anschlußzwang zu wiederholen, halte ich dies aus Gründen der Einheitlichkeit, der Registratur und insbesondere wegen Fortführungsfällen im Meßgebiet nicht für angezeigt. Sämtliche Koordinatenwerte sollten später einheitlich umgeformt werden. Es wäre einer Überlegung wert, ob, nachdem nun Einpassungen ins alte Netz mit so viel Mühe vollzogen werden, eine Neutriangulierung überhaupt noch von Interesse ist.

Diese Frage wie auch die nach der Qualität der in das Netz IV Ordnung eingeschalteten alten Polygonierungen sind bestimmt keine speziellen Probleme des Reg Elta, doch ist wiederholt darauf hinzuweisen, daß bei den nun möglichen, nahezu einwandfreien Netzverdichtungen, die jetzt an der Tagesordnung sind, sich die vorhandenen Ungenauigkeiten störend bemerkbar machen. So ist denn auch die Frage nach einer Fehlergrenze, die unabhängig von Entfernungen den Radius eines Fehlerkreises für die Lagegenauigkeit eines Punktes im Landeskoordinatensystem angibt, besonders akut.

Dieses Kapitel soll nicht ohne die Bemerkung abgeschlossen werden, daß das Soldnernetz in weiten Teilen Württembergs einer Reg Elta-Messung bezüglich den Genauigkeitsanforderungen bereits genügt.

Eine weitere Überlegung soll der Kombination verschiedener Messungsmethoden gelten. Es lassen sich auch beim Einsatz des Reg Elta verschiedene Aufnahmeverfahren denken. Einmal wäre dies eine reine Polaraufnahme, bei der jeder Punkt direkt angezielt wird, zum anderen eine Polaraufnahme, bei der auch Punkte aufgenommen werden, die seitlich zum Zielstrahl versetzt sind und auf diesen angewinkelt werden, und weiter kann man an eine Aufnahme denken, bei der bspw. polar nur Bruchpunkte aufgemessen und Zwischenpunkte durch Stangenmessung eingeschaltet werden. Schließlich ist auch eine Kontrolle der Reg Elta-Aufnahme durch eine herkömmliche Spannmaßmessung ein Durchbrechen eines einheitlichen Aufnahmesystems.

Was hier am rationellsten ist, kann nicht ganz einfach entschieden werden. Zu berücksichtigen sind folgende Punkte: Zahl der einsetzbaren Reg Elta, verfügbares Personal, Qualifikation der Meßgehilfen und Möglichkeiten zur Zusammenführung der verschiedenen Meßwerte. Ich glaube aber, wir sollten hier voll auf die Automation zusteuern und anstreben, daß sämtliche zur Erzeugung von Großkoordinaten erforderlichen Meßwerte auf dem Lochstreifen des Reg Elta enthalten sind. Dies bedeutet die Kontrolle der Messung durch Doppelaufnahme, die ja gleichzeitig zu einer Genauigkeitssteigerung beiträgt. Seitwärts zum Zielstrahl gelegene Punkte können in die Polaraufnahme einbezogen werden, da ihr rechtwinkliger Abstand leicht zu messen ist und mit einer Schlüsselzahl auf dem Felde abgelocht werden kann. Die Meßgenauigkeit des Reg Elta bringt auch für Punkte, die örtlich in einer Geraden sitzen, Ergebnisse, die die geometrischen Bedingungen genügend genau erfüllen. Ein so konsequentes Vorgehen führt allerdings dazu, daß auch einige Punkte mit dem teuren Gerät aufgenommen werden müssen, die vielleicht schneller und billiger herkömmlich bestimmt worden wären, doch wird dieser geringe Nachteil bewußt in Kauf genommen.

Ein besonderes Problem ist noch in einigen Ländern die Frage nach einem geeigneten System zur Numerierung von Vermessungs- und Grenzpunkten. Erwähnenswert im Zusammenhang mit modernen elektronischen Tachymetern ist dieser Punkt unter anderem deswegen, weil bei der Vergabe der Punktnummern hier die Hauptfehlerquelle bei der Aufnahme liegt. Die geltenden Numerierungsvorschriften sind nicht für eine Polaraufnahme mit den nun möglichen Zielweiten entwickelt worden und deshalb vielfach unzweckmäßig. Im Interesse einer Aufnahme mit den modernen Geräten und meiner Ansicht auch aus verschiedenen anderen Gründen wäre eine Bildung von möglichst großen Numerierungsbezirken mit Abgrenzung nach festen Koordinatenwerten anzustreben. Es wäre in diesem Falle auch denkbar, mit einer vorläufigen Numerierung für das Aufnahmegebiet zu arbeiten, die bei der Berechnung vom Programm automatisch in die richtigen Nummern überführt würde. Damit könnte man auf dem Felde mit einer einzigen Leitpunktnummer auskommen. Eine Numerierung in aufsteigender Reihenfolge und Nummernvergabe vom Instrumentenstandpunkt aus würde die Fehlermöglichkeiten wesentlich verringern und so zu besseren und sichereren Ergebnissen führen.

Vielleicht ist nun ein scheinbarer Widerspruch aufgefallen. Wenn, wie oben gefordert, eine zweite Aufnahme als Kontrollmessung stattfinden soll, und hierfür ja dieselben Punktnummern Verwendung finden müssen, wie läßt sich dann noch eine Nummernvergabe vom Instrument aus erreichen? Meines Erachtens wäre hier eine Numerierung überhaupt nicht mehr erforderlich. Die Rechenanlage könnte sich die identischen Punkte anhand der Koordinaten selbst aussuchen und würde dann für Punkte, für die sie in einem bestimmten Toleranzbereich nur ein Koordinatenpaar findet, eine Fehlermeldung ausdrucken.

Noch ungeklärt ist auch das Problem einer zweckmäßigen Archivierung der Originalmeßwerte. Selbstverständlich können beim Reg Elta die auf dem Felde entstehenden Lochstreifen und bei anderen Geräten, etwa dem SM 11 oder dem DI 10, die Aufnahmeblätter aufbewahrt werden. Ein Zurückgreifen auf die Messungselemente wird jedoch immer schwieriger, d. h. aufwendiger.

Wenn wir den vorher beschriebenen Weg der Entstehung von Gebrauchskoordinaten noch einmal unter diesem Aspekt verfolgen, so haben wir im Anschluß an die Aufnahme mit Reg Elta und die Auswertung des dabei erzeugten Lochstreifens noch so viele Rechenoperationen durchgeführt, daß niemand glauben kann, daß diese Berechnungen jemals wiederholt werden, um Unstimmigkeiten bei einem strittigen Grenzpunkt zu überprüfen. Mit der Aufbewahrung der Meßwerte und den dann anfallenden Berechnungsakten werden zwar Vorschriften erfüllt, aber in diesem Fall kaum mehr ein sinnvoller Effekt erreicht. Bereits früher wurde von Professor Conzett, Zürich, der Gedanke erwähnt, ein Programmsystem zu entwickeln, das die ausreichende Verprobung der Koordinaten jedes einzelnen Punktes überprüft, so daß nachher die Koordinaten selbst Urkundscharakter haben könnten. Es darf nicht sein, daß wir aus Furcht vor eventuell möglichen juristischen Einwänden die technischen Möglichkeiten von vorneherein ungenutzt lassen.

Die wichtigsten Kriterien jeder Methode zur Ermittlung von Punktkoordinaten sind immer die erreichbare Genauigkeit und der erforderliche Zeitaufwand. Verbesserungen auf diesen zwei Gebieten waren die Haupterwartungen, die man auf den Einsatz des Reg Elta setzte, und wir haben gesehen, daß diese Erwartungen berechtigt waren. Um diese zwei Komplexe muß es auch vornehmlich gehen, wenn man die Reg Elta-Aufnahme mit der photogrammetrischen Punktbestimmung vergleichen will.

Zwar wurde das Autobahnkreuz Weinsberg in diesem Frühjahr sowohl mit dem Reg Elta aufgemessen, als auch für eine katasterphotogrammetrische Auswertung beflogen, doch liegen die Ergebnisse im Augenblick noch nicht vor. Zu Vergleichszwecken muß deshalb außer dem Messungsauftrag Weinsberg noch eine im Frühjahr 1969 durchgeführte Befliegung der B 19 auf dem Gemeindegebiet Unter- und Oberkochen herangezogen werden.

Das Landesvermessungsamt Baden-Württemberg hatte beim Versuch Unterkochen einen Gedanken von Dr.-Ing. Karl Krauss aus der BuL 1967 Nr. 2 aufgegriffen, nach dem die photogrammetrisch ermittelten Koordinaten durch eine Ausgleichung mit terrestrisch gemessenen Spannmaßen verbessert werden sollten. Für die Befliegung wurde ein großer Bildmaßstab – 1 : 3200 – gewählt und für jeden im Luftbild auszuwertenden Grenzpunkt zwei nach Möglichkeit senkrecht zueinander liegende Spannmaße gemessen. Die Auswertung der Luftbilder und die anschließende Spannmaßausgleichung nach einem von RVD Schenk aufgestellten iterativen Programm brachte ausgezeichnete Ergebnisse. Die Differenzen zwischen gerechneten und gemessenen Spannmaßen betrugen vor der Ausgleichung im Mittel 3 cm, nach der Ausgleichung im Mittel 1,2 cm. Von der Genauigkeit her können sich diese Ergebnisse also durchaus neben denen einer Doppelaufnahme mit Reg Elta sehen lassen.

Von besonderem Interesse ist der Zeitvergleich, den uns der Messungsauftrag Weinsberg lieferte. Das RegElta war zur Punktaufnahme 11 Tage im Einsatz. Wenn wir für eine zweite Aufnahme zur Kontrolle der ersten Messung nochmals dieselbe Zeit ansetzen, hätten also in 22 Arbeitstagen sämtliche vermarkten Punkte doppelt aufgenommen werden können. Beim photogrammetrischen Verfahren wurden dagegen für die Signalisierung 29, für die Spannmaßmessung 35 und für die Bestimmung der Paßpunkte 7 Tage benötigt. Dabei waren die Verhältnisse in Weinsberg für die

Photogrammetrie günstiger als ein Jahr zuvor in Unterkochen, da der Bildflug unmittelbar nach der Beendigung der Signalisierungsarbeiten stattfinden konnte, während in Unterkochen die Signalisierung wegen ungünstigen Flugwetters 2 Wochen lang ständig unterhalten werden mußte.

Diese Angaben bezüglich des Zeitaufwandes würden ohne Berücksichtigung der Meßtruppstärke einen falschen Eindruck hinterlassen. Die Zusammensetzung des Aufnahmeteams bei der RegElta-Messung wurde bereits geschildert; für den photogrammetrischen Versuch setzten sich die Meßtrupps für Signalisierung und Spannmaßmessung jeweils nur aus einer Fachkraft und zwei Meßgehilfen, der Trupp für die Paßpunktbestimmung aus zwei Fachkräften und zwei Kraftfahrern zusammen.

Absichtlich wird darauf verzichtet, nun Mannstunden gegeneinander aufzurechnen. Hierzu liegen bei unserem Objekt die Voraussetzungen nicht vor. Für beide Verfahren, terrestrische Aufnahme mit RegElta sowie photogrammetrische Punktbestimmung, sollen bei den nächsten Projekten mit den Erfahrungen aus den ersten Einsätzen bessere Resultate erzielt werden. So hofft man, bei RegElta-Aufnahmen mit einem Beobachter und einem Feldeinsatzleiter auszukommen, während beim photogrammetrischen Meßverfahren eine ganze Reihe von Maßnahmen zur Vereinfachung beitragen soll.

Bei zwei im Frühjahr 1971 vom Landesvermessungsamt vorgesehenen Befliegungen mit katasterphotogrammetrischer Auswertung soll die Spannmaßmessung möglichst reduziert werden, die Signalisierung soll durch einen großen Bildmaßstab vereinfacht und der Zeitaufwand für die Paßpunktbestimmung durch Anwendung der Anblockmethode gesenkt werden. Daneben ist für diese Objekte eine Doppelbefliegung vorgesehen, so daß man aus zwei getrennten Auswertungen schon eine weitgehende Kontrolle der Ergebnisse erhält. Ein Vergleich mit den Ergebnissen der Spannmaßausgleichung wird zeigen, wie zuverlässig diese Kontrolle ist.

Meiner Ansicht nach wäre es aber auch nach Abschluß dieser Versuche nicht angebracht, eines der Aufnahmeverfahren als dem anderen generell überlegen herauszustellen. Zu sehr wird es jeweils auf Größe des Meßobjekts, Geländebeschaffenheit und Umfang der erforderlichen topographischen Aufnahme ankommen. Ziel aller Untersuchungen kann es nur sein, den Fachmann in die Lage zu versetzen, in jedem Einzelfall zu entscheiden, welches Verfahren den optimalen Effekt verspricht und je nach Kapazität der Geräteausstattung zum Einsatz kommen soll.

Der Einsatz des Reg Elta 14 bei der Deutschen Bundesbahn

Von H.-J. HEINRICH

Einführung

Ich glaube, ich gehe nicht fehl in der Annahme, daß der Kreis der anwesenden Tagungsteilnehmer an einer kurzen Einführung in das spezielle Arbeitsgebiet des Bundesbahn-Vermessungsdienstes interessiert ist.

Die Aufgaben des Vermessungs-Ingenieurs bei der Deutschen Bundesbahn umfassen ohne Anspruch auf Vollständigkeit:

1. den Aufbau von Lage- und Höhenfestpunktnetzen auf Bahnanlagen,
2. die Aufmessung von Betriebsanlagen und Eigentumsgrenzen,
3. die Absteckung geplanter bau- und gleistechnischer Projekte im Rahmen der planmäßigen Erneuerung, Umgestaltung oder Neugestaltung unserer Betriebsanlagen,
4. die Herstellung, Sammlung und Fortführung von Plänen und Karten aller Art.
5. Als Zukunftsprojekt sei der Aufbau eines integrierten Automationssystems mit dem Ziel einer weitgehenden Automatisierung der oben aufgeführten Arbeitsbereiche durch Einsatz von Datenverarbeitungsanlagen genannt.

Die Durchführung der Vermessungsarbeiten geschieht nach Normen, die durch die Struktur unseres Verkehrsunternehmens gesetzt werden.

Maßgebende Faktoren hierfür sind:

1. das anfallende Arbeitsvolumen,
2. die Qualitätsforderungen an unsere Messungen.

Der Umfang des Arbeitsvolumens ist von der Höhe der Bauinvestitionen abhängig. Er wird durch die übergeordnete staatliche Verkehrspolitik, die Konkurrenzsituation der Deutschen Bundesbahn innerhalb aller Verkehrsträger und die Tatsache beeinflußt, daß Gleis- und Betriebsanlagen einem stetigen Abnutzungsprozeß unterliegen, der nur durch eine planmäßige Erneuerung unserer Anlagen kompensiert werden kann. Die Konkurrenzsituation der Deutschen Bundesbahn fordert eine Erhöhung der Fahrgeschwindigkeit. Als Voraussetzung hierfür müssen die zum Teil über 100 Jahre alten Trassen ausgebaut bzw. neu gestaltet werden. Die Folge ist eine beachtliche Steigerung unseres Arbeitsaufkommens.

Kriterien für die Qualitätsforderungen bzw. Meßgenauigkeiten ergeben sich unter anderem aus den Toleranzwerten, die bei der Montage genormter Bauelemente wie Weichen, Kreuzungen und Gleise eingehalten werden müssen, oder aus den fahrdynamischen Grenzwerten der verwendeten Trassierungselemente.

Die nur beispielhaft angedeuteten Fakten führten – hinsichtlich des Arbeitsaufkommens und der qualitativen Forderungen – im letzten Jahrzehnt zu einem ständigen Anwachsen der von uns zu erbringenden Leistungen.

Um steigende Leistungsforderungen zu erfüllen, bieten sich zwei Wege an. Entweder werden die Mehrleistungen durch Personalvermehrung erbracht, oder – bei unverändertem Personalbestand – durch Anwendung neuer technischer Verfahren mit höherem Wirkungsgrad. Es bedarf keines weiteren Kommentars, daß eine umfangreichere Personalvermehrung sowohl vom zahlenmäßigen Angebot an geeigneten Fachkräften als auch von der Kostenseite her sehr schnell ihre Grenzen findet.

Aus den genannten Gründen hat sich das Vermessungsreferat der Hauptverwaltung der Deutschen Bundesbahn entschlossen, das Reg Elta 14 und die dem Instrument eigene Verfahrenstechnik auf seine Eignung für unsere Vermessungsarbeiten zu testen. Gleichzeitig sollten bei diesem Versuch Erfahrungen über den erzielbaren Rationalisierungseffekt beim Einsatz des Gerätes unter normalen eisenbahntechnischen Betriebsbedingungen gewonnen werden.

Für die Entscheidung zugunsten des registrierenden Tachymeters waren im wesentlichen 6 Gesichtspunkte ausschlaggebend:

1. Das Gerät ist aufgrund seiner Auslegung als Tachymetertheodolit für terrestrische Messungen universell verwendbar.
2. Die anfallenden Meßdaten werden zusammen mit ihrer Punktnummer bereits im Felde auf einem Lochstreifen registriert und können daher ohne weitere Aufbereitung in eine Datenverarbeitungsanlage eingegeben werden.
3. Mit der Zifferneingabe am Instrument ist es möglich, auch während der Messung Befehle auf den Lochstreifen zu übertragen und dadurch dem jeweiligen Auswerteprogramm zusätzlich Steuerbefehle zu erteilen.
4. Die offerierten Meßzeiten versprachen einen beachtlichen Zeitgewinn gegenüber den konventionellen Meßverfahren.
5. Die elektrooptische Entfernungsmessung wird nicht gestört, sondern nur zeitlich unterbrochen, wenn Fahrzeuge die Meßstrecke kreuzen.
6. Die angegebenen Meßgenauigkeiten reichen unter gewissen Voraussetzungen für gleistechnische Vermessungen aus.

Bevor ich die Frage beantworte, in welchem Umfang unsere Erwartungen erfüllt wurden, möchte ich einige Voraussetzungen nennen, die – aus der Sicht der Deutschen Bundesbahn – für den Einsatz des Instruments gegeben sein sollten, und über die praktische Durchführung der Testmessungen berichten.

Messungen mit dem Reg Elta 14

Voraussetzungen

Erste Voraussetzung für den Einsatz des Gerätes im Sinne einer integrierten Datenverarbeitung ist die Aufgliederung des Meßgebietes in eindeutig definierte Geländeabschnitte. Bei der Bundesbahndirektion Stuttgart wird dieser Voraussetzung entsprochen, indem wir unsere Strecken und Bahnhöfe in Berechnungsabschnitte unterteilen. Die Abschnitte werden durch den Rahmen unserer Strecken- und Bahnhofspläne begrenzt. Die Eckpunkte jedes einzelnen Abschnittes sind im Landesnetz koordiniert (Abb. 1).

Die zweite Voraussetzung ist eine eindeutige Punktnumerierung aller Meßpunkte. Zu diesem Zweck hat jede Bahnstrecke eine dreistellige Streckennummer, der eine zweistellige Berechnungsabschnittsnummer hinzugefügt wird. Dadurch ist der Berechnungsabschnitt festgelegt. Innerhalb dieses Berechnungsabschnitts können bis zu 9999 Punktnummern vergeben werden. Eine vollständige Punktnummer besteht also aus 9 Ziffern. Dieser Nummer werden noch 2 Kennbuchstaben beigegeben, die den Direktionsbezirk und das jeweils verwendete Koordinatensystem festlegen. Damit sind die formalen Bedingungen für den Geräteeinsatz im wesentlichen erfüllt.

Vorbereitende Maßnahmen

Innerhalb jedes Berechnungsabschnitts werden nun zum Zweck der späteren Aufmessung und Absteckung Lagefestpunkte vermarkt, eingemessen und im Landessystem und in einem örtlichen Koordinatensystem koordiniert. Auf der freien Strecke beträgt die Punktdichte etwa 3 bis 5 Punkte je Kilometer. Jeder Festpunkt wird außerdem durch eine zirka 0,7 m tiefe unterirdische Abmarkung gesichert.

Auf den Bahnhöfen beträgt der Festpunktabstand in Längsrichtung des Bahnhofs etwa 100 Meter. Der Querabstand der Festpunkte wird in hohem Maße von den örtlichen Gegebenheiten, von der Gleisachsenführung und der Verkehrsdichte des Bahnhofs bestimmt. Er liegt im allgemeinen zwischen 10 m und 50 m.

Unsere gleistechnischen und topografischen Punkte sowie Grenzpunkte sind auf gerade Messungslinien bezogen. Teilweise existiert – speziell in Bahnhöfen – nur eine einzige, etwa alle 100 m vermarkte Messungslinie, so daß ein rechtwinkliges örtliches Koordinatensystem größeren Umfangs bereits vorhanden ist.

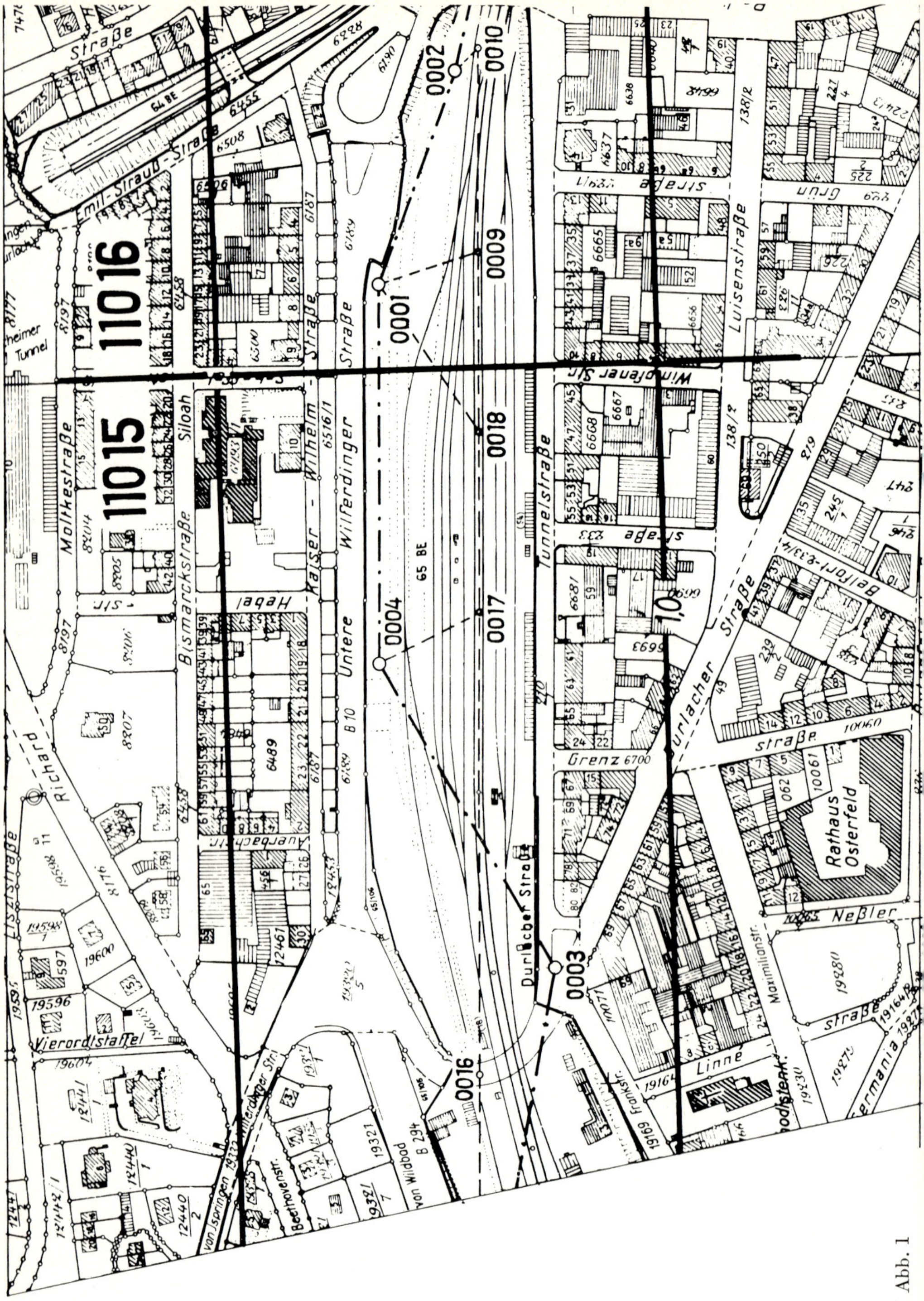
11016
11015
Moltkestraße
Bismarckstraße
Siloah
Kaiser-Wilhelm-Straße
Untere Wilferdinger Straße
B 10
Emil-Strauß-Straße
Hebel-Str.
Auerbachstr.
Richard
Lisztstraße
Vierordtstaffel
Beethovenstr.
von Wildbad
B 294
0001
0002
0003
0004
0009
0010
0016
0017
0018
65 BE
64 BE
Tunnelstraße
Durlacher Straße
Wimpfener Str.
Luisenstraße
Grenz
Durlacher Straße
Belfort-Straße
Rathaus Osterfeld
Neßler
Linné
Frankstr.
Maximilianstr.
Germania
Abb. 1

Aufgabenstellung

Zum Zweck der Koordinierung aller Punkte und späteren Durchführung unserer Arbeiten unter Verwendung eines komplexen Automationssystems erfolgt gegenwärtig die Aufmessung der Lagefestpunkte, der Festpunktversicherungen und der Endpunkt der Messungslinien durch Polygonzüge und polare Aufnahmen.

Für diese Festpunktvermessungen wurde das Reg Elta 14 eingesetzt und im Rahmen dieser Arbeiten getestet. Sehr wichtig für einen reibungslosen Ablauf der Messungen mit dem Registriertachymeter ist die sorgfältige Erkundung aller aufzumessenden Punkte, die rechtzeitige Überprüfung ihrer bestehenden alten Vermarkung, gegebenenfalls ihrer Neuvermarkung und die häusliche Vorbereitung der Messung insoweit, als alle neuen Festpunktnummern festgelegt, in einer Punktnummernskizze vorab eingetragen und auch die Messungsfolge im voraus festgelegt werden. Der Vorteil liegt darin, daß jeder Meßtruppangehörige den Ablauf der Messung kennt und die Arbeit ohne Verzögerung durchgeführt werden kann.

Der Meßtrupp

Von grundlegender Bedeutung für die praktische Durchführung der Messung ist die Besetzung des Meßtrupps mit Personal. Unser für die Festpunktaufmessungen eingesetzter Meßtrupp besteht aus einem graduierten Ingenieur, der die gesamte Vorbereitung und Durchführung der Messung leitet, einem Vermessungstechniker, der das Instrument bedient und 5 Meßgehilfen. 3 Meßgehilfen werden in der Regel für die polare Aufmessung eingesetzt; 1 Meßgehilfe sorgt für den Abbau, Transport und Aufbau der Instrumentenstative; 1 Meßgehilfe trägt den Lochstreifenstanzer und bei Bedarf den Feldschirm und steht für Hilfeleistungen aller Art zur Verfügung.

Instrumentenausstattung des Meßtrupps

Ein weiterer wichtiger Punkt ist die Ausstattung des Meßtrupps mit Fahrzeugen, Instrumenten und Geräten.

Unser Meßtrupp ist mit einem VW-Bus ausgerüstet, der für die Erkundung, Abmarkung und Aufmessung eingesetzt wird.

An Instrumenten stehen zur Verfügung:

1 Reg Elta 14 und ein Lochstreifenstanzer
4 Stative mit je einem Instrumentenfuß für die Zwangszentrierung
3 Strebenstative für die Polaraufnahme
5 Prismenschalter mit je 7 Tripenprismen
2 Ladegeräte
3 Nickel-Cadmium-Sammler
4 Funksprechgeräte

Darüber hinaus ist der Meßtrupp mit den gebräuchlichen Meßgeräten und Werkzeugen ausgerüstet.

Bei der Abmarkung der Festpunkte verwenden wir für den Bodenaushub ein Stihl-Bohrgerät mit einer Bohrschnecke von 25 cm Durchmesser. Ich erwähne dieses Gerät besonders, weil es uns durch den Einsatz dieser Maschine gelungen ist, die tägliche Abmarkungsleistung etwa um 80 % zu steigern.

Praktische Durchführung der Messungen

Zum Zweck der Testmessungen haben wir bis zum gegenwärtigen Zeitpunkt nur normale angeschlossene oder nicht angeschlossene Polygonzüge gemessen und polare Aufmessungen auf Polygonpunkten oder beliebigen Standpunkten durchgeführt. Die Instrumentenstandpunkte werden in der Regel mit Zwangszentrierung, die polaren Aufnahmepunkte unter Verwendung des Strebenstativs aufgemessen. Am Anfang jeder Polygonzugmessung stehen die Bestimmungen des Zielachsenfehlers, des Höhenkreisindexfehlers, des Kippachsenfehlers und der Entfernungskonstanten durch die gebräuchlichen Meßanordnungen in 2 Fernrohrlagen bzw. – bei der Entfernungskonstantenermittlung – durch Aufsetzen eines Tripelprismas auf das Objektiv. Die Meßwerte werden mit besonderen Kennziffern am Anfang des Lochstreifens registriert und bei der Auswertung der Messung automatisch berücksichtigt. Alle weiteren Beobachtungen erfolgen nur in der 1. Fernrohrlage, und zwar für jeden Standpunkt in der folgenden monotonen Reihenfolge:

1. Messen der Entfernungskonstanten, Messen des Richtungswinkels, der Zenitdistanz und der Schrägentfernung zum rückwärtigen Polygonpunkt.
2. Messen des Richtungswinkels, der Zenitdistanz und der Schrägentfernung zum vorderen Polygonpunkt.
3. Aufnahme der polaren Punkte in beliebiger Reihenfolge.

Exzentrische Aufstellungen sind zur Zeit noch nicht programmiert. Bei Bedarf werden die Koordinaten exzentrischer Stand- oder Zielpunkte aus den Zentrierelementen vorab berechnet und zum Zweck der Auswertung für die Anfangs-, End- oder Zielpunkte eingeführt. Damit ist die Auswertung auf den Normfall reduziert.

Über die Eingaben der Strecken-, Stand- und Zielpunktnummern und die Möglichkeiten zur Korrektur von Fehlern aller Art während der Messung möchte ich in meinem Vortrag keine Ausführungen machen, weil diese Fragen im Referat über die Programmierung eingehend behandelt werden.

Leistungsfähigkeit des Meßverfahrens

Bei einwandfreier Funktion des Instruments sind im Durchschnitt 30 bis 35 Festpunkte pro Tag eingemessen worden. Diese Anzahl unterteilt sich in etwa 10 bis 15 Polygonpunkte und 20 bis 25 polar aufgemessene Festpunkte, wobei die polar aufgemessenen Punkte zur Kontrolle von einem 2. Standpunkt aus eingemessen werden. Bei Polygonzugmessungen ohne Polaraufnahmen konnten wir Tagesleistungen von durchschnittlich 25 Polygonpunkten erzielen.

Bei Anwendung der reinen Polaraufnahme ist es nach unseren bis jetzt vorliegenden Erfahrungen möglich, in 8 Arbeitsstunden 200 bis 250 Punkte aufzumessen. Hierbei beträgt die gegenseitige Entfernung der Meßpunkte etwa 50 bis 100 Meter. Gelegentliche Fehl- und Wiederholungsmessungen sind im Ergebnis eingeschlossen.

Meßgenauigkeit

Über die mit dem Reg Elta 14 erzielten Meßgenauigkeiten möchte ich nur 3 Angaben machen, wobei ausdrücklich darauf hingewiesen wird, daß sich meine Aussagen auf einen Instrumentenprototypen und kein Seriengerät beziehen.

Der Streckenmeßfehler zeigt etwa den in Abb. 2 dargestellten Funktionsverlauf. Nach Anbringen der Streckenkorrektion entsprechend der gemessenen Entfernungskonstanten verbleiben im Bereich der ungeraden Dekameter, also bei 10 m, 30 m, 50 m usw. Restfehler von etwa 2–3 cm. Dazwischen liegt der Streckenfehler bei 1 cm.

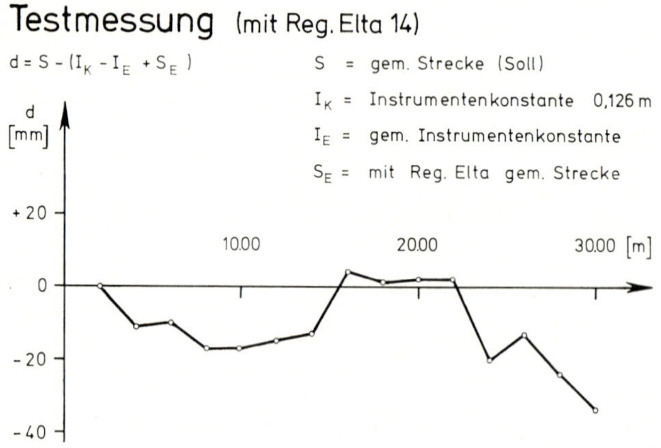

Abb. 2

Aus den bisher vorliegenden Doppelbestimmungen örtlich identischer Punkte konnte ein mittlerer Punktlagefehlervektor von $\pm 1{,}7$ cm ermittelt werden.

Bei dieser Fehlerbestimmung wurden die Punktkoordinaten identischer Festpunkte aus 2 unabhängigen Messungen in einem spannungsfreien System berechnet und anschließend die Koordinaten aus der 2. Messung mittels einer Helmerttransformation in die 1. Messung umgeformt. Die Fehlervektoren enthalten selbstverständlich neben den reinen Meßfehlern auch die Zentrierfehler usw., ermöglichen aber eine einwandfreie Beurteilung der erzielbaren Meßgenauigkeiten unter normalen Einsatzbedingungen.

Um einen Überblick über die Genauigkeit der Richtungswinkelmessung zu erhalten, sind Winkelmessungen in Dreiecken durchgeführt worden. Die Abweichung der Summe der gemessenen Dreieckswinkel von 200^{g} betrug im Durchschnitt 40^{cc}.

Anwendungsbereiche

Damit darf ich meinen kurzen Überblick bezüglich der bis zum gegenwärtigen Zeitpunkt gesammelten praktischen Erfahrungen über die ersten Messungen mit unserem elektronischen Tachymeter abschließen und auf einige zukünftige Einsatzmöglichkeiten hinweisen.

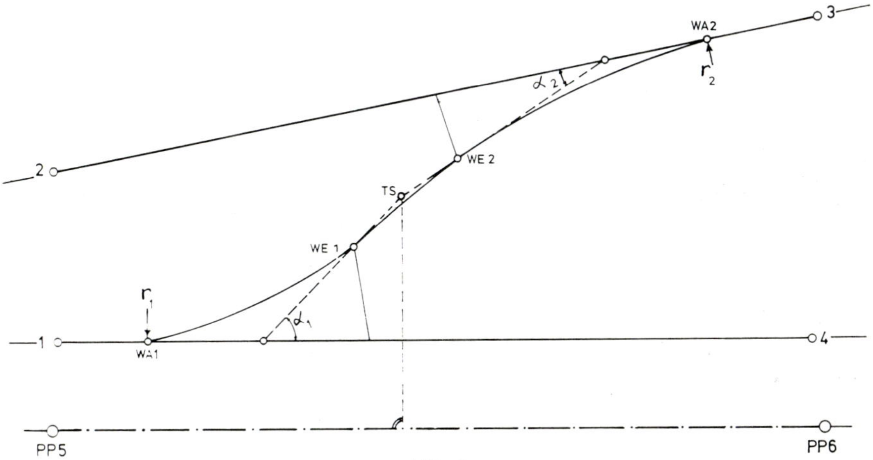

Abb. 3

In **Abb.** 3 ist eine, wenn auch einfache, so doch typische gleistechnische Aufgabe dargestellt. Es handelt sich um eine Weichenverbindung an nicht parallelen geraden Gleisen. Unter der Voraussetzung, daß die Punkte 1, 2, 3, 4, 5, 6 koordiniert, der Abstand 1 WA$_1$, die Weichenparameter r_1, α_1, r_2, α_2 und eine geometrische Bedingung für den Bereich zwischen WE$_1$ und WE$_2$ gegeben sind, ist die Lösung der Aufgabe programmierbar bis zur Berechnung der Absteckelemente.

Mit Hilfe des Reg Elta 14 ist es auf sehr einfache Weise möglich, die Punkte 1 – 6 polar aufzumessen und bei der Aufmessung gleichzeitig die Abrufnummer des entsprechenden Auswerteprogramms und die gewünschten technischen Parameter auf dem Lochstreifen der Punktaufmessung registrieren zu lassen. Nach Eingabe des Lochstreifens in die Datenverarbeitungsanlage werden die aufgemessenen Punkte durch das Programm in einem örtlichen, spannungsfreien Koordinatensystem koordiniert, die Gleichung gelöst und die Absteckmaße für die Weichenverbindung – bezogen auf die Linie $\overline{5\ 6}$ berechnet. Bei diesem Verfahren würde sich der Aufwand für die unmittelbare Durchführung der Arbeit durch den vermessungstechnischen Sachbearbeiter beim Vermessungsbüro auf die polare Aufmessung einerseits und die Absteckung andererseits beschränken.

Das gleiche Verfahren läßt sich auf die gesamte Skala unserer gleistechnischen Aufgabentypen wie Bogenweichenverbindungen, Kurvenabsteckungen usw. anwenden und verspricht einen beachtlichen Rationalisierungseffekt.

Ein anderer Anwendungsbereich des Reg Elta besteht in der Aufnahme von Geländeprofilen mit anschließender programmierter Kartierung der Profile.

Damit darf ich meine nur beispielhafte Aufzählung der Einsatzmöglichkeiten – die sich beliebig erweitern ließe – beenden.

Leistungsfähigkeit des Instruments

Ein abschließendes Wort sei der Funktionssicherheit des elektronischen Registriertachymeters gewidmet. Damit soll – soweit bis jetzt möglich – auch die Frage beantwortet werden, inwieweit unsere Erwartungen erfüllt wurden, die wir in das Gerät gesetzt haben. Bezüglich der Energieversorgung mußten wir in den Wintermonaten 1969/70 feststellen, daß mit einem vollgeladenen Nickel-Cadmiumsammler nicht länger als etwa 2 Stunden gemessen werden konnte. Danach war die unterste Betriebsspannungsgrenze erreicht.

Die Entfernungsmessung mit dem Geräteprototypen der Bundesbahndirektion Stuttgart ist bei Verwendung von 7 Tripelreflektoren zur Zeit noch auf eine maximale Streckenlänge von etwa 600 m beschränkt. Regenwetter behindert die Entfernungsmessung, sofern Objektiv oder Reflektoren naß geworden sind. Im Hinblick auf die Streckenmeßgenauigkeit wurden die für das Serieninstrument angegebenen Fehlerwerte durch den eingesetzten Prototypen überschritten. Wir arbeiten allerdings zur Zeit noch mit einer Meßfrequenz von 7,5 Megahertz. Im Herbst ist der Einbau der elektronischen Bauelemente für das Seriengerät vorgesehen. Dadurch wird die Meßfrequenz auf 15 Megahertz erhöht und gleichzeitig soll durch diese Maßnahme der Streckenmeßfehler kleiner als 1 cm werden. Damit wären unsere Forderungen an das Gerät erfüllt.

Bei der Zenitdistanzmessung wurden in letzter Zeit Differenzen festgestellt, wenn ein Punkt vom gleichen Standpunkt aus mehrmals angemessen wurde. Weil dieser Fehler in Einzelfällen zu Streckendifferenzen bis zu 10 cm, bezogen auf die reduzierte Entfernung, geführt hat, wird diese Fehlerquelle noch überprüft.

Von den genannten Störungen abgesehen, hat das Gerät unsere Erwartungen im wesentlichen erfüllt.

Hinsichtlich der erzielbaren Meßleistung, der universellen Verwendbarkeit für terrestrische Messungen aller Art, der Anpassungsfähigkeit auch an anspruchsvolle Datenverarbeitungssysteme mit weitgehender Steuerung der Anlage durch Befehle, die bereits während der Messung über die Ziffereingabe mit den Meßwerten zusammen auf dem Lochstreifen registriert werden können und einer durch bewegte Fahrzeuge nur vorübergehend beeinflußten Entfernungsmessung wird das Gerät den Anforderungen gerecht.

Auswertung der Messungen mit dem Reg Elta 14 unter besonderer Berücksichtigung der Verhältnisse bei der Deutschen Bundesbahn

Von G. Pauletzki

Selten ist Messung und Auswertung so eng miteinander verbunden wie in der Geodäsie. Seit einigen Jahrzehnten stehen uns für Berechnungen und Auswertungen programmgesteuerte Maschinen – die Computer – zur Verfügung, und wir sind froh, daß mit dem registrierenden elektronischen Tachymeter-Theodolit der Firma Carl Zeiss (Oberkochen) nun auch das erste automationsfreundliche Instrument für vermessungstechnische Messungen zur Steigerung der Leistungsfähigkeit im Vermessungswesen geschaffen wurde. Dieses Gerät lenkt die Organisation, Form und Auswertung einer Messung in neue Bahnen und schafft einen direkten Kontakt zur elektronischen Rechenanlage.

Da die Datenverarbeitung im Vermessungsdienst der Deutschen Bundesbahn bereits im August 1965 durch unseren Vorstand eingeführt wurde, mußte mit der zweiten Computer-Generation eine Reihe von Entwicklungsarbeiten geleistet und ab Sommer 1968 mit der dritten Generation ein eigenes Modell für die Arbeit im Bau- und Vermessungswesen der DB geschaffen werden. Die grundlegenden Prinzipien lauten:

1. Zentrale Bearbeitung der technischen Probleme in der Großrechenanlage der DB in Frankfurt (Main).
2. Dezentrale Ausführung der Messungen, Berechnungsaufstellungen, Absteckungen und Verhandlungen durch die Büros der Bundesbahndirektionen.
3. Weitgehende Automatisierung der Büro- und Berechnungsarbeiten durch komplexe Programme für die Großrechenanlage.
4. Integration einer Reihe von Anwendungsgebieten, die für den Eisenbahnbau und -betrieb von besonderer Bedeutung sind.
5. Aufbau und Korrespondenz zwischen mehreren Datenbanken für den Bau- und Vermessungsdienst.
6. Ausgabe der Computer-Ergebnisse in gedruckten Listen, Zeichnungen, Lochstreifen, Lochkarten und gegebenenfalls Digital- oder Analogmagnetbändern.

Bevor ich nun auf die Auswertung der Reg Elta Messungen bei der DB zu sprechen komme, möchte ich Ihnen unseren Maschinenpark und damit unsere programmtechnischen Möglichkeiten vorstellen; denn Art und Form von Programmen sind in starkem Maß von der vorhandenen Datenverarbeitungsanlage abhängig.

Großrechenanlage der DB in Frankfurt (M)

1. Aggregat zur Eingabe und Ausgabe von Daten
   - 1 Zentraleinheit IBM 360–30 F, Kernspeicher 64 000 bytes
   - 4 Magnetbandeinheiten IBM
   - 2 Magnetplatteneinheiten IBM
   - 2 Kartenleser IBM
   - 1 Kartenstanzer IBM
   - 3 Schnelldrucker IBM
   - 1 Lochstreifenleser IBM
2. Aggregat zur Verarbeitung von Daten für den nichttechnischen und den technischen Dienst der DB
   - 1 Zentraleinheit IBM /360–65 I, Kernspeicher 512 000 bytes
   - 13 Magnetbandeinheiten
   - 2 Magnetplattenspeicher mit je 8 Laufwerken IBM
   - 1 Kartenleser IBM
   - 2 Drucker IBM
   - 1 Sichtgerät IBM

3. Aggregat zur Entlastung des Computers IBM 360–65 für die Verarbeitung von Daten
   1 Zentraleinheit IBM /360–50 H, Kernspeicher 256 000 bytes
   12 Magnetbandeinheiten IBM
   1 Magnetplattenspeicher IBM mit 8 Laufwerken
   1 Kartenleser IBM
4. Aggregat zur Eingabe, Verarbeitung und Ausgabe von Daten verschiedener Datenträger wie z. B. Zeichnungen, grafische Darstellungen, Lochstreifen, Digital-Magnetbänder u. a.
   1 Zentraleinheit AEG 60–10, Kernspeicher z. Z. 16 000 Worte
   1 Lochstreifenleser AEG
   1 Lochstreifenstanzer AEG
   1 Magnetbandeinheit AEG
   1 Zeichentisch Aristomat 8448 Aristo
   1 Rasterprogrammiereinheit AEG

Wegen der starken Belastung dieser 4 Computer und der komplexen Aufgaben in unserer Zentralstelle ist in absehbarer Zeit mit der Installierung größerer und schnellerer Datenverarbeitungsanlagen bei der DB zu rechnen.

Aus unserem Modell für die Automatisierung des Vermessungsdienstes der DB möchte ich hier nur zwei Punkte nennen:
1. „Verlagerung eines Teils der Büroarbeiten in die Örtlichkeit"
2. „Direkte Verbindung zwischen Meßstelle und Großrechenanlage".

Diese Forderungen können nur erfüllt werden, wenn die Arbeitsvorbereitung einer Messung gründlich und sorgfältig erfolgt und bei der Messung ein zügiger Ablauf möglich wird. Die im Felde festgestellten Informationen und Angaben sollen auf einem Datenträger (Feldlochbeleg oder Lochstreifen) festgehalten und zur Verarbeitung an die Rechenanlage gegeben werden. Denn der Aufbau einer Messung, die Wertigkeit von Punkten für den Entwurf, die Entwurfselemente, aber auch der Aufbau der späteren Absteckung kann im Felde sicherer und günstiger beurteilt werden. Ein weiterer Vorteil liegt im Vermeiden von Schreibfehlern aller Art. Eine Reihe von Feldlochbelegen, die sämtliche Meßdaten enthalten und gegebenenfalls mit einem Fernschreiber übertragen werden können, sind bei uns entworfen bzw. in Vorbereitung.

Sowohl die Feldlochbelege als auch die in den Büros der BD'en aufgestellten Lochbelege werden während der Nacht per Eisenbahn an das Rechenzentrum übersandt. Diese Art der Datenübertragung zeigt in der Tat noch einige Schatten. Es werden Versuche vorbereitet, bei denen die vermessungstechnischen Daten für eilige Aufträge über das bundesbahneigene Fernschreibnetz direkt zur Großrechenanlage gegeben werden können. Hierdurch würde der Engpaß der Kartenlochung verkleinert und die Verarbeitung der Daten beschleunigt werden. Außerdem hätten Absender und Empfänger neben dem Lochstreifen eine Liste der eingegebenen Daten in Reinschrift.

Die Ordnungssysteme

Wie schon im Vortrag von Herrn Heinrich erläutert wurde, kennen wir für unsere Datenverarbeitung mehrere Ordnungssysteme:

1. Koordinatensystem	= 2 Ziffern oder 1 Buchstabe
2. Bundesbahndirektion	= 2 Ziffern oder 1 Buchstabe
3. Streckennummer	= 3 Ziffern
4. Streckenabschnittsnummer	= 2 Ziffern
5. DB-Punkt-Nummer	= 4 Ziffern
6. Punktart	= 2 Ziffern oder 2 Buchstaben
7. Auftragsnummer	= 5 Ziffern.

Aufbau der Eingabewerte für das elektronische Rechnen

Auf dem Lochstreifen des Meßgerätes stehen 38stellige Sätze, die in der Klarschrift des Fernschreibers eine Zeile ergeben. Das Ende der Zeile wird durch einen Punkt markiert. Über das Punkt-

LOCHSTREIFEN [REG ELTA 14]

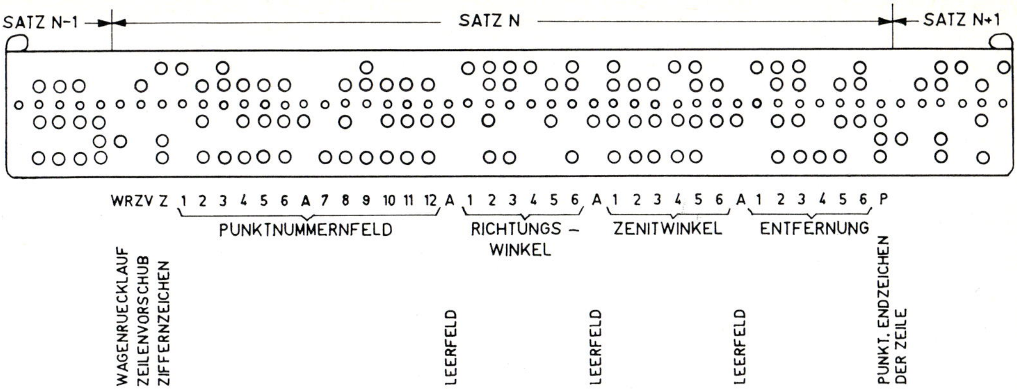

POLYGONPUNKT - LOCHBELEG

LEITKARTE

1	2	3 – 5	6	7 8	9 – 13	14 – 24	25 – 35	36	37 – 47	48 – 58	59 – 61	62 – 68	69 – 71	72 – 74	75 – 79	80
KA	ANZ KA0 [TEXT]	ANZ KA2	ANZ KA3	ZUG NR	KZ [ART DER AUSGLEICHUNG]	DB PUNKTNUMMER ANSCHLUSSZIEL	DB PUNKTNUMMER ANSCHLUSSPUNKT	KZ [AUFRUF VON DATEIEN]	DB PUNKTNUMMER ANSCHLUSSPUNKT	DB PUNKTNUMMER ANSCHLUSSZIEL	KZ [AUFRUF VON DATEIEN UND DATENBANKEN]	AUFTRAG	SEITE	ZEILE	PROGRAMM	KZ [AENDERUNG]

POLARPUNKT - LOCHBELEG

LEITKARTE

1	2	3 – 5	6 – 16	17 – 24	25 – 35	36 – 43	44	45 46	47 – 53	54	55 – 61	62 – 68	69 – 71	72 – 74	75 – 79	80
KA	ANZ KA0 [TEXT]		DB PUNKTNUMMER STANDPUNKT	ABSZISSE	DB PUNKTNUMMER ZIELPUNKT	ABSZISSE		FKZ [FEHLERKENNZIFFER]	ANLEGEMASS STANDPUNKT	KZ [AUFRUF VON DATEIEN]		AUFTRAG	SEITE	ZEILE	PROGRAMM	KZ [AENDERUNG]

Abb. 1

nummernfeld werden der Rechenanlage Steuerbefehle, Ordnungssysteme und andere Angaben übermittelt. Die übrigen Felder enthalten automatisch die Meßwerte des Instrumentes, die vom Programm voll, teilweise oder gar nicht übernommen werden. Zwischen der Firma Zeiss und der DB wurde der Aufbau des Lochstreifens, wie in Abb. 1 dargestellt, vereinbart. Da wir einigen Schwierigkeiten vorübergehend aus dem Weg gehen wollten, haben wir für jeden Polygonzug und die Polarpunktberechnungen die Ausfüllung der ersten Zeile (Leitkarte) des entsprechenden Lochbelegs verlangt. Nach dem gegenwärtigen Stand unseres Programms kann der Lochbeleg für die polare Kleinpunktberechnung bereits entfallen. In etwa einem Jahr wird auch der Lochbeleg „Polygonierung" nicht mehr erforderlich sein, da diese Daten dann auf andere Weise gewonnen werden (siehe Abb. 1).

Zur anonymen Verarbeitung der Daten werden mehr als 12 Ziffern benötigt, so daß wir, analog zur Arbeit mit Lochkarten, mehrere Satzarten von fester Länge einführten, deren Werte wahlweise überlesen werden. Die Satzart steht in der ersten Spalte des Punktnummernfeldes und hat folgende Bedeutung:

Satzart 0 und 1	Allgemeine Erläuterung zum Auftrag
Satzart 2 (Sp. 12 = 0)	Angaben über den Standpunkt des Meßinstrumentes
Satzart 2 (Sp. 12 = 1–5)	Instrumentenwerte
Satzart 3 und 4	Angaben über den Zielpunkt
Satzart 8	Angaben über die Art der Ausgleichung u. a.
Satzart 9	Schranke für Änderungen (Änderungen stehen mit entsprechender Satzart zwischen der Satzart 9)

(siehe Abb. 2).

Vor jeder Messung müssen zur rechnerischen Berichtigung der Meßdaten die Instrumentenfehler ermittelt werden. Daher ist die Satzart 2 fünfmal zu wiederholen, in Spalte 12 des Punktnummernfeldes die Kennziffer 1–5 einzusetzen und die Messung in üblicher Weise auszuführen.

Abb. 2

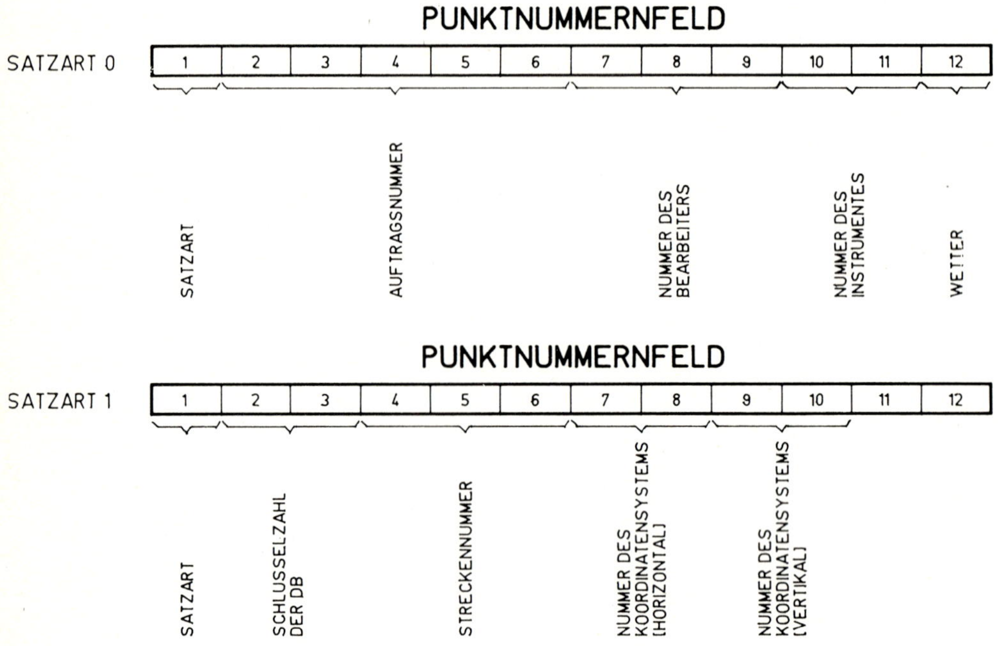

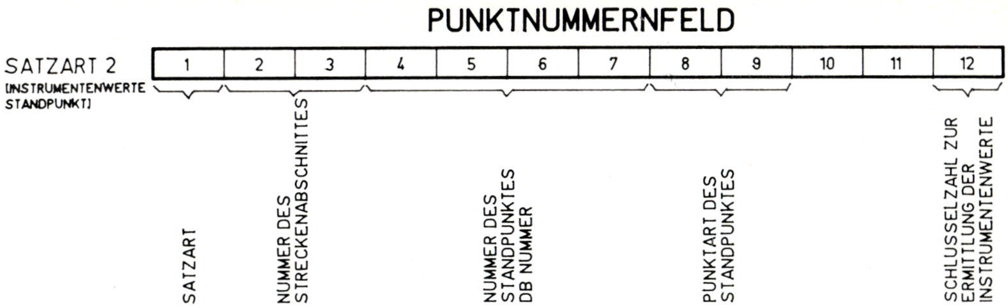
PUNKTNUMMERNFELD
SATZART 2
(INSTRUMENTENWERTE STANDPUNKT)
1 2 3 4 5 6 7 8 9 10 11 12
SATZART
NUMMER DES STRECKENABSCHNITTES
NUMMER DES STANDPUNKTES DB NUMMER
PUNKTART DES STANDPUNKTES
SCHLUSSELZAHL ZUR ERMITTLUNG DER INSTRUMENTENWERTE

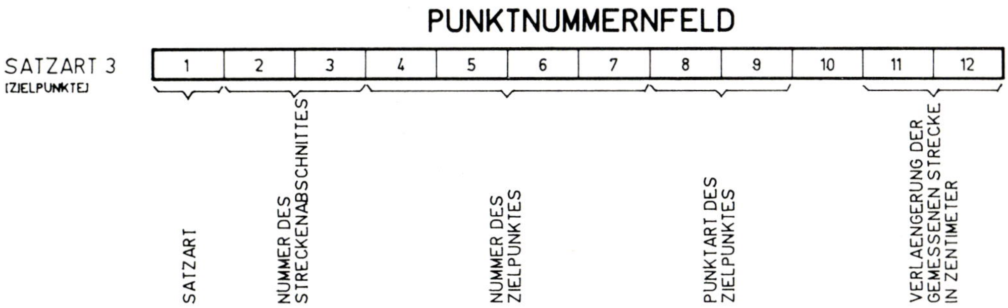
PUNKTNUMMERNFELD
SATZART 3
(ZIELPUNKTE)
1 2 3 4 5 6 7 8 9 10 11 12
SATZART
NUMMER DES STRECKENABSCHNITTES
NUMMER DES ZIELPUNKTES
PUNKTART DES ZIELPUNKTES
VERLAENGERUNG DER GEMESSENEN STRECKE IN ZENTIMETER

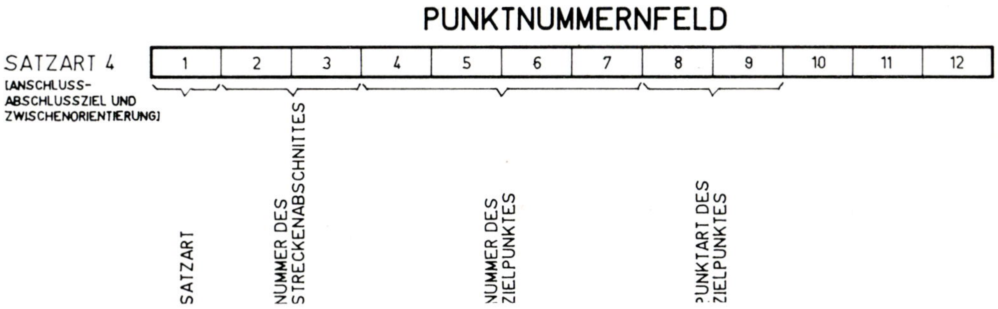
PUNKTNUMMERNFELD
SATZART 4
(ANSCHLUSS- ABSCHLUSSZIEL UND ZWISCHENORIENTIERUNG)
1 2 3 4 5 6 7 8 9 10 11 12
SATZART
NUMMER DES STRECKENABSCHNITTES
NUMMER DES ZIELPUNKTES
PUNKTART DES ZIELPUNKTES

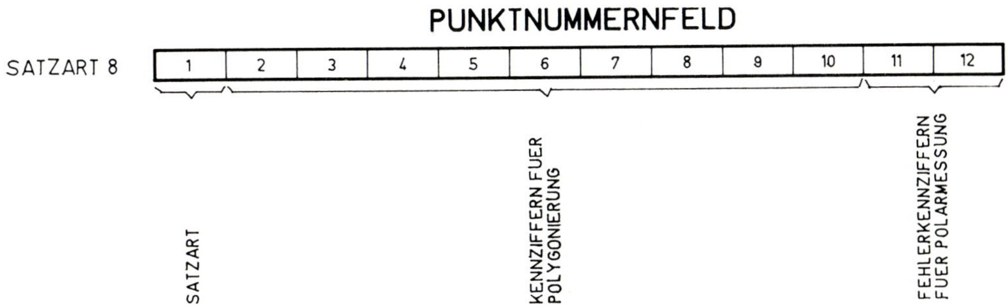
PUNKTNUMMERNFELD
SATZART 8
1 2 3 4 5 6 7 8 9 10 11 12
SATZART
KENNZIFFERN FUER POLYGONIERUNG
FEHLERKENNZIFFERN FUER POLARMESSUNG

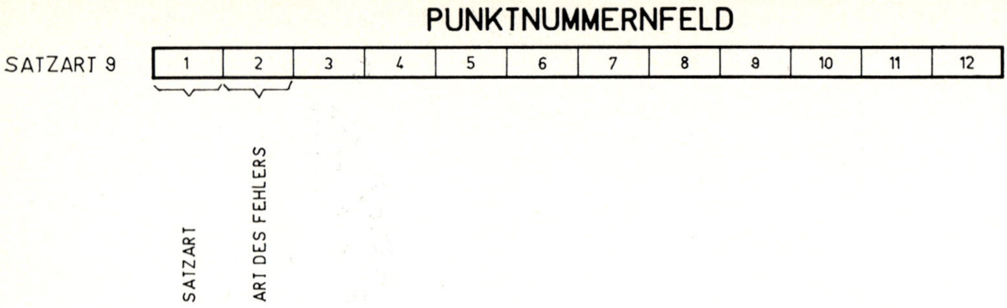

Abb. 2

Bestimmung der Instrumentenfehler

Punktnummernfeld Satzart Sp. 1	Sp. 12	Fernrohr-lage	Ziel	eliminierter Fehler
2	1	1	Horizont. Fernziel	Zielachsen- u. Höhenindexfehler
2	2	2	Horizont. Fernziel	Zielachsen- u. Höhenindexfehler
2	3	1	Hochziel	Kippachsenfehler
2	4	2	Hochziel	Kippachsenfehler
2	5	1 oder 2	Refl. vor d. Objektiv	Additionskonstante

Reihenfolge der Messung bzw. der Eingabewerte

Nach reiflicher Überlegung verzichteten wir auf einen Rechenplan und schrieben – wie beim Nivellement – einen monotonen Rhythmus für jede Messung vor. Folgende Reihenfolge ist bei Reg Elta Messungen einzuhalten:

1. Polare Kleinpunkte

Standpunkt	Satzart	Erläuterung
Standpunkt 1 bis n	0	Angaben zum Auftrag
	1	Angaben zum Auftrag
	2	Instrumentenwerte
	2	Instrumentenwerte
	2	Instrumentenwerte
	2	Instrumentenwerte
	2	Instrumentenwerte
	2	Angaben zum Standpunkt
	3 oder 4	Angaben zum Anschlußziel
	3	Angaben zum Zielpunkt
	3	Angaben zum Zielpunkt usw.

gegebenenfalls kann der Auftrag mit der Satzart 8 enden.

2. Polygonzug

– die Streckenberechnung erfolgt doppelt und wird gemittelt –

Standpunkt	Satzart	Erläuterung
	0	Angaben zum Auftrag
	1	Angaben zum Auftrag
	2	
	2	
1. Standp.	2	Instrumentenwerte
(Anschlußpkt.)	2	
	2	
	2	Angaben zum Anschlußpunkt
	4	Angaben zum Anschlußzielpunkt
	3	Angaben zum 1. neuen PP
	2	ggf. neue Ermittlung der Additionskonst.
2. Standp.	2	Angaben zum 2. Standpunkt
(1. neuer PP)	3	Angaben zum Zielpkt. Anschlußpkt. (rückwärts)
	3	Angaben zum Zielpkt. PP (vorwärts)
	3	Angaben zum Zielpkt. polar
	2	Angaben zum 3. Standpunkt
3. Standpkt.	3	Angaben zum Zielpkt. (rückwärts)
(2. neuer PP)	3	Angaben zum Zielpkt. (vorwärts)
	3	Angaben zum Zielpkt. polar usw.
	2	Angaben zum Abschlußpunkt
n. Standpkt.	3	Angaben zum letzten neuen PP (rückwärts)
(Abschlußpkt.)	4	Angaben zum Abschlußziel (vorwärts)
	3	Angaben zum Zielpkt. polar
	3	Angaben zum Zielpkt. polar usw.

ggf. kann der Auftrag mit der Satzart 8 enden.

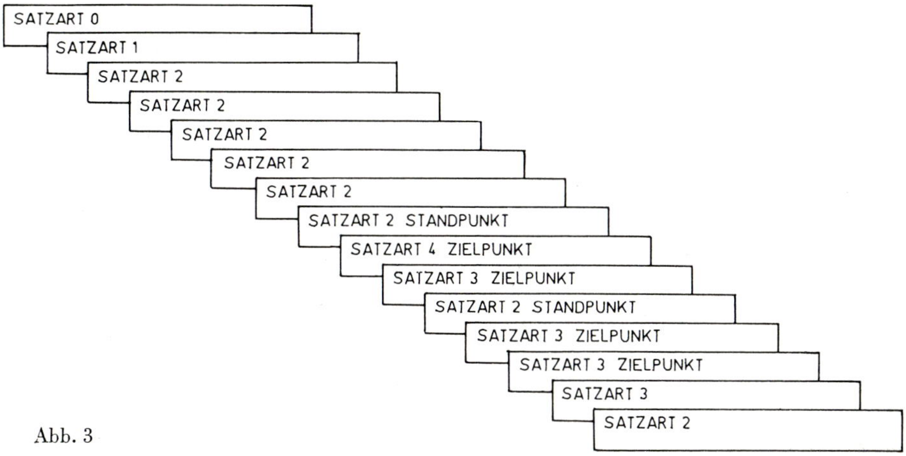

Abb. 3

Wir unterscheiden folgende Korrekturvorgänge:

1. unmittelbar nach jeder Messung
2. beliebige Änderungen auf dem gegenwärtigen Standpunkt
3. nachträgliche Messungen zur Korrektur beliebiger Punkte
4. nach der 1. Berechnung nur durch Lochbelege.

Durch das Setzen der Schranken mit der Satzart 9 ist die Änderung relativ einfach und gemäß nachstehender Tabelle und der Übersicht Abb. 4 durchzuführen.

BERICHTIGUNG DER LETZTEN ZIELPUNKTMESSUNG

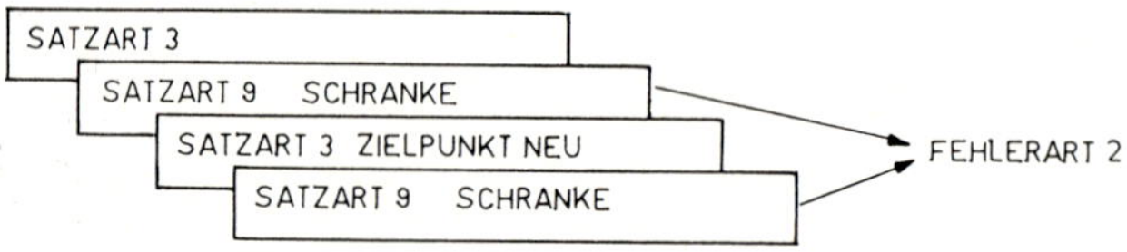

Auswertung der Messung durch ein Programm

Die vorgenannten Eingabewerte werden uns per Lochstreifen übergeben, um auf unseren Aggregaten in einer beachtlichen Anzahl von Arbeitsgängen ausgewertet zu werden. In diesem Rahmen kann es nicht meine Aufgabe sein, unser Programm zu analysieren, sondern nur einen groben Einblick zu vermitteln. Im ersten Arbeitsschritt wird der aus dem Reg Elta stammende Lochstreifen mit einem 2 K großen Programm in einer IBM /360–30 auf ein 9-Spur-Magnetband umgesetzt. Dieses Band wird auf unserer IBM /360–65 eingelesen und verarbeitet, d. h. mit den Instrumentenwerten erfolgt eine Berichtigung und mittels Satzart 9 die Änderung der Messung. Nun werden ein Winkelbuch mit Horizontalentfernungen zu den Zielpunkten und die Eingabewerte für die standardmäßige Polygonzugberechnung sowie die Polarpunktberechnung automatisch erzeugt. Nach der Verarbeitung stehen sowohl die Ergebnisse als auch eine Auflistung der Eingabewerte und die Daten für das automatische Zeichnen auf Magnetbändern, die auf der IBM /360–30 in Ergebnislisten aller Art (Berechnung, DB-Koordinatenverzeichnis, Koordinatenverzeichnis der Länder, Liste für den Änderungsdienst usw.) und mit der AEG 60–10 in Polygonnetzrissen oder anderen Zeichnungen ausgegeben werden. Das Hauptprogramm liegt z. Z. in einer Größenordnung von 200K und wird noch weiterentwickelt.

Beispiel einer Verarbeitung

Anhand dieses Beispiels können Sie den Auswertungsablauf noch einmal verfolgen (siehe Abb. 5—12).

Weiterer Einsatz des Meßgerätes bei der DB

Aus meinen Ausführungen und dem Beispiel für den Ablauf einer Polygonierung in Verbindung mit Polarpunktberechnungen ist zu erkennen, daß wir die Auswertung der trigonometrisch gemessenen Höhen und die gerade bei diesem Gerät nicht selten vorkommenden exzentrischen Beobachtungen für die Zeit des Teststadiums ausgeklammert haben. Diese Erweiterungen sind zwar in der Programmanalyse fertig, werden aber erst 1971 von uns programmiert.

Unsere Zentralstelle sieht in den Neuentwicklungen von komplexen Programmen den universellen Einsatz des Reg Elta 14 auf folgenden Gebieten des Bundesbahn-Vermessungsdienstes vor:

1. Allg. Polygonierung für Katastervermessung und Planherstellung
2. Allg. polare Aufmessung für Katastervermessung und Planherstellung
3. Polygonierung für Bahnhofsnetze mit besonderer Ausgleichung, die allein der Ingenieurvermessung dienen

TABELLARISCHE UEBERSICHT FUER DEN AENDERUNGSDIENST [AENDERUNGSFORMEN MIT SATZARTEN 91 BIS 99]

FEHLER-ERKENNUNG	ART SP. 1 U 2	KORREKTUR PUNKT-NUMMERN-FELD	KORREKTUR GANZER SATZ	BESCHREIBUNG DER KORREKTUR	SATZFOLGE
SOFORT [INSTRUMENT VERBLEIBT AUF DEM STANDPUNKT]	**91**	JA		PUNKTNUMMERNFELD IM LETZTEN SATZ	91 1.2.3.ODER 4 PKT - FELD 91
	92		JA	WIE VOR UND MESSWERTE	92 3.4 PKT - FELD UND MESSUNG 92
	93	JA		BELIEBIGER ZIELPUNKT U/ OD. ERLAEUTERUNG AUS SATZART 1	93 1.2.3 ODER 4 PKT - FELD [ALT] 1.2.3 ODER 4 PKT - FELD [NEU] USW 93
	94		JA	WIE 93 UND MESSWERTE	94 3 ODER 4 PKT - FELD [ALT] 3 ODER 4 PKT - FELD [NEU] USW 94
NACHTRAEGLICH [INSTRUMENT WIRD NEU AUFGESTELLT]	**95**		JA	STANDPUNKT MIT ALLEN ZIELPUNKTEN LOESCHEN	95 2 PKT - FELD [ALT] 95
	96	JA		PKT - FELD ALLER ZIELPUNKTE EINES STANDPUNKTES, ZIELPUNKTE IN ALTER REIHENFOLGE	96 2 PKT - FELD [ALT] 2 PKT - FELD [NEU] 3 ODER 4 PKT - FELD [NEU] USW 96
	97		JA	VOLLSTAENDIGE MESSUNG AUF ALTEM STANDPUNKT ZIELPUNKTE IN ALTER REIHENFOLGE	97 2 PKT - FELD [ALT] 2 PKT - FELD [NEU] 3 ODER 4 PKT - FELD [ALT] UND NEUE MESSUNG USW 97
	98	JA		PKT - FELD BELIEBIGER ZIELPUNKT [EIN PUNKT ODER MEHRERE PUNKTE WERDEN BERICHTIGT]	98 2 PKT - FELD [ALT] 3 ODER 4 PKT - FELD [ALT] 3 ODER 4 PKT - FELD [NEU] USW 98
	99		JA	WIE 98 UND MESSUNG [EIN PUNKT ODER MEHRERE PUNKTE WERDEN BERICHTIGT	99 2 PKT - FELD [ALT] 3 ODER 4 PKT - FELD [ALT] MESSUNG [NEU] 3 ODER 4 PKT - FELD [ALT] MESSUNG [NEU] USW 99

Abb. 4

4. Querprofile größeren Umfangs
5. Aufmessungen für Gleis- und Weichenentwürfe
6. Aufmessungen für Brücken
7. Bauwerksbeobachtungen
8. Messungen von Gleisanlagen für Oberbauversuche
9. Trassierung von neuen Bahnanlagen (z. B. Hochleistungsschnellbahn)

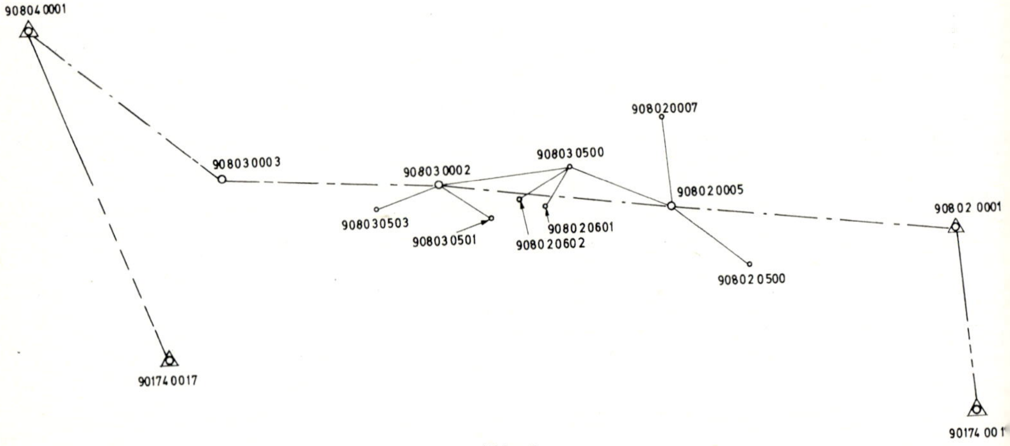

Abb. 5

Erfahrungen bei der Auswertung von Reg Elta Messungen

Da unser Programm in mehrere Entwicklungsstufen gegliedert wird, konnte die Auswertung der Testmessungen frühzeitig beginnen. Schwierigkeiten liegen gegenwärtig nur noch beim Einlesen der Papierlochstreifen auf dem IBM-Lochstreifenleser (Lesegeschwindigkeit 1000 Zeichen/sec), weil die Lochstreifen im Feldgebrauch durch unvermeidbare Einflüsse etwas beschädigt sind. Wir beabsichtigen nun für unseren Prozeßrechner AEG 60–10 ein Leseprogramm zu schreiben, um über einen langsameren Lochstreifenleser (300 Zeichen/sec) zu besseren Ergebnissen zu gelangen.

Die Belastung der Ingenieure im Außendienst überschritt durch unser Auswerteverfahren nicht das zumutbare Maß und ergab nach kurzer Einarbeitungszeit keine Schwierigkeiten, denn in der Regel werden nur die Satzarten 2 und 3 (selten 4) für den Messungsrhythmus benötigt, die nach unserer Meinung einen leicht einprägsamen Aufbau besitzen. Korrekturen werden immer seltener erforderlich und erstrecken sich meist auf die Satzart 9.1 oder 9.2 (ändern des letzten Satzes).

Das neue Gerät der Firma Zeiss, der registrierende elektronische Tachymetertheodolit, kommt unseren Vorstellungen sehr entgegen. Die Auswertung der Meßwerte stößt nach dem hier beschriebenen Verfahren auf keine nennenswerten Schwierigkeiten. Wir können schon jetzt erkennen, daß die enge Verknüpfung des Reg Elta 14 mit der Datenverarbeitung die Ingenieur- und Katastervermessung der DB technisch verbessern und die Projektbearbeitung beschleunigen wird.

ZFB FRANKFURT(MAIN) - GRA	A U S W E R T U N G D E R	FRANKFURT(MAIN),CEN 01.09.7C
DEZ 115		FERNRUF 955-
AG 460 AUFTRAG 1C87800 BD STG	R E G . E L T A - M E S S U N G	IHRE ZEICHEN

EINGABE (***** = FALSCHES ZEICHEN AUF LOCHSTREIFEN)

LFD.NR	SAETZE AUF LOCHSTREIFEN					
1	010878	000000	000000	000000	000000.	1
2	111908	060000	252839	099432	000000.	2
3	200000	000001	243813	099434	000000.	3
4	200000	000002	043813	300578	000000.	4
5	200000	000003	293506	074585	000000.	5
6	200000	000004	093510	325439	000000.	6
7	200000	000005	095497	101484	000103.	7
8	202000	101005	002553	097185	000089.	8
9	202000	101000	023443	095545	000000.	9
10	111901	060000	370738	099373	000000.	10
11	474001	701000	370737	099268	000000.	11
12	111908	060000	062743	099262	000000.	12
13	302000	502000	112357	101733	380050.	13
14	202000	502005	119507	096322	000077.	14
15	202000	502000	119507	096329	000000.	15
16	302000	101000	309886	098298	380028.	16
17	303000	202000	110363	099430	311493.	17
18	302050	003000	350087	101804	019639.	18
19	302000	703000	188394	111316	020972.	19
20	303050	003000	111313	099565	133338.	20
21	203000	202005	087255	103455	000065.	21
22	203000	202000	087254	103469	000000.	22
23	302000	502000	312382	100618	311507.	23
24	303000	302000	103660	099447	399148.	24
25	303050	099000	311669	100701	178137.	25
26	303050	103000	323243	100940	026118.	26
27	303050	303000	085790	099804	026048.	27
28	203000	302005	243775	100624	000089.	28
29	203000	302000	243775	100629	000000.	29
30	303000	202000	243773	100621	399156.	30
31	304000	101000	066019	098270	406971.	31

Abb. 6

```
AUFTRAG 1087800                                                      -  2-

LFD.NR         SAETZE AUF LOCHSTREIFEN

  32      204000 101005 123054 093292 000093.             32
  33      204000 101000 123054 093305 000000.             33
  34      303000 302000 333562 101780 406982.             34
  35      111901 060000 074561 101801 000000.             35
  36      474001 701000 351845 099738 000000.             36
  37      111908 060000 351825 099734 000000.             37
  38      203050 003005 351825 099735 000102.             38
  39      203050 003000 351825 099735 000000.             39
  40      302000 502000 182236 1R               *****
  41      302000 502000 182236 100002 133364.             40
  42      302060 103000 317123 102148 017530.             41
  43      302060 203000 349412 103012 012210.             42
  44      &N&G'ME22NM&MMMG M&MMMG'J&&N&G'MMMM *****
```

Abb. 7

ZFB FRANKFURT(MAIN) - GRA
DEZ 115
AG 460 AUFTRAG 1087800 BD STG

A U S W E R T U N G D E R
R E G . E L T A - M E S S U N G

FRANKFURT(MAIN),DEN 01.09.70
FERNRUF 955-
IHRE ZEICHEN

VERBESSERTE WINKEL UND STRECKEN

ZIELACHSENF. C = 0.0 KIPPACHSENF. I = -0.002000 HOEHENINDEXF. X = 0.006000

(ADDITIONSKONSTANTE = 0.103 M (SOLL 0.120))

ADDITIONSKONSTANTE = 0.089 M (SOLL 0.120)

STANDPUNKT F T90802 0001 (PUA = 01)

ZIELPUNKT	RICHTUNGSWINKEL	RED.WINKEL	ZENITDISTANZ	STRECKE	PUA
F T90174 0017	370.7370	0.0	99.2620		01
F T90802 0005	112.3569	141.6199	101.7270	379.941	02

ADDITIONSKONSTANTE = 0.077 M (SOLL 0.120)

STANDPUNKT F T90802 0005 (PUA = 02)

ZIELPUNKT	RICHTUNGSWINKEL	RED.WINKEL	ZENITDISTANZ	STRECKE	PUA
F T90802 0001	309.8861	0.0	98.2920	379.934	01
F T90803 0002	110.3630	200.4769	99.4240	311.523	02
F T90802 0500	350.0869	40.2008	101.7980	19.674	03
F T90802 0007	188.3936	278.5075	111.3100	20.684	03
F T90803 0500	111.3130	201.4269	99.5590	133.378	03

ADDITIONSKONSTANTE = 0.065 M (SOLL 0.120)

STANDPUNKT F T90803 0002 (PUA = 02)

ZIELPUNKT	RICHTUNGSWINKEL	RED.WINKEL	ZENITDISTANZ	STRECKE	PUA
F T90802 0005	312.3820	0.0	100.6120	311.548	02
F T90803 0003	103.6600	191.2780	99.4410	399.188	02

Abb. 8

AUFTRAG 1087800 - 2-

ZIELPUNKT	RICHTUNGSWINKEL	RED.WINKEL	ZENITDISTANZ	STRECKE	PUA
(F T90803 0500	311.6690	399.2870	100.6950	178.181	99)
F T90803 0501	323.2430	10.8610	100.9340	26.170	03
F T90803 0503	85.7900	173.4080	99.7980	26.103	03

ADDITIONSKONSTANTE = 0.089 M (SOLL 0.120)

STANDPUNKT F T90803 0003 (PUA = 02)

ZIELPUNKT	RICHTUNGSWINKEL	RED.WINKEL	ZENITDISTANZ	STRECKE	PUA
F T90803 0002	243.7730	0.0	100.6150	399.168	02
F T90804 0001	66.0191	222.2461	98.2640	406.851	01

ADDITIONSKONSTANTE = 0.093 M (SOLL 0.120)

STANDPUNKT F T90804 0001 (PUA = 01)

ZIELPUNKT	RICHTUNGSWINKEL	RED.WINKEL	ZENITDISTANZ	STRECKE	PUA
F T90803 0003	333.5619	0.0	101.7740	406.851	02
F T90174 0017	351.8450	18.2831	99.7320		01

ADDITIONSKONSTANTE = 0.102 M (SOLL 0.120)

STANDPUNKT F T90803 0500 (PUA = 03)

ZIELPUNKT	RICHTUNGSWINKEL	RED.WINKEL	ZENITDISTANZ	STRECKE	PUA
F T90802 0005	182.2360	0.0	99.9960	133.382	02
F T90802 0601	317.1229	134.8869	102.1420	17.538	03
F T90802 0602	349.4119	167.1759	103.0060	12.214	03

Abb. 9

ZFB FRANKFURT(MAIN) - GRA
DEZ 115
AG 463 AUFTRAG 1087800 BD SIG

FRANKFURT(MAIN),DEN 03.09.70 R13
FERNRUF 955-
IHRE ZEICHEN 115 IVL 163-69 REG ELTA

P O L Y G O N P U N K T B E R E C H N U N G

POLYGONZUG 01

	DB PUNKT NR	BETA	RICHTUNG	STRECKE	Y	X	KATASTER NR	K M
F	T90174 0017				3483696.860	5370108.420	T 091819001	58.00000
			374.3441					
F	T90802 0001	141.6199			3483021.510	5371692.500	T 029919008	1.17000
			315.9642	379.938				
F	T90802 0005	200.4769			3482653.499	5371786.764		
			316.4413	311.536				
F	T90803 0002	191.2780			3482352.331	5371866.317		
			307.7195	399.178				
F	T90803 0003	222.2461			3481956.129	5371914.585		
			329.9657	406.851				
F	T90804 0001	18.2831			3481593.570	5372099.080	T 029919015	2.59000
			148.2490					
F	T90174 0017				3483696.860	5370108.420	T 091819001	58.00000

SUMME DER STRECKEN 1497.503

HAUPTZUG
MIT FB-VERTEILUNG

PROP. ZU S OHNE EINDREHEN

	FEHLERBERECHNUNG	ZULAESSIGER FEHLER
FB	0.0009	0.0447
FY	0.172	
FX	-0.061	
FL	-0.182	0.577
FQ	-0.012	0.394

Abb. 10

\- 1-

ZFB FRANKFURT(MAIN) - GRA
DEZ 115
AG 463 AUFTRAG 1087800 BD STG

FRANKFURT(MAIN),DEN 03.09.70 R13
FERNRUF 955-
IHRE ZEICHEN 115 IVL 163-69 REG ELTA

P O L A R E   P U N K T B E R E C H N U N G

	DB PUNKT NR	WINKEL	STRECKE	Y	X	KATASTER NR	K M
F	T90802 0005			3482653.499	5371786.764		
	RICHTUNG	115.9635	STR-VERB-FAKTOR	0.9998890			
F	T90802 0001	309.8861		3483021.510	5371692.500	T 029919008	1.17000
F	T90802 0500	40.2008	19.672	3482665.999	5371771.575		
F	T90802 0007	278.5075	20.682	3482651.705	5371807.368		
F	T90803 0500	201.4269	133.363	3482525.081	5371822.743		
		STRECKE	379.934	DELTA	-0.042 FKZ 8		
		(STRECKE	379.892)	(DELTA	0.135)		
F	T90803 0002			3482352.331	5371866.317		
	RICHTUNG	116.4406	STR-VERB-FAKTOR	0.9998399			
F	T90802 0005	312.3820		3482653.499	5371786.764		
F	T90803 0500	399.2870	178.152	3482525.074	5371822.751)		
F	T90803 0501	10.8610	26.166	3482376.127	5371855.437		
F	T90803 0503	173.4080	26.099	3482326.563	5371862.173		
		STRECKE	311.548	DELTA	-0.050 FKZ 8		
		(STRECKE	311.498)	(DELTA	0.118)		
F	T90803 0500			3482525.081	5371822.743		
	RICHTUNG	117.3904	STR-VERB-FAKTOR	0.9998590			
F	T90802 0005	182.2360		3482653.499	5371786.764		
F	T90802 0601	134.8869	17.536	3482512.246	5371810.795		
F	T90802 0602	167.1759	12.212	3482513.226	5371819.811		
		STRECKE	133.382	DELTA	-0.019 FKZ 8		
		(STRECKE	133.363)	(DELTA	0.070)		

Abb. 11

ZFB FRANKFURT(MAIN) - GRA
DEZ 115
AG 463 AUFTRAG 1087800 BD SIG

- 2-

FRANKFURT(MAIN),DEN 03.09.70 R13
FERNRUF 955-
IHRE ZEICHEN 115 IVL 163-69 REG ELTA

S T R E C K E N B E R E C H N U N G

	DB PUNKT NR	Y	X	STRECKE	DELTA	FKZ	KATASTER NR	K M
F	T90802 0500	3482665.999	5371771.575	0.0	38.542	8		
F	T90802 0007	3482651.705	5371807.368	(38.542)	(0.020)	**		
F	T90802 0007	3482651.705	5371807.368	0.0	127.554	8		
F	T90803 0500	3482525.081	5371822.743	(127.554)	(0.020)	**		
F	T90803 0500	3482525.081	5371822.743	0.0	152.500	8		
F	T90803 0501	3482376.127	5371855.437	(152.500)	(0.020)	**		
F	T90803 0501	3482376.127	5371855.437	0.0	50.020	8		
F	T90803 0503	3482326.563	5371862.173	(50.020)	(0.020)	**		
F	T90802 0601	3482512.246	5371810.795	0.0	9.069	8		
F	T90802 0602	3482513.226	5371819.811	(9.069)	(0.020)	**		

Abb. 12

Sonderanwendungen des Reg Elta 14

Von E. Michelbacher

Die mit Reg Elta 14 im Felde aufgenommenen Daten Horizontalwinkel, Vertikalwinkel und Schrägstrecke und Informationen zur Charakterisierung des aufgenommenen Punktes werden auf Lochstreifen gestanzt und damit gespeichert. Dies ist eine mögliche Form der Registrierung, die es erlaubt, die sich anschließende Auswertung mit den heute zur Verfügung stehenden Mitteln schnell und sicher auszuführen.

Grundsätzlich wird also der automatische Ablauf, das heißt Aufnahme und Auswertung, an einer Stelle unterbrochen; das ist natürlich für den normalen Einsatz des Reg Elta 14, so wie wir ihn in den bisherigen Vorträgen kennengelernt haben, kein Nachteil, sondern ein Vorteil, da dieses Verfahren einen universellen Einsatz erlaubt.

Doch es ist nicht die einzig mögliche Form, wie man aus den Ausgangsdaten zum gewünschten Endergebnis kommen kann. Vielmehr wird man in besonderen Fällen, wenn es also auf eine Langzeitspeicherung nicht ankommt, auch wenn es möglich ist, Aufnahme- und Auswertegerät für eine in sich abgeschlossene Messung fest zu installieren, oder – und das ist der wichtigste Punkt – wenn aus den Ausgangsdaten möglichst schnell das Endergebnis erzielt werden soll, bestrebt sein, die mit Reg Elta gewonnenen Daten direkt dem Auswertegerät anzubieten.

Ich möchte hier in diesem Vortrag die Sonderanwendungen des Reg Elta 14 auf diese mögliche Form des vollautomatischen Ablaufs von Aufnahme und Auswertung begrenzen und Ihnen diese Möglichkeit anhand eines Beispiels in Einzelheiten demonstrieren.

Das Beispiel beinhaltet folgendes Problem: Es ist die erzielte Wurfweite im Hammer-, Speer- oder Diskuswerfen mit Reg Elta 14 zu bestimmen und das Ergebnis auf einer Anzeigetafel anzugeben.

Bevor ich auf nähere Einzelheiten eingehe, möchte ich noch die beiden wichtigsten Gründe nennen, die den Einsatz eines modernen Meßverfahrens mit automatischer Auswertung und Anzeige für diese spezielle Aufgabe notwendig erscheinen lassen.

Es sind dieselben Gründe, die dazu führen, die Stoppuhr durch die elektronische Zeitmessung bei den Laufwettbewerben zu ersetzen.

Eine entscheidende Aufgabe bei heutigen Großveranstaltungen der Leichtathletik, das heißt nationalen Meisterschaften, Länderkämpfen und Olympiaden, ist die Information des Publikums. Der Reporter für Funk, Fernsehen und Presse ist bestrebt, Ergebnisse so schnell wie möglich aufzunehmen und weiterzugeben. Er fordert vom Veranstalter technisch ausreichende Möglichkeiten hierzu.

Stellen Sie sich einmal den heute üblichen Ablauf einer Wurfweitenmessung mit 4 – 6 Teilnehmern für einen Reporter vor, der für Millionen Zuschauer und Zuhörer berichten muß und natürlich auch für das Publikum im Stadion.

Nach jedem Wurf wird die Weite mit dem Meßband gemessen. Diese wird in einer Tabelle für die spätere Auswertung eingetragen und dann auf einer Anzeigetafel angezeigt. Mit der nächsten angezeigten Wurfweite verschwindet die vorhergehende wieder.

Nun ist sowohl der Reporter als auch das Publikum nicht in der Lage, einen Wurfwettbewerb von Anfang bis Ende zu verfolgen, da ja meist gleichzeitig noch andere Wettbewerbe stattfinden, über die er auch berichten muß; das heißt, die Kenntnis über den jeweiligen Stand des Wettbewerbs ist oft nicht zu gewinnen. Hinzu kommt, daß nach Abschluß des Wettkampfes die Reihenfolge der Teilnehmer anhand der notierten Wurfweiten ermittelt werden muß. Die dadurch entstehenden zeitlichen Verzögerungen bis zur Bekanntgabe des Endergebnisses eines Wettbewerbs sind mit eine Ursache dafür, daß die Wurfdisziplinen im Schatten der Laufwettbewerbe stehen. Deswegen wird aus rein informationstechnischen Gründen der Einsatz eines modernen Meßverfahrens, daß die oben genannten Nachteile vermeidet, angestrebt.

Mit dem Einsatz des Reg Elta versprechen sich die Leichtathletik-Verbände eine Genauigkeitssteigerung, die bei der heutigen Leistungsdichte natürlich im Vordergrund aller Überlegungen über ein neues Meßverfahren steht. Um hier eine Aussage zu bekommen, darf ich Sie zunächst mit der Meßmethode vertraut machen. Hierfür habe ich als Beispiel die Wurfweitenmessung beim Speerwurf gewählt (Abb. 1).

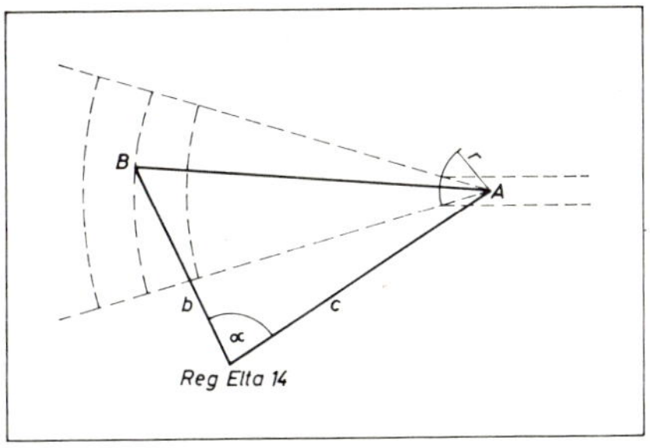

Abb. 1
Prinzip der Wurfweitenmessung mit Reg Elta 14

Ein Speerwurf ist unter anderem nur dann gültig, wenn der Speer in den aufgezeigten Sektor trifft. Bei der Bandmessung wird die Wurfweite vom Abwurfkreis bis zum Auftreffpunkt B gemessen, wobei das Meßband über den Punkt A geführt werden muß, dem Schnitt der beiden Sektorengrenzen. Daraus folgt sofort, daß ein elektrooptischer Streckenmesser im Punkt A stationiert werden müßte, was natürlich nicht möglich ist.

Wenn man also überhaupt zum Ziel kommen will, kann das Gerät nur seitlich aufgestellt werden. Dann müssen aber außer den Strecken a und b und den Zenitwinkeln zur Streckenreduzierung auf die Horizontale auch die Richtungen zum Abwurfzentrum A und zum Auftreffpunkt B gemessen werden. Die Wurfweite ergibt sich dann aus den Ausgangsgrößen zu

$$w = \sqrt{b^2 + c^2 - 2\,b\,c\cos\alpha} - r \qquad (1)$$

wobei der Wurfkreisradius r beim Speerwerfen 8 m beträgt. Es stellt sich nun heraus, daß diese Bedingung des seitlichen Aufstellens für die Genauigkeit ein Vorteil ist, wie folgende Untersuchungen zeigen.

Der mittlere Fehler der Wurfweite ergibt sich aus (1) zu

$$m_w{}^2 w^2 = \{(b - c\cos\alpha)^2 + (c - b\cos\alpha)^2\}\, m^2 + (b\,c\sin\alpha)^2\, \mu^2 \qquad (2)$$

mit den Daten für Reg Elta 14

$$m = \pm\, 10\ \text{mm} \quad \text{(mittlerer Streckenfehler)}$$
$$\mu = \pm\, 10^{cc} \quad \text{(mittlerer Richtungsfehler)}$$

Man erhält das Minimum für m_a, wenn die beiden Anteile gleich groß sind. In der Praxis kann der günstigste Standpunkt, den die Rechnung ergibt, meist nicht eingehalten werden, zumal man es ja mit unterschiedlichen Wurfweiten zu tun hat. Es genügt daher, einige grundsätzliche Überlegungen zur Standortwahl anzustellen.

Geht man also von einer mittleren Wurfweite von 70 m und etwa symmetrischen Bedingungen, das heißt $b = c$ aus, dann ergeben unsere Untersuchungen bei einer seitlichen Entfernung $b = 200$ m den Wert $m = \pm 4$ mm.

Dieser Wert läßt sich aber auch dann erreichen, wenn man die Entfernung zum Auftreffpunkt kürzer wählt, etwa 50 m, nur muß die Strecke Standpunkt—Abwurfzentrum durch Wiederholungsmessungen genauer bestimmt werden. Diese verzögern natürlich die Wurfweitenbestimmung keineswegs, da sie vor dem eigentlichen Wettkampf erfolgen.

Nun noch einige Bemerkungen zur Bandmessung bei der Wurfweitenbestimmung.

Hier muß man folgende Fehlermöglichkeiten in Betracht ziehen, die in der Hauptsache darin zu suchen sind, daß die Kampfrichter unter dem psychologischen Druck stehen, die Weite möglichst schnell zu ermitteln:

1. Unkorrekte Bandlage, das heißt Verdrehung des Bandes.
2. Falscher Bandzug.
3. Verständigungsschwierigkeiten zwischen den beiden Kampfrichtern, oder: Koinzidiert die Nullmarke des Bandes mit der Markierungsnadel, wenn die Wurfweite am Wurfkreis abgelesen wird?
   Hinzu kommen:
4. Ablesefehler.
5. Übertragungsfehler.
6. Aufschreibfehler.

Ich werde im weiteren Verlauf meines Vortrages nochmals auf den Vergleich der beiden Meßverfahren zurückkommen, wenn ich Ihnen über die bisherigen Ergebnisse und Erfahrungen berichte. Doch zunächst folgt eine genaue Beschreibung der Meßanlage mit Reg Elta 14 (Abb. 2).

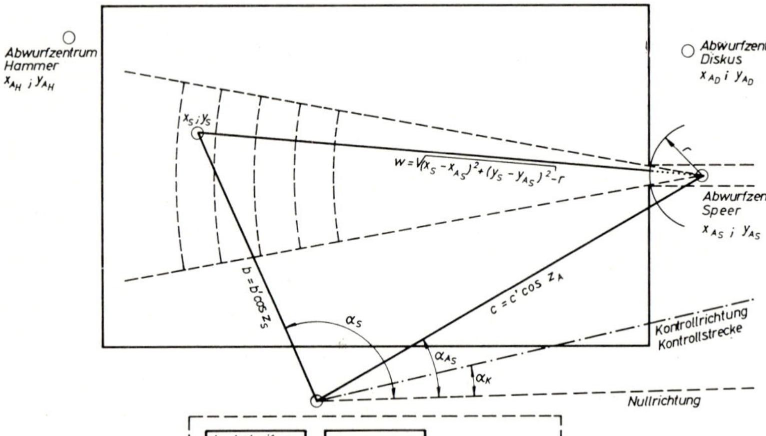

Abb. 2
Die elektro-optische Wurfweitenmessung mit Reg Elta 14

Aufbau der Meßanlage:

Die mit Reg Elta 14 aufgenommenen Daten werden abgelocht, gleichzeitig aber direkt dem Rechner über das Interface zugeführt und dort gespeichert. Aus den Speicherplätzen können sie dann in der Reihenfolge, wie sie für die rechnerische Auswertung gebraucht werden, wieder abgerufen werden. Das Endergebnis, also die Wurfweite, wird gedruckt und an einer Anzeigetafel angezeigt. Die Teilnehmernummer und die Versuchsnummer werden mit angezeigt, wobei die Dateneingabe entweder über das Zifferneinstellwerk von Reg Elta 14 oder über eine separate Zifferneingabe erfolgen kann. Der Kampfrichter am Abwurfkreis hat somit die Möglichkeit, Versuchsnummer und Teilnehmernummer vor dem Wurf auf der Tafel anzugeben, einmal zur Orientierung des Zuschauers über den folgenden Wurf gedacht, zum anderen als Aufforderung an den Wettkampfteilnehmer. Der Kampfrichter kann weiterhin durch Knopfdruck einen ungültigen Versuch sofort bekanntgeben oder den Bediener des Reg Elta 14 über einen gültigen Versuch informieren.

Mit dieser Grundausrüstung kann man nun alle Forderungen, wie sie zum Beispiel bei Großveranstaltungen, etwa den Olympischen Spielen, gestellt werden, erfüllen. Hierzu gehören:

Anschluß unserer Meßanlage an einen Großrechner hoher Speicherkapazität mit den damit verbundenen Vorteilen, wie:

a) Vergleich der gemessenen Wurfweite mit Landes- und Weltrekorden,
b) automatische Ermittlung der Reihenfolge der Wettkampfteilnehmer nach jedem Wurf,
c) Erstellung der Ergebnislisten und deren Vervielfältigung,
d) gleichzeitige Ansteuerung mehrerer Anzeigetafeln, insbesondere Kleinanzeigen für Reporter usw.

Meßablauf:

Vor dem Wettkampf werden die Abwurfzentren eingemessen, das heißt die Koordinaten x und y werden bestimmt und die Daten der einzelnen Zentren auf je eine Magnetkarte gespeichert. Mit in die Berechnung werden eine Kontrollrichtung und eine Kontrollstrecke eingeführt. Hierzu wird ein Reflektor an einer markanten Stelle im Stadion angebracht, damit beide Daten mit einer Messung gewonnen werden, um die Orientierung des Theodoliten und die Additionskonstante des Entfernungsmessers zu überprüfen. Die im Rechner gespeicherten Werte werden dann automatisch durch die verbesserten Werte ersetzt. Damit der Rechner erkennt, daß diese Kontrollmessung nicht einer Wurfweitenermittlung dient, wird die Kontrollrichtung derart festgelegt, daß eine Verwechslung aus geometrischen Gründen ausgeschlossen ist. Die Koordinaten des Abwurfzentrums erhält man aus den Ausgangsdaten zu

$$x_{A_S} = c \cdot \sin(\alpha_{A_S} - \alpha_K) \qquad \text{mit } c = c' \cdot \cos z_A$$
$$y_{A_S} = c \cdot \cos(\alpha_{A_S} - \alpha_K) \qquad c' = \text{Schrägstrecke} \qquad (3)$$
$$z_A = \text{Zenitwinkel}$$

Alle gemessenen Strecken werden nach dem oben angegebenen Verfahren korrigiert.

Mit Beginn des Wettkampfes sind die entsprechenden Koordinaten über eine Magnetkarte eingegeben und das Programm für die Berechnung eingelesen; Teilnehmernummer und Versuchsnummer erscheinen auf der Anzeigetafel. Nach einem gültigen Wurf wird vom Kampfrichter mit dem Reflektor die Auftreffstelle markiert, angezielt und die für die Berechnung der Wurfweite erforderlichen Daten gemessen. Aus den Koordinaten des Auftreffpunktes

$$x_S = b \cdot \sin(\alpha_S - \alpha_K) \qquad \text{mit } b = b' \cos z_S$$
$$y_S = b \cdot \cos(\alpha_S - \alpha_K) \qquad b' = \text{Schrägstrecke}$$
$$z_S = \text{Zenitwinkel}$$

erhält man die Wurfweite unter Berücksichtigung von (3):

$$w = \sqrt{(x_{A_S} - x_S)^2 + (y_{A_S} - y_S)^2} - r$$

Entsprechend den Wettkampfregeln wird das Ergebnis auf geradzahlige cm abgerundet.

Das Reg Elta 14 wurde bisher bei sechs Leichtathletik-Veranstaltungen eingesetzt, wobei Messungen parallel zur Bandmessung durchgeführt wurden. Beim Europa-cup der Leichtathleten in Stockholm dagegen waren wir für die Wurfweitenmessung alleine verantwortlich. Ein Vergleich der Reg Elta 14-Messungen mit der Bandmessung ergibt folgendes Bild:

*) Abweichung Δw [cm]	0	2	4	20	24	28	100
Häufigkeit	254	190	11	2	1	1	2

Die großen Abweichungen, insbesondere die beiden 1 m-Fehler, sind vermutlich auf Ablese- oder Übertragungsfehler bei der Bandmessung zurückzuführen.

---

*) siehe auch Beispiel

Die bisherigen Erfahrungen haben gezeigt, daß der Einsatz des Reg Elta 14 zur Wurfweitenmessung aus folgenden Gründen gerechtfertigt ist:

1. kürzere Meßzeit,
2. höhere Genauigkeit,
3. automatische Übermittlung der Wurfweite.

Abb. 2 Demonstration des Reg Elta 14 beim Erdteilkampf Europa—USA in Stuttgart im Juli 1969

Die Verantwortlichen der nationalen und internationalen Leichtathletik-Verbände sind von der Leistungsfähigkeit des Gerätes überzeugt und erwarten den Einsatz des neuartigen Meßverfahrens bei künftigen Großveranstaltungen.

Die an diesem speziellen Problem aufgezeigten Möglichkeiten lassen erkennen, daß die direkte Verbindung Reg Elta 14-Kleincomputer auch für andere Meß- und Auswerteaufgaben interessante Lösungsmöglichkeiten verspricht.

Da die technischen Mittel zur direkten Weiterverarbeitung der anfallenden Daten heute meist schon vorhanden sind, können sie durch den Einsatz des Reg Elta 14 und einer für den direkten Anschluß an den Rechner zusätzlichen Ein- und Ausgabeeinheit über den bisherigen Rahmen hinaus genutzt werden.

Beispiel
Ergebnisse der elektronischen Wurfweitenmessung beim Länderkampf Deutschland/USA, Stuttgart 1970
Hammer Männer

Teilnehmer	Elektron. Messung	Elektron. Messung abgerundet	Bandmessung
U. Beyer	67,417	67,40	67,40
140	—	—	—
	—	—	—
	68,039	68,02	68,00
	69,593	69,58	69,58
	70,795	70,78	70,78
W. Schmidt	—	—	—
139	68,679	68,66	68,68
	—	—	—
	67,831	67,82	67,82
	—	—	—
	69,030	69,02	69,02
G. Frenn	64,179	64,16	64,16
36	66,142	66,14	66,14
	63,151	63,14	63,14
	—	—	—
	65,354	65,34	65,34
	65,066	65,06	65,06
St. Deautremond	57,075	57,06	57,06
37	58,437	58,42	58,42
	58,450	58,44	58,44
	—	—	—
	58,423	58,42	58,40
	57,562	57,56	57,54

Die automatische Herstellung von Höhenlinienplänen

Von B. Schrader

Flächenhaft ausgedehnte tachymetrische Geländeaufnahmen werden üblicherweise in Höhenlinienplänen dargestellt. Über die Auswertung von Tachymeteraufnahmen und deren Verarbeitung zu Höhenlinienplänen wurden von verschiedenen Autoren Programme entwickelt und Verfahrensweisen angegeben, welche einen automatischen Ablauf unterschiedlichen Umfanges besitzen.

So wird z. B. von Scharf [2] ein Auswerteverfahren beschrieben, bei dem die Kartierung der Geländepunkte mit Hilfe des Zeilendruckers der EDV-Anlage ausgeführt wird. Als Markierung wird jeweils ein Punkt verwendet, neben den die Punkt-Nr. oder die Höhenzahl geschrieben wird. Da die Punktmarkierung nicht kontinuierlich vorgenommen werden kann, sondern vom Zeilen- und Symbolabstand des Zeilendruckers abhängig ist, beträgt die Kartiergenauigkeit etwa $\pm$ 2 mm. Die Interpolation der Höhenlinien wird manuell ausgeführt.

Bei dem von Völter [3] angegebenen Verfahren wird die Kartierung der Geländepunkte mit der numerisch gesteuerten Zeichenanlage „Coradomat" durchgeführt. Die Koordinaten und Höhen der Geländepunkte sowie die Interpolationswerte für die Höhenlinien werden zuvor in einer EDV-Anlage berechnet. Dazu ist es erforderlich, daß im Feldbuch jeweils zu jedem angezielten Geländepunkt die Nummern benachbarter Geländepunkte, zu denen hin die Höhenlinien interpoliert werden sollen, zusätzlich angegeben und abgelocht werden. Die Zeichenanlage Coradomat kartiert sämtliche Punkte und druckt die Punktnummern und Höhen. Die Grundrißdarstellung und die Höhen werden manuell gezeichnet.

Im Zusammenhang mit dem Einsatz des Code-Theodoliten erwähnt Lang [4] zwei Lösungen für die automatische Höhendarstellung. Bei der aus dem amerikanischen Wetterdienst übernommenen Korrelationsmethode wird ein rechnerisches Gitternetz über das Gelände gelegt, wobei die Maschenweite sich nach der Geländeform richtet. Die Höhenangaben in den Gitterpunkten werden aus den Höhen von diskreten Punkten innerhalb der Maschen nach einem besonderen Verfahren ermittelt. Die Interpolation der Höhenlinien kann dann schematisch auf den Gitternetzlinien erfolgen. Bei diesem Verfahren können die Höhenlinien auch automatisch gezeichnet werden, indem in jedem Quadrat Punkte gleicher Höhe auf den Gitternetzseiten geradlinig verbunden werden. Eine Schwierigkeit tritt allerdings auf, wenn sich innerhalb eines Quadrates ein Sattelpunkt der Geländeoberfläche befindet. Für diesen Fall muß in das Zeichenprogramm ein besonderes Entscheidungskriterium aufgenommen werden. Da das von Lang erwähnte Programm offenbar dieses Entscheidungskriterium für das richtige Verbinden von Höhenpunkten einer Sattelfläche nicht enthält, macht er die einschränkende Bemerkung, daß die Gitternetzmethode ein verhältnismäßig gleichgeformtes Gelände voraussetzt.

Von Lang wird daher der zweiten, von der hessischen Landeskulturbehörde entwickelten und programmierten sogenannten Dreiecksmethode der Vorzug gegeben [1]. Dabei ist das Gelände in Dreiecke zu zerlegen, die sich der Oberfläche anpassen. Es muß ferner ein Lochstreifen angefertigt werden, der die einzelnen Dreiecke mit ihren Punktnummern enthält. Ein Anwendungsbeispiel für die automatische Zeichnung von Höhenlinien nach der Dreiecksmethode wird von Heyink [5] mitgeteilt.

Beiträge von Yoéli [6], [7] behandeln das automatische Zeichnen von Höhenkurven auf der Grundlage eines digitalen Geländemodells, welches durch Abtasten von Profilen der Erdoberfläche bei der Luftbildauswertung in Stereoautographen mit automatischer Registrierung hergestellt werden kann. Der so zu einem regulären Punktnetz angeordnete fundamentale Punkthaufen besitzt einen Punktabstand von 5 m oder 10 m. Das Zeichnen der Höhenkurven erfolgt nach der Gitternetzmethode. Durch Veränderung der Maschenweite des Interpolationsnetzes kann eine Generalisierung der Höhenlinien für einen kleineren Kartenmaßstab erreicht werden.

Bei der tachymetrischen Geländeaufnahme werden die Geländeformen durch Einmessung einer möglichst geringen Anzahl von Punkten, die an den Geripplinien des Geländes angeordnet werden, erfaßt. Bei der Übertragung der Höhen dieser ausgewählten diskreten Geländepunkte auf die Schnittpunkte eines Gitternetzes würde ein derartiger Genauigkeitsverlust der Höhenangaben eintreten, daß die nach der Gitternetzmethode interpolierten Höhenlinien die Geländeformen nur verfälscht wiedergeben. Es ist daher der Dreiecksmethode für die Interpolation der Höhenlinien bei Tachymeteraufnahmen der Vorzug zu geben. Da bei Einsatz automatisch registrierender Tachymetertheodolite die bei der Dreiecksmethode notwendige zusätzliche Angabe der Dreieckseckpunkte eine Störung im Datenfluß bedeutet, soll für die automatische Zeichnung von Höhenlinien ein Verfahren entwickelt werden, bei dem die Interpolationsdreiecke durch das Programm gebildet und insbesondere die Höhenlinien kontinuierlich gezeichnet werden.

Die Aufgabe lautet allgemein formuliert:

Aus einer endlichen Menge N diskreter, nach topographischen Gesichtspunkten über eine Fläche verteilter Punkte mit zugehörigen Koordinaten und Höhen ist die Menge L von Linien konstanter Höhe vorgegebenen Höhenunterschiedes zu entwickeln, die sich der Fläche möglichst gut anschmiegen. Jede Linie konstanter Höhe soll aus einer Folge benachbarter Punkte gebildet werden, die sich durch Interpolation auf Verbindungslinien von Punkten der Menge N ergeben, die nach einem besonderen Algorithmus ausgewählt werden. Die durch Höhenlinien darzustellende Fläche wird durch eine Folge von Punkten der endlichen Teilmenge N_r von N begrenzt. Ferner können Gebiete unstetigen Höhenlinienverlaufs innerhalb der Fläche durch Folgen von Punkten der Teilmengen N_{Si} von N abgegrenzt sein. Die Punkte der Mengen N_r und N_{Si} bilden jeweils einen aus einem Zyklus bestehenden Graphen. Die Aufgabe ist gelöst, wenn der aus den Punkten der Menge N bestehende Graph, der die Interpolationsdreiecke in der vom Verlauf der Höhenlinien abhängiger Aufeinanderfolge darstellt, gebildet ist.

Das für eine Teillösung des Problems fertiggestellte Programm hat folgenden Aufbau:

Die Koordinaten und Höhen der diskreten Punkte der Menge N werden zusammen mit ihren Punktnummern eingelesen oder stehen als Berechnungsergebnisse der Auswertung einer Tachymeteraufnahme zur Verfügung. In der Prozedur NETZORD werden von der Menge N die minimalen und maximalen Koordinaten ermittelt, die ab- bzw. aufgerundet die Eckpunkte eines Gitternetzes von vorgegebener Maschenweite festlegen. Jeder Punkt der Menge N wird seiner Lage entsprechend in das zugehörige Quadrat des Gitternetzes eingeordnet, indem aus seinen Koordinaten die betreffende Quadratnetznummer berechnet wird. Die Quadrate sind ganzzahlig numeriert, wobei die Ziffern von 1 bis 999 in Einerschritten die fortlaufende Nummer in der Y-Richtung und die Ziffern 1000 bis 999000 in Tausenderschritten die fortlaufende Nummer in der X-Richtung bezeichnen. Die zu jedem Punkt gehörende Nummer des Netzquadrates wird in einem Vektor der Länge N gespeichert. Abschließend werden die Koordinaten und Höhen sowie ihre Punktnummern nach steigenden Nummern der Netzquadrate geordnet.

Durch die Prozedur NQMATRIX werden in eine Matrix NQ mit NX Zeilen und NY Spalten jeweils die Zeilennummern der jeweils ersten, in den betreffenden Netzquadraten liegenden Punkten der nach aufsteigenden Nummern der Netzquadrate geordneten Punktmenge gespeichert. NX, NY sind die Anzahl der Quadrate in X-Richtung bzw. Y-Richtung. Bei Netzquadraten ohne Punkte wird die Zeilennummer 0 gespeichert.

Diese vorbereitend ausgeführte Datenzuordnung in ein Gitternetz wurde vorgenommen, um die während des folgenden Programmablaufs für die Bestimmung der Interpolationsdreiecke sehr zahlreichen Berechnungen lediglich jeweils mit einer kleinen Teilmenge der N Punkte ausführen zu müssen.

Das Vorgehen bei der Bestimmung der Interpolationsdreiecke ist in der Abb. 1 dargestellt. In bezug auf die Basislinie $\overline{PQ}$ wird aus der Teilmenge der Punkte, die im Quadrat des Basispunktes P und in den angrenzenden 8 Quadraten liegen, der Punkt R ermittelt, der die kleinste Summe der Entfernungen von den Basispunkten P und Q besitzt. Durch Berechnung des Abstandes von der Geraden

$\overline{PQ}$ werden zuvor die Punkte ausgeschieden, welche links von der Basislinie $\overline{PQ}$ liegen. Um zu vermeiden, daß sehr spitze Interpolationsdreiecke gebildet werden, bleiben ferner die Punkte unberücksichtigt, welche innerhalb der Dreiecke mit den Kathetenlängen $1/1\ \overline{PQ}$ und $1/2\ \overline{PQ}$ liegen und die an die Basispunkte P und Q angrenzen. Das gestrichelt gezeichnete Dreieck wird nicht verwendet, obwohl der Dreieckspunkt eine kürzere Summe der Entfernungen von den Basispunkten P und Q besitzt als der ausgewählte Punkt R. Der für die Dreieckspunktermittlung verwendbare Bereich ist

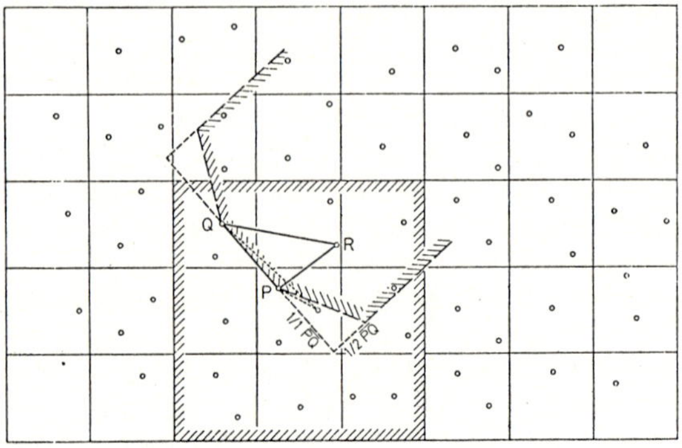

Abb. 1

durch Schraffur gekennzeichnet. Die Kathetenlängen der nicht verwendbaren Dreiecke wurden zunächst aufgrund der für Testrechnungen benutzten Punktverteilung gewählt. Es wird weiteren praktischen Anwendungen vorbehalten bleiben, die Größe dieser Dreiecke gegebenenfalls zu ändern. Die Berechnungen zur Bestimmung der Interpolationsdreiecke werden innerhalb der Prozedur ALINE ausgeführt, in die neben anderen Parametern die Indices der Basispunkte P und Q sowie die Netzquadratnummer des Punktes P eingehen.

Für den eigentlichen Programmablauf ist ferner noch die Angabe der Randlinien des Gesamtgebietes erforderlich. In der vorliegenden Programmfassung werden die Nummern der aufeinanderfolgenden Punkte der Teilmenge N_r eingelesen und dabei in zwei Zuordnungsvektoren die Indices der Randpunkte und der entsprechenden Punkte der Menge N gespeichert. Es ist aber möglich, die Randlinien aus der Menge N aller Punkte durch ein Programm automatisch zu ermitteln, um dadurch das Eingeben der Randpunktnummern einzusparen. Der Zuordnungsvektor der Punktmenge N enthält die Indices von Randpunkten bzw. für innere Punkte Nullelemente.

Zur Vorbereitung gehört ferner die Ermittlung der Punkte mit minimaler und maximaler Höhe aus der Menge N, um daraus mit vorgegebenem Höhenlinienabstand die Dimension der Matrix zur Speicherung der Höhenlinienpunkte zu bestimmen.

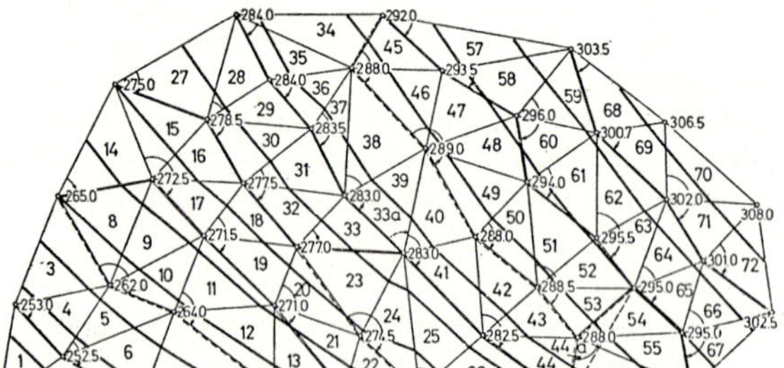

Abb. 2

Der Verfahrensablauf der automatischen Höhenlinienbestimmung soll zunächst an einem Beispiel eines gleichmäßig ansteigenden Geländes erläutert werden, wie es in der Abb. 2 dargestellt ist. Der Punkt mit minimaler Höhe 244.0 liegt auf dem linken unteren Rand des Gebietes. Auf den oberen Randlinien bis zum Punkt mit der Höhe 306.5 werden zunächst die Punkte der Höhenlinien 245 bis 305 interpoliert, die Koordinaten in der Höhenlinienmatrix gespeichert und die für die Interpolation bereits benutzten Randpunkte durch Vorzeichenumkehr der im Zuordnungsvektor positiv gespeicherten Zeilenindices markiert. Die Aufeinanderfolge der Interpolationsdreiecke ist durch die in die Abb. 2 eingetragenen Nummern zu erkennen. Ausgehend von der Randlinie mit geringster Höhe werden die Dreiecke bei festem Basispunkt P solange aneinandergefügt, bis eine Dreiecksseite $\overline{PR}$ eine Randlinie oder eine Begrenzungslinie des vorhergehenden Streifens ist.

Liegt der Punkt R auf der Begrenzung des vorhergehenden Streifens, so wird das nächste Interpolationsdreieck gebildet, indem der Punkt R zum neuen Basispunkt P wird. Bei diesem streifenweisen Aneinanderfügen der Interpolationsdreiecke werden die Indices der Begrenzungskanten im Vektor KANTE notiert. Der Vektor KANTE nimmt ferner die Indices von Dreiecksseiten auf, auf denen die Höhenlinien noch nicht vollständig interpoliert wurden. Für jeden ermittelten Eckpunkt R wird der Vektor KANTE durchsucht und festgestellt, ob R ein Punkt der Begrenzungslinien und zugleich Endpunkt von noch nicht vollständig interpolierten Kanten ist. So werden z. B. beim Interpolationsdreieck 17 für den Punkt R mit der Höhe 271.5 die Punkte der Höhenlinie 270 auf den bei den Interpolationsdreiecken 9 und 10 notierten Kanten zwischen den Punkten mit den Höhen 262.0 und 271.5 sowie 264.0 und 271.5 bestimmt.

In einer Matrix US werden ferner die Endpunkte der Kanten notiert, über die eine Höhenlinie den Interpolationsstreifen verläßt. Bei der Bildung des Dreiecks 21 wird z. B. festgestellt, daß die Höhenlinie 275 über die Kante 274.5/277 des vorhergehenden Dreiecks 20 den Streifen verlassen hat.

Ist eine Dreiecksseite $\overline{PR}$ eine Randlinie, so werden die in diesem Interpolationsstreifen vollständig ermittelten Höhenlinien gezeichnet und das Höhenlinienniveau wird entsprechend erhöht. Die Interpolation wird mit der in der Matrix US notierten Kante niedrigsten Niveaus oder, wenn keine Höhenlinie den Streifen verlassen hatte, mit der nächsten Randkante als Basislinie fortgesetzt. In der Abb. 2 sind durch vollausgezogene bzw. gestrichelte Linien die Dreiecksseiten gekennzeichnet, welche die Streifengrenzen bilden bzw. über welche die Höhenlinien den Streifen verlassen haben.

Eine vollständig interpolierte Höhenlinie wird auch dann gezeichnet, wenn eine Dreiecksseite $\overline{QR}$, z. B. bei den Dreiecken 67 und 72, eine Randlinie ist. Mit einem neuen Interpolationsstreifen oder der Fortsetzung, wenn eine Linie den Streifen verlassen hatte, wird begonnen, wenn die Dreieckspunkte Q und R beide eine größere Höhe als die im Streifen verlaufenden Höhenlinien besitzen. In diesen durch die Dreiecke 33 a und 44 a erläuterten Fällen trifft eine noch nicht begonnene Höhenlinie auf die Randbegrenzung des Interpolationsstreifens.

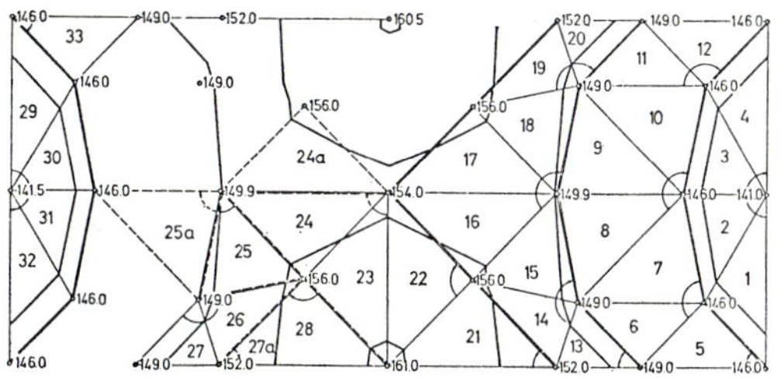

Abb. 3

Zur weiteren Erläuterung des Verfahrensablaufes soll das in der Abb. 3 dargestellte Beispiel einer Sattelfläche benutzt werden. Die Anordnung der Interpolationsdreiecke beginnt mit der Kante mit den Höhen 141.0 und 146.0 der rechts und unten verlaufenden Randlinie bis zum Punkt mit der Höhe 161.0 und nimmt den bereits geschilderten Verlauf. Beim Interpolationsdreieck 24 a wird festgestellt, daß zwischen den Punkten Q und R eine Höhenlinie verläuft, die keinen Zusammenhang mit der Höhenlinie des gleichen Niveaus im Dreieck 24 besitzt, weil die Höhenlinie die gemeinsame Seite der beiden Dreiecke nicht schneidet. Die Interpolation wird mit dem Dreieck 25 fortgesetzt, da die Höhenlinie 155 den Streifen beim Dreieck 24 zwischen den Punkten mit den Höhen 149.9 und 156.0 verlassen hatte.

Alle Eckpunkte des Dreiecks 25 a haben eine geringere Höhe als die im betrachteten Streifen verfolgte Höhenlinie 155. Die Interpolation wird daher in der angegebenen Reihenfolge bis zum Dreieck 28 fortgesetzt. Bis dahin wurden lediglich die Höhenlinien 145 bis 160 im rechten und unteren Flächenbereich gezeichnet. Es sind alle Kanten der unteren Randlinie bis zum Punkt mit der Höhe 161.0 als Anfangskanten von Interpolationsstreifen benutzt worden.

Aus der Teilmenge der noch nicht für die Interpolation benutzten Punkte wird wiederum der Punkt mit der minimalen Höhe ermittelt und das Verfahren mit der so bestimmten linken oberen Randlinie zwischen den Punkten mit den Höhen 141.5 und 160.5 im zweiten Interpolationsabschnitt fortgesetzt. Die Interpolationsdreiecke sind nur bis zum Dreieck 33 dargestellt, da die Folge der Dreiecke wegen des symmetrisch gestalteten Geländes den bereits im ersten Abschnitt gezeigten Verlauf nimmt. In diesem zweiten Interpolationsabschnitt werden die Höhenlinien 145 bis 160 im linken und oberen Bereich des Geländes gezeichnet.

Die Speicherplätze im Vektor KANTE und in der Matrix US werden wieder freigegeben, wenn die dort notierten Informationen für die Steuerung des Interpolationsablaufes verwendet worden sind. Ebenso stehen die Speicherplätze in der Matrix der Höhenlinienkoordinaten wieder zur Verfügung, wenn die betreffenden Höhenlinien gezeichnet wurden. Vor Beginn jedes Interpolationsabschnittes enthalten der Vektor KANTE und die Matrix US keine Notierungen.

Die Abb. 4 und 5 zeigen die mit dem Graphplotter gezeichneten Höhenlinienpläne der besprochenen Beispiele. Das Format ist zunächst wegen der Zeichenbreite des Graphplotters auf 27 cm beschränkt. Größere Höhenlinienpläne können in mehreren Teilblättern gezeichnet werden. Dazu wird es erforderlich sein, die für die Zeichnung ermittelten Informationen zunächst auf einem Magnetband oder einer Magnetplatte zu speichern und die Zeichnung mit Unterteilung in Teilblätter nach Beendigung aller Berechnungen ausführen zu lassen. Eine andere Möglichkeit besteht darin, die Zeicheninformationen weiterzuverarbeiten zur Herstellung eines Steuerstreifens für ein automatisches Kartiergerät größeren Zeichenformats.

Bevor das in ALGOL für die EDV-Anlage ICL 1907 aufgestellte Programm für die automatische Zeichnung von Höhenlinienplänen universell verwendet werden kann, muß es noch für die Berechnung von Punkten geschlossener Höhenlinien vervollkommnet werden. Es ist vorgesehen, die Berechnung von Höhenlinien um lokale minimale und maximale Höhenpunkte herum, die nicht auf dem Rand der Fläche liegen, ebenfalls durch abschnittsweise Interpolation auszuführen.

Bei einem Punkt lokaler minimaler Höhe innerhalb der Fläche wird zunächst der kürzest entfernte Punkt für die Ausgangsbasislinie gesucht. Die Interpolationsdreiecke werden dann von der Ausgangsbasislinie beginnend um den Minimalpunkt zentral angeordnet und später spiralförmig dort erweitert, wo Höhenlinien die Randbegrenzung des Interpolationsbereiches verlassen. Höhenlinien werden gezeichnet, wenn sie geschlossen sind oder auf eine Randkante der Fläche stoßen.

Die Ermittlung der Höhenlinien um einen Punkt lokaler maximaler Höhe herum wird entsprechend durch systematische Anordnung von Interpolationsdreiecken entlang der Höhenlinien ausgeführt, wobei von den für die Linien geringster Höhe verwendeten Interpolationsdreiecken auszugehen ist.

Die Darstellung von Gebieten unstetigen Höhenlinienverlaufs ist ebenfalls noch im Programm vorzusehen. Es wird dabei nicht zu umgehen sein, die Punkte auf Begrenzungslinien von Böschungen usw. während der Geländeaufnahme besonders zu kennzeichnen.

Die wesentlichen Unterschiede des hier entwickelten Programms gegenüber den anderen Verfahren bestehen darin, daß die Geländepunkte unmittelbar für die Interpolation der Höhenlinien verwendet werden, wobei die Anordnung der Interpolationsdreiecke automatisch gebildet wird, also

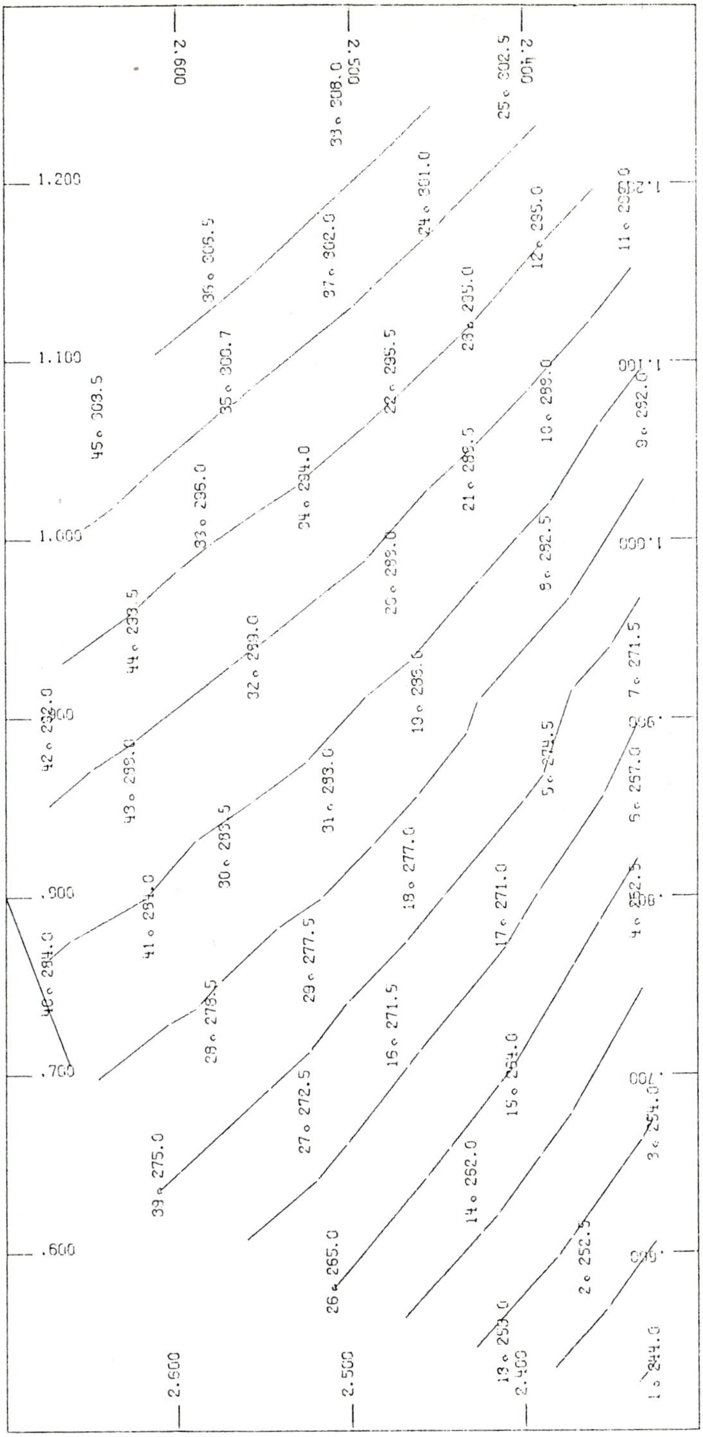

Abb. 4

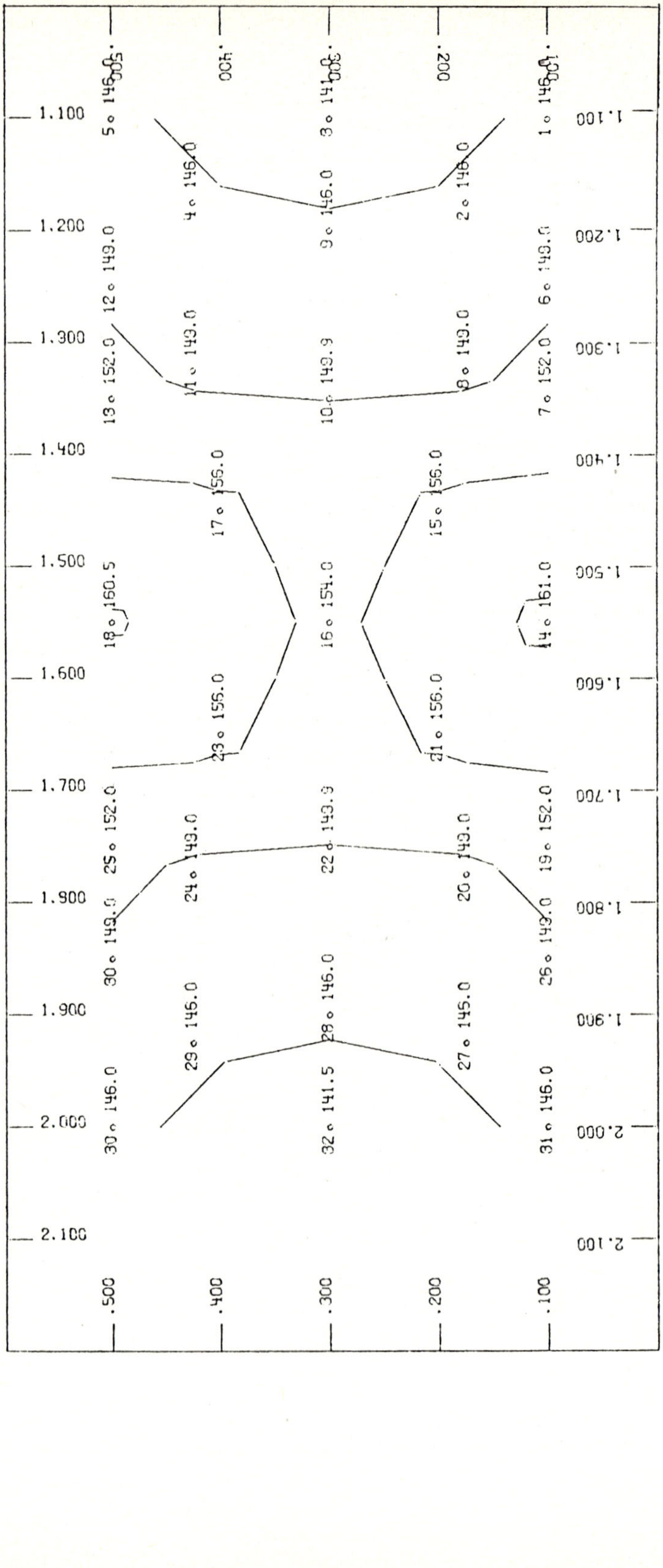
1.100
1.200
1.300
1.400
1.500
1.600
1.700
1.800
1.900
2.000
2.100
.500
.400
.300
.200
.100
1 ∘ 146.0
2 ∘ 146.0
3 ∘ 141.0
4 ∘ 146.0
5 ∘ 146.0
6 ∘ 149.0
7 ∘ 152.0
8 ∘ 149.0
9 ∘ 146.0
10 ∘ 149.9
11 ∘ 149.0
12 ∘ 149.0
13 ∘ 152.0
14 ∘ 161.0
15 ∘ 156.0
16 ∘ 154.0
17 ∘ 156.0
18 ∘ 160.5
19 ∘ 152.0
20 ∘ 149.0
21 ∘ 156.0
22 ∘ 149.9
23 ∘ 156.0
24 ∘ 149.0
25 ∘ 152.0
26 ∘ 149.0
27 ∘ 145.0
28 ∘ 146.0
29 ∘ 145.0
30 ∘ 149.0
30 ∘ 146.0
31 ∘ 146.0
32 ∘ 141.5

Abb. 5

nicht vorgegeben zu werden braucht. Die Einordnung der Geländepunkte in ein Gitternetz dient lediglich zur Abkürzung der Sucharbeit bei der Ermittlung benachbarter Punkte. Bei der automatischen Ermittlung der Interpolationsdreiecke kann unter Umständen eine geringfügige Verfälschung der Geländedarstellung eintreten, die aber durch eine dichtere Anordnung der Geländepunkte entlang der Geripplinien des Geländes vermieden werden kann. Nach Fertigstellung des Programmes werden durch praktische Erprobungen noch weitere Erkenntnisse für eine zweckentsprechende Aufnahmetechnik gesammelt werden müssen, die wiederum zur Weiterentwicklung des Auswerteverfahrens beitragen können.

Schrifttum

[1] Lang, E.: Der Einsatz moderner technischer Hilfsmittel bei der Flurbereinigung. Ztschr. f. Vermess.-wesen 1967, S. 493.

[2] Scharf, H.: Auswertung der Tachymeteraufnahme des Rheinvorlands mit elektronischen Rechenanlagen. Allg. Vermess.-Nachr. 1968, S. 177.

[3] Völter, U.: Automatische Auswertung von Tachymeteraufnahmen. Allg. Vermess.-Nachr. 1968, S. 515.

[4] Lang, E.: Der Einsatz des Code-Theodoliten. Vermess. techn. Rdsch. 1965, S. 145.

[5] Heyink, J.: Elektronische Verarbeitung von Vermessungen in Hessen. Verm.-Ing. Düsseldorf 18 (1967), S. 197.

[6] Yoéli, P.: Topographische Karten und Rechenautomaten. Kartogr. Nachr., Gütersloh 17 (1967), S. 116.

[7] Yoéli, P.: Reliefdarstellung durch Höhenkurven mit Rechenautomaten und Kurvenzeichnern und deren Genauigkeit. Ztschr. f. Vermess.-wesen 1968, S. 55.

Überblick über die auf dem Markt befindlichen Nahbereichsentfernungsmesser und deren Einsatz bei der Punktaufnahme

Von L. Hallermann, Bonn

Es ist nicht ganz leicht, auf einem Kurs über die Nahbereichsentfernungsmesser, die von der Firma C. Zeiss, Oberkochen, entwickelt wurden, den „advocatus diaboli" zu vertreten und über die ähnlichen Geräteentwicklungen der anderen Firmen zu sprechen. Es wird aber von der Kursleitung Wert darauf gelegt, daß die geplante Veranstaltung der Tradition der Firma Zeiss entsprechend, den Charakter eines technisch-wissenschaftlichen Seminars tragen soll, in welchem über die Zeiss-Geräte hinaus der allgemeine instrumentelle Entwicklungsstand auf diesem Gebiet objektiv beleuchtet und dargestellt wird. Dadurch hat die Einladung für mich einen besonderen Reiz erhalten, und ich danke der Kursleitung herzlich dafür. Ebenfalls muß ich aber auch den angesprochenen Firmen für ihr Entgegenkommen bei der Beschaffung der notwendigen Unterlagen danken, und ich will versuchen, mich als ‚ehrlicher Makler' der Aufgabe zu stellen.

Bei der Formulierung des Vortragsthemas glaubte ich, daß die sehr lange Überschrift den Vortragsgegenstand genau genug umschriebe. Bei der Ausarbeitung des Referates wurde aber deutlich, daß das Thema vielleicht doch noch nicht genau genug abgegrenzt ist; denn was sind z. B. ‚Nahbereichsentfernungsmesser'? Der Terminus wurde erst nach dem Bekanntwerden der elektro-optischen Entfernungsmesser für kurze Strecken als übergeordneter Begriff eingeführt. Ist der Zollstock kein Nahbereichsentfernungsmesser? Die Frage stellen heißt, sie beantworten. Aber er soll ebensowenig wie Meßlatte und Bandmaß Gegenstand unserer Überlegungen sein. Eine weitere Gruppe der Nahbereichsentfernungsmesser sind die Geräte zur optischen Distanzmessung. Diese werden wir schon in unsere Überlegungen mit einbeziehen müssen. Dies wird später noch weiter auszuführen sein. Zur Begründung nenne ich hier nur die sog. Code-Theodolite von Fennel und Kern. Schließlich muß die Betrachtung die Geräte umfassen, die als ‚elektronische' Nahbereichsentfernungsmesser bezeichnet werden. Dabei muß aber immer ihr Einsatz bei der Punktbestimmung im Auge behalten werden; d. h. es muß immer bedacht werden, wie man die reduzierte Entfernung und die – irgendwie orientierte – Richtung zur Festlegung der Neupunkte erhält.

Es ist ferner noch eine Verständigung über „die auf dem Markt befindlichen" elektronischen Nahbereichsentfernungsmesser notwendig, denn außer dem Reg Elta 14 werden – soweit mir bekannt – nur das MA 100 von Tellurometer, der DI 10 von Wild und das EOK 2000 von Jenoptik zur Zeit schon ausgeliefert. Absprachegemäß wollen wir aber alle die Geräte berücksichtigen, die als industrielle Prototypen bekannt sind und von denen erwartet wird, daß ihre Serienproduktion in nächster Zeit anlaufen wird und die käuflich zu erwerben sein werden. So bleiben z. B. die sehr interessanten Entwicklungen in der UdSSR außer Betracht. Man könnte nun auch noch die Geräte ausscheiden, die eine höhere Genauigkeit in der Entfernungsmessung liefern, als sie bei der Punktbestimmung üblicherweise gefordert wird, die also den Millimeter noch sicher auflösen. Da diese Geräte aber im Anschaffungspreis in der gleichen Größenordnung wie die übrigen Instrumente liegen, sollten sie mit in die Überlegungen einbezogen werden. Mit diesen kurzen Bemerkungen wird angedeutet, daß zwar Vollständigkeit angestrebt wurde, aber nicht garantiert werden kann, weil vor allem nach dem March-Meeting 1970 des ACSM in Washington die Übersicht wesentlich schwieriger geworden ist. Viele Firmen, die sich mit elektronischen Geräten befassen und vor allem in den USA beheimatet sind, glauben nämlich, den geodätischen Markt ‚so eben' auch bedienen zu können, weil die Konstruktion der Geräte einfach dem Stand der Technik entspricht, und nur wenige werden schließlich willens und fähig sein, so viel Geld und Energie in die Neuentwicklung zu stecken, daß sie für die geodätische Praxis interessant werden.

Wie kam es zur Entwicklung der neuen Nahbereichsentfernungsmesser? Nach Förstner [1] steht am Anfang jeder Entwicklung eine Idee oder Erfindung. Im vorliegenden Fall möchte man hinzufügen: Die Praxis benötigt ein neuartiges Gerät, um mit gestellten Aufgaben fertig zu werden, und es wurde daher ein Forschungsauftrag vergeben. Die Vermessungsingenieure der Flurbereinigung waren hier genauso wie vor 40 Jahren, als sie dem von BOSSHARDT entwickelten und von C. Zeiss gebauten Doppelbildentfernungsmesser in relativ kurzer Zeit Verbreitung in der Vermessungspraxis verschafften, die treibenden Kräfte. Dieses Mal war es vor allem das Verdienst von H. LANG, Wiesbaden, der nach einem Vermessungsinstrument suchte, das es ermöglichte, die Automationskette für die massenweise anfallenden Vermessungsdaten einer Flurbereinigung bereits bei der Punktaufnahme beginnen zu lassen. Es gelang ihm, die Firmen Fennel und Kern für seine Gedanken zu gewinnen. Die Firma Fennel sollte ein automatisch registrierendes Instrument zur polaren Punktbestimmung nach dem Prinzip der 2-Basislattenmessung entwerfen (Abb. 1), während der Firma Kern die Aufgabe zufiel, ein registrierendes Aufnahmegerät nach dem Doppelbild-Prinzip (Abb. 4) zu bauen.

Abb. 1 Fennel Code-Theodolit FLT III

Grundprinzip dieser Entfernungsmesser ist die Zurückführung der Streckenmessung auf die Winkelmessung, da die Technik damals noch keine andere Möglichkeiten bot. Als Datenträger wird der Film verwandt. Damit ist gleichzeitig die grundsätzliche Schwierigkeit genannt, die die Firmen Fennel und Kern in Zusammenarbeit mit der Firma Geophoto, Wiesbaden, und der Zuse AG, die das Filmauswertegerät baute, zu lösen hatte (vgl. auch DRAHEIM, Vortrag 1). Die Forderung lautet nämlich, die gemessene Richtung bis zu 1^{cc} herunter codiert aufzulösen und zu registrieren. Man bewältigt das Problem schließlich dadurch, daß man auf einen Spezialfilm die Ablesung der Richtungen in einen Digitalteil bis herunter zu $0{,}1^{g}$ Intervallen und einen Analogteil für die Feinablesung aufspaltet und beide Teile zusammen registriert (Abb. 2). Mit der Kodierungsmöglichkeit des Horizontalkreises bis zur Neusekunde ist für die Entfernungsmessung nach der Basislatte das Problem der direkten Datenspeicherung im Felde grundsätzlich gelöst. Interessant ist im Hinblick auf die weiteren Geräteentwicklungen bis hin zum Reg Elta 14, daß es nach ZWICKERT [2] von den Auftragsgebern abgelehnt wurde, die gemessene Richtung auch durch eine Anzeige am Gerät im Felde sichtbar zu machen, weil dies, wie man damals meinte, der Todesstoß für die Automatisierung sei. Heute sieht man das Problem auch von der Praxis etwas anders.

Die Auswertung jeder Messung geht nun analog zum Aufbau der Registrierung in zwei Schritten vor sich. Während des Filmtransportes in der Z 84 werden der Digitalteil der Richtungsangabe und

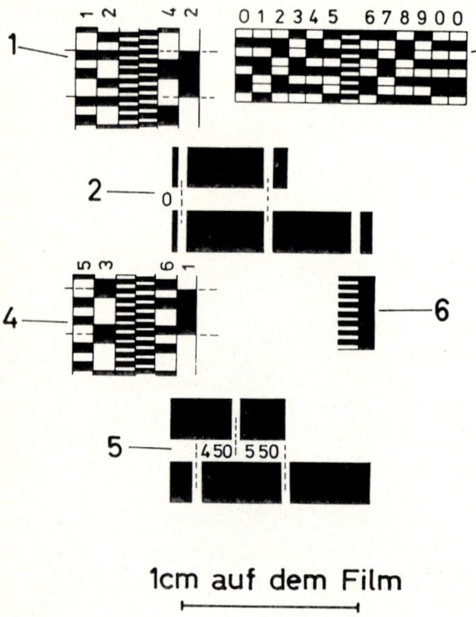

Abb. 2 Registrierung beim FLT III

1 Hz.-kreis Digitalteil, Ablesung: $124{,}2^{g}$
2 Hz.-kreis Analogteil, Ablesung: 0^{cc}
3 Ziffernteil, Ablesung: 012345678900
4 V.-kreis Digitalteil, Ablesung: $536{,}1^{g}$
5 V.-kreis Analogteil, Ablesung: 450^{cc}
6 Taktspur

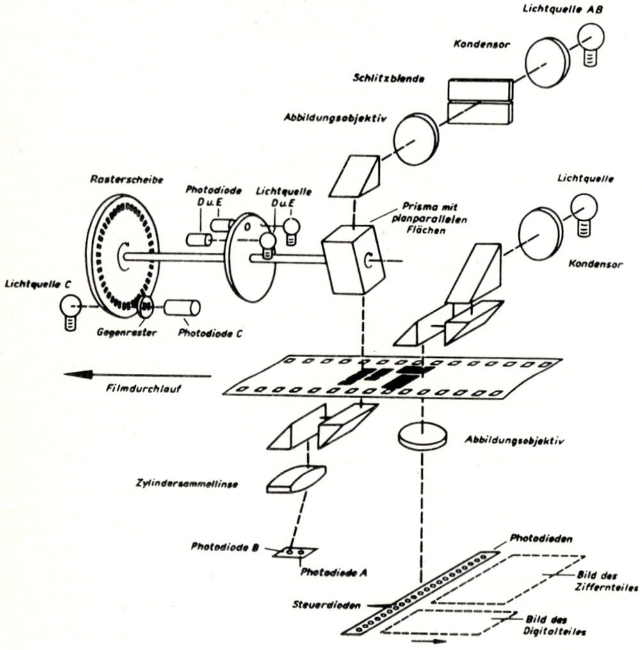

Abb. 3 Schematischer Aufbau der Abtasteinrichtung in der Z 84

die ebenfalls digital auf dem Film abgebildeten Kennziffern ausgewertet, während der Standphase erfolgt die Auswertung des Analogteiles. Dabei werden die Abstände der abgebildeten diametralen Kreisstellen zueinander durch ein rotierendes Prisma und eine nachgeschaltete Rasterscheibe ausgemessen (Abb. 3). Die ausgewerteten Abstände sind ein Maß für den nicht mehr digital darstellbaren Bruchteil der $0{,}1^{g}$. Das Ergebnis wird auf Lochstreifen ausgedruckt, doch besteht es noch aus ver-

Abb. 4 Kern-Registrier-Tachymeter

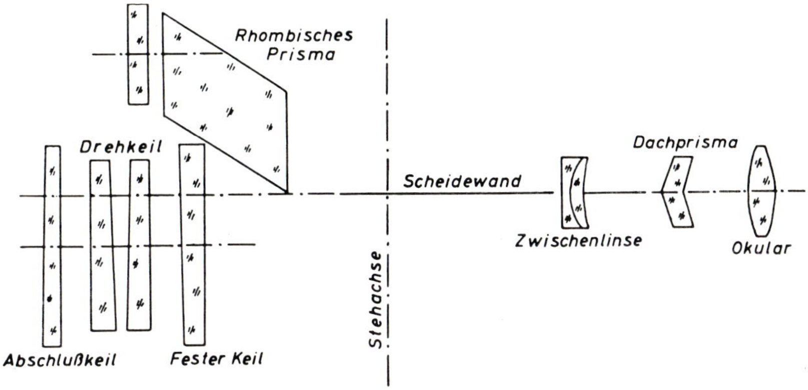

Abb. 5 Strahlengang beim Kern-Tachymeter

schiedenen Codes, aus denen in einem weiteren Arbeitsgang erst die für die Weiterverarbeitung lesbare Registrierung erhalten wird. Bei der Messung nach der 2-m-Basislatte hat man für jede Entfernungsmessung die Zielung nach den beiden Zielmarken der Basislatte durchzuführen. Aus dem Mittel der Ablesungen am Horizontalkreis erhält man gleichzeitig die Richtung zum gemessenen

len Weinberggebietes von 1 qkm Größe. Auffallend ist bei der Abb. 8 der Sprung bei 40 m in den Kurven. Dies ist der Bereich, in dem von der Basis von 260 mm auf die Basis von 1 m Länge übergegangen wird.

Die weitere Instrumentenentwicklung ist dann einen anderen Weg gegangen. Bereits in den fünfziger Jahren haben Gigas und Nottarp im Institut für Angewandte Geodäsie, Frankfurt, versucht, einen einfach zu bedienenden elektrooptischen Nahbereichsentfernungsmesser zu bauen,

9a

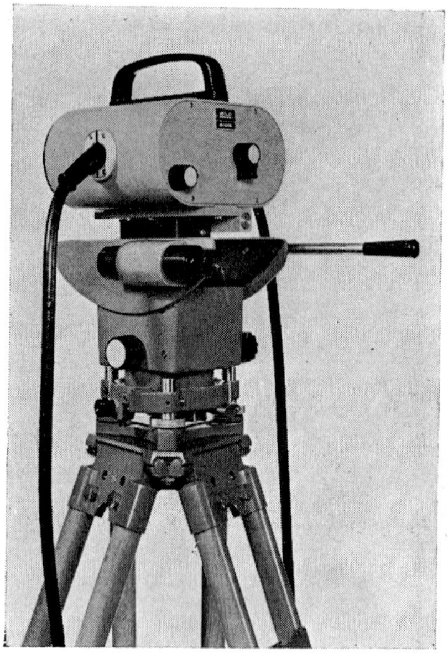

9b

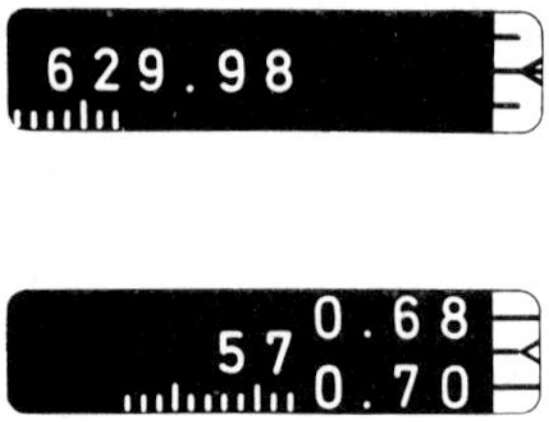

9c

Abb. 9 DI 10 von Wild

a) Zielgerät auf dem Theodolit
b) Zielgerät auf der Wippe
c) Ablesungen am Meßteil

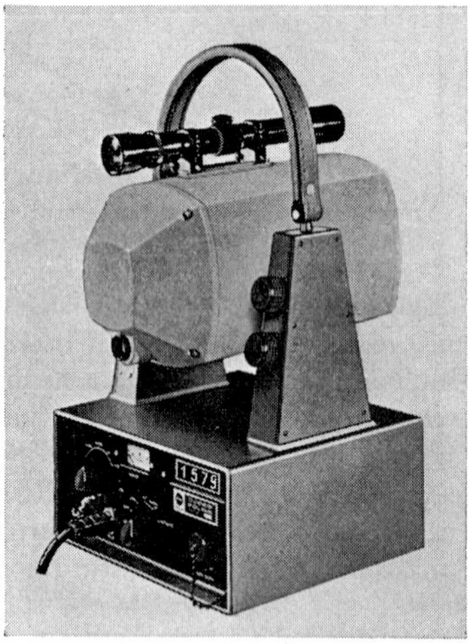

Abb. 10 MA 100 von Tellurometer

ohne jedoch wegen der damals noch fehlenden Voraussetzungen Erfolg zu haben. Auch der Einsatz der bekannten elektro-optischen Entfernungsmesser für lange Seiten ist für die Bestimmung kurzer Strecken aus zeitökonomischen Gründen und aus der Tatsache, daß das entfernungsunabhängige Glied der Fehlergleichung bei fast allen Geräten zu groß ist, nicht zweckmäßig. Dieser konstante

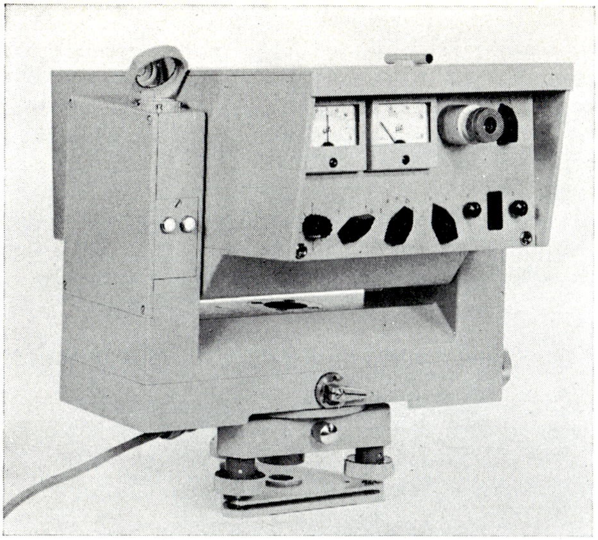

Abb. 11 EOK 2000 von Jenoptik

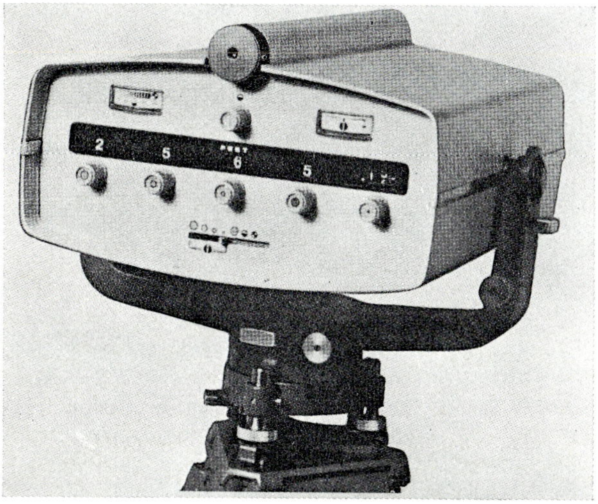

Abb. 12 Hp 3800 von Hewlett-Packard

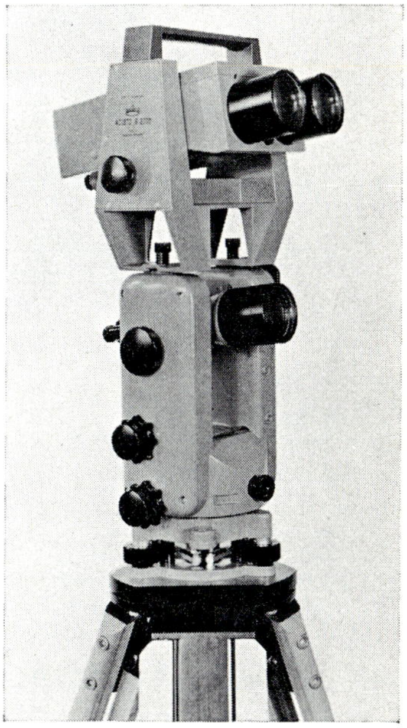

Abb. 13 Adist S 2000 von Franke-Askania
Zielgerät auf dem Theodolit

Fehler in der Entfernungsbestimmung wird durch die komplizierte Modulation und Demodulation der Wellen in diesen Geräten verursacht. Eine gewisse Ausnahme macht das Geodimeter 6, das Knoop [6] bereits für polare Punktaufnahmen mit Erfolg einsetzte. Durch die Weiterentwicklung des Instrumentes zum Modell 6a wird die bis dahin umständliche Auswertung sehr vereinfacht: Aber erst das Aufkommen der Luminiszenzdiode und die dadurch gegebene Möglichkeit, die Modulation der Strahlungsquelle direkt durchzuführen, brachte den Durchbruch zur Konstruktion echter Nahbereichsentfernungsmesser. Bei diesen Geräten liegen die ausgesandten Wellen bei 900 nm im nahen Ultrarot und sind für das Auge nicht mehr sichtbar. Nach diesem Prinzip arbeiten neben den

Zeiss-Geräten SM 11 und Reg Elta 14, über die hier bereits ausführlichst berichtet wurde, der DI–10 von Wild (Abb. 9), das MA 100 von Tellurometer (Abb. 10), das EOK 2000 von Jenoptik Jena (Abb. 11), der Nahbereichsentfernungsmesser Hp 3800 von Hewlett-Packard (Abb. 12), der Optodist von Ertel und der Adist S 2000 von Franke, System Askania (Abb. 13). Der Adist S 2000 ist identisch mit dem Adisto S 2000. Die Namensänderung erfolgte aus wettbewerbsrechtlichen Gründen. Daneben müssen wir aber zu den Nahbereichsentfernungsmessern auch das ME 3000 (Abb. 14) zählen, das die Firma Kern in Lizenz des National-Physical Laboratory (NPL) Teddington, England, baut. Dieser Entfernungsmesser wird mit indirekter Modulation des sichtbaren Lichtes betrieben. Schließlich muß hier, abweichend vom ursprünglichen Plan, der Akkuranger Mk 1 aus Kanada erwähnt werden. Wann dieses Gerät in die Serie geht, kann man als Außenstehender schlecht beurteilen.

Abb. 14 ME 3000 von Kern

Die Geräte unterscheiden sich im wesentlichen durch die Ausführung der Feinmessung und durch die Art der Grobentfernungsbestimmung. Unter der Grobmessung versteht man die Bestimmung der Anzahl der ganzen Wellenlängen des Feinmaßstabes in der Strecke und unter Feinmessung die Angabe über die Größe der Reststrecke. Der Feinmaßstab schwankt zwischen 0,30 m und 10 m, das Auflösungsvermögen der Phasenmessung kann heute bis $1 \cdot 10^{-4}$ getrieben werden. Eine weitere Genauigkeitssteigerung kann durch mehrmaliges Messen und anschließendes Mittelbilden erreicht werden, was besonders bei digitaler Phasenmessung sehr einfach zu bewerkstelligen ist. Bei der analogen Phasenmessung wirkt die Nullstellung sehr Anzeigegerätes ebenfalls mittelbildend. Dabei geht man immer mehr dazu über, die Phasenversch ebung durch einen Resolver durchführung zu lassen. Ein Resolver hat als Grundelemente je zwei aufeinander senkrecht stehende Primär- und Sekundärspulen, um die Phase durch wechselseitige Induktion zwischen den Statorspulen und den Rotorspulen zu verändern. Die Eingangsspannung wird dabei mit dem Sinus bzw. Kosinus des Drehungswinkels zwischen den beiden Spulen multipliziert.

Bei der Grobmessung benutzt man bei den hier angeführten Geräten mit Ausnahme des DI–10 die sukzessive Abfrage, und durch eine kleine manuelle Rechnung erhält man schnell die gemessene Schrägentfernung, oder aber man speist die Teilergebnisse mit dem Fortschreiten der Grobfrequenzmessungen in ein Ziffernwerk ein, so daß die Gesamtstrecke direkt abgelesen werden kann. Beim DI–10 dagegen wird zur Bestimmung der Grobentfernung eine variable Frequenz verwandt. Die

Anzeige dieser Grobfrequenz ist mit der Feinmessung derart verbunden, daß auch hier eine direkte Ablesung des gesamten Meßergebnisses vorhanden ist. Der Feinmaßstab war ursprünglich ‚nur' alle 2 cm beziffert; der Zentimeter noch gut schätzbar. Durch die Benutzer gedrängt, hat Wild neuerdings (for ‚sophisticated people') noch eine Hilfsskala angebracht, um auch noch Millimeter ablesen zu können. Man muß sich nämlich darüber im klaren sein, daß bis auf das MA 100 und das Mekometer ME 3000 die Geräte für Zentimetergenauigkeit ausgelegt worden sind. Will man nämlich genauer

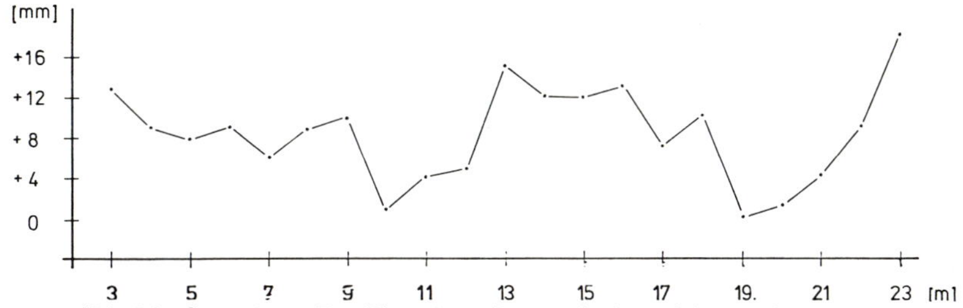

Abb. 15 Swing beim Reg Elta 14 Prisma direkt auf der Prüfeinrichtung

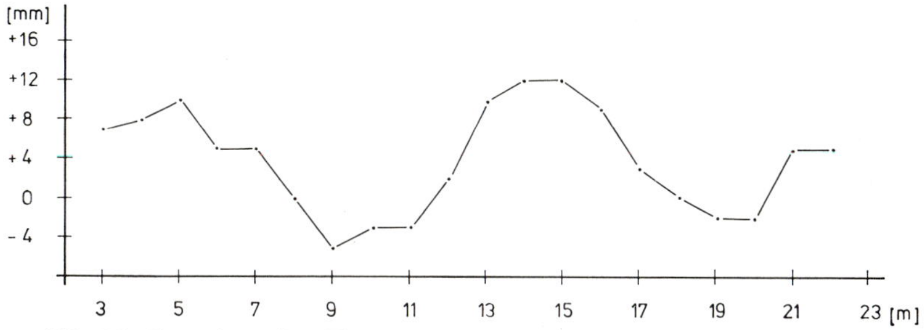

Abb. 16 Swing beim Reg Elta 14 Prisma 30 cm über der Prüfeinrichtung

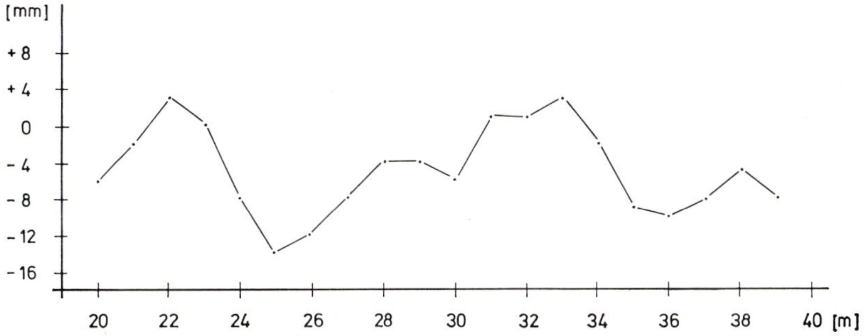

Abb. 17 Swing beim DI 10

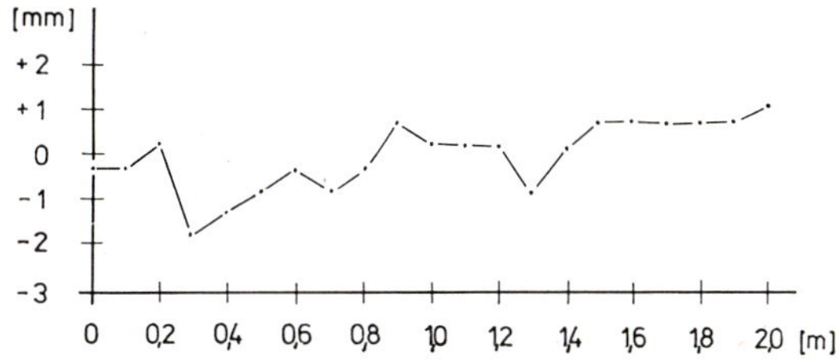

Abb. 18 Swing beim MA 100

ablesen, so macht sich der Restfehler der Phasenmessung des Feinmaßstabes im Ergebnis bemerkbar. Dies soll an vier Beispielen deutlich gemacht werden (vgl. auch LEITZ, Vortrag 3). Man sieht aus den Abbildungen 15 bis 18, daß der Swing von dem benutzten Feinmaßstab abhängt. Bei den Abbildungen 15 bis 17 handelt es sich um Vergleichsmessungen auf sehr kurzen Entfernungen unter labormäßigen Bedingungen, bei den Messungen der Abb. 18, die in einem wesentlich größeren Maßstab gezeichnet ist, lag zwischen einer optischen Bank mit Millimeterteilung, auf der der Reflektor verschoben wurde und dem MA 100 eine Distanz von ca. 100 m, so daß hier unter Umständen schon weitere Einflüsse mit enthalten sein können. Wie schnell der sinusförmige Swing verfälscht werden kann, läßt sich aus dem Vergleich der Abb. 15 und 16 ablesen. Beide Messungen wurden am gleichen Tage unter gleichen Laborbedingungen durchgeführt, nur lag bei Abb. 15 der Reflektor direkt auf dem Meßband der Prüfeinrichtung, während bei den Messungen der Abb. 16 das Prisma ca. 30 cm höher aufgestellt wurde. Verlangt man daher von den Geräten ausnahmsweise mehr, als man normalerweise von ihnen erwartet, so muß man u. a. auch diese Korrektionen bestimmen und bei den Messungen berücksichtigen.

Beim Einsatz der Nahbereichsentfernungsmesser für die Punktbestimmung kommt ein anderer Gesichtspunkt noch besonders zur Geltung; die Frage nämlich, wie sich die Strecken- und Winkelmessung verbinden lassen. Bei den Code-Theodoliten von Fennel und Kern und auch bei den Zeiss-Geräten SM 11 und Reg Elta 14 taucht dieses Problem erst gar nicht auf. Diese Geräte sind von der Konstruktion her als Winkel- und Streckenmeßgerät konzipiert worden, während man bei den übrigen Entwicklungen offenbar mehr das Baukastenprinzip vor Augen hatte, den Nahbereichsentfernungsmesser mit der vorhandenen Theodolitausrüstung zu kombinieren. Entweder kann der Nahbereichsentfernungsmesser in der Zwangszentrierung gegen den Theodolit ausgetauscht werden (Beispiel EOK 2000), dann ist es ein kompaktes Gerät, in dem alle Funktionsteile zusammengefaßt sind, oder aber das Streckenmeßgerät besteht aus einem Zielkopf, der auf einen Theodolit aufgesetzt werden kann und dem durch ein Kabel damit verbundenen Meßteil. Diese Lösung setzt dann allerdings voraus, daß die Theodolitachsen dementsprechend dimensioniert werden, was von den Herstellern garantiert wird.

Arbeitet man mit einer Gerätekombination, die in der Zwangszentrierung ausgetauscht wird, so kann die Punktaufnahme verschieden organisiert werden. Eine Möglichkeit ist, auf jedem Punkt nacheinander durch den gleichen Beobachter Winkel und Strecke beobachten zu lassen. Dies ist vor allem bei Polygonzügen und diesen ähnlichen Konfigurationen denkbar; man kann aber auch das vorhandene Personal in drei Gruppen aufteilen, eine Gruppe baut die notwendigen Stative auf und nach der Messung wieder ab, die zweite Gruppe besorgt die Streckenmessung und die letzte Meßgruppe die notwendigen Winkelmessungen. Natürlich muß bei einem solchen Unternehmen mehr Personal für ein Messungsobjekt abgestellt werden, die Kosten pro bestimmten Punkt sinken aber, da die Arbeitseffektivität höher liegt. Hat man aber bei der polaren Messung von einem Standpunkt viele Neupunkte zu beobachten, so erscheint es zweckmäßig, die Messungen gleichzeitig von dem Punktzentrum und einem Exzentrum aus durchzuführen [6]. Die Reduktion der Messungselemente bereitet bei der Berechnung durch Computer keine Schwierigkeiten.

Bei den Nahbereichsentfernungsmessern, deren Zielkopf auf die Theodolitachsen aufgesetzt wird, können Winkel und Strecke zentrisch durch den gleichen Beobachter gemessen werden. Die Tatsache, daß der Zielkopf um einen konstanten Betrag über dem Zielfernrohr liegt, braucht nur bei sehr kurzen Strecken für die Streckenreduktion berücksichtigt zu werden, falls Fernrohr und Zielkopf starr miteinander verbunden sind und die Fernrohrzielung nach dem Prismenmittelpunkt als Höhenwinkel benutzt wird (Beispiel DI 10). Ganz anders verhält es sich, wenn Fernrohr und Zielkopf getrennte Kippachsen haben. Hier muß man bei steilen Visuren immer eine Reduktion anbringen.

Zum Schluß will ich auf die Wirtschaftlichkeit und auf Fragen des integrierten Datenflusses bei den elektronischen Nahbereichsentfernungsmessern und der klassischen optischen Distanzmessung eingehen. Man muß FÖRSTNER zustimmen, wenn er schreibt [7]: „Neuartige Meßverfahren sind gegenüber den herkömmlichen (alten) nicht von vornherein wirtschaftlicher. Meist können beide nebeneinander in den Bereichen eingesetzt werden, in denen sie zweckmäßig und wirtschaftlich sind." Ich wäre auf diese Fragen nicht eingegangen, wenn mir nicht eine Wirtschaftlichkeitsberechnung bekannt geworden wäre [8], die unabhängig von diesem Referat aus einem ganz anderen Grunde erstellt worden ist, und ich danke Herrn HAASE für die Überlassung der Unterlagen sehr. Wesentlich scheint mir der Trend dieser Untersuchung zu sein, und nur auf diesen kommt es mir an. Über die einzelnen Kostenpositionen könnte man verschiedener Meinung sein, da sie sich fallweise von den Gegebenheiten bei den einzelnen Vermessungsstellen verändern können. Bei seinen Untersuchungen ging es u. a. um die Frage, wie hoch die Kosten für die polare Punktaufnahme eines Bahnhofgeländes der Bundesbahn liegen. Er vergleicht den Einsatz des BRT 006, als Beispiel für die klassische optische Polaraufnahme, des DI 10 als Beispiel für den nicht integrierten Datenfluß und des Reg Elta 14 für den integrierten Datenfluß. Der BRT 006 eignet sich besonders gut für die schnelle polare Punktaufnahme mit hoher Genauigkeit, was auch durch Untersuchungen von GEILEN [9] bestätigt ist.

Der evtl. Einwand, daß das Polygonnetz für die BRT-Aufnahmen wesentlich engmaschiger sein müsse als bei den übrigen Aufnahmeverfahren, ist nicht sehr überzeugend. Wenn man nur ein weitmaschiges Polygonpunktfeld fortführen will, so kann man die fallweise zwischengeschalteten Hilfspolygonpunkte nach Abschluß der Messung untergehen lassen. Die Schaffung dieser Hilfspunkte ist mit ein Grund für die geringere Anzahl der aufgemessenen Punkte/Tag. Um die Kosten vergleichbar zu machen, wurden bei den ersten beiden Aufnahmeverfahren auch die Personalkosten für die manuelle Ablochung der Daten miteinbezogen, nicht aber die Investitionen für die Ablochgeräte, die im vorliegenden Fall vorhanden sind. Eine andere Möglichkeit der Datenübertragung kann z. B. ASCHAUER [10] benutzen, der die Möglichkeit hat, die Feldbücher durch Belegleser auswerten zu lassen.

In der Wirtschaftlichkeitsberechnung von HAASE wird für jedes Instrument ein Einsatz von ca. 200 Tagen/Jahr zu je 8 Stunden und eine lineare technische Abschreibung in 5 Jahren, die als nachschüssige jährliche Auszahlung bei der Berechnung des Kapitalaufwandes berücksichtigt wird, und ein Zinsfuß von 5% unterstellt. Die Personalkosten werden nach den Unterlagen der Deutschen Bundesbahn für Vermessungen zu Lasten Dritter (DV 226) berechnet, die ebenso wie die Preise der Geräte den Stand vom Januar 1970 haben. Aus den ihm zur Verfügung stehenden Unterlagen und der Literatur setzt HAASE bei der großen Punktdichte auf einem Bahnhofsgelände für den BRT 006 eine Arbeitsleistung von 300 Punkten/Tag an. Für den DI 10 und Reg Elta 14 unterstellt er eine Tagesleistung von 480 Punkten. Nicht berücksichtigt sind, weil noch nicht bekannt, die Wartungskosten und die Kosten für anfallende Reparaturen. Als Gesamtergebnis der Kostenanalyse ergaben sich für die einmalige polare Bestimmung eines Punktes folgende Werte:

BRT 006	: 2,72 DM/Pkt	bei einem Meßtrupp von 7 Mann, darunter 2 Sicherungsposten, da befahrenes Bahngelände
DI 10	: 2,00	bei einem Meßtrupp von 8 Mann, darunter 2 Sicherungsposten aus dem gleichen Grunde
Reg Elta 14	: 2,06	

Das bedeutet eine Kostenersparnis von ca. 25% und einen ca. 58%igen Zeitgewinn, bezogen auf die Polaraufnahme mit dem BRT 006. Der Anteil der Gerätekosten an den Gesamtkosten beträgt 0,8%, 3,8% und 10,5%.

Nun wird man nicht überall so günstige örtliche Gegebenheiten vorfinden, um diese Punktzahl/Tag einhalten zu können. Bei der Flurbereinigung oder Baulanderschließung kann man sie vielleicht ebenfalls erreichen, bei der Katastervermessung in den bebauten Randgebieten der Städte wird es vielleicht schon schwierig und in Ortslagen unmöglich sein. Darauf lassen auch die Zahlen von [10] und [11] schließen. Unterstellt man einmal, daß durch die örtlichen Hindernisse mit jedem Gerät weniger Punkte pro Tag aufgemessen werden können, dann wird in der Regel bei allen drei Verfahren der gleiche Personalbedarf sein, und die Kosten unterscheiden sich nur noch durch die festen Kosten für die Abschreibung der Instrumente und Ablochung der Zahlenwerte in den beiden ersten Verfahren. Dann ergeben sich folgende Zahlen:

Pkt/Tag	Abschreibungskosten/Tag [DM] Kosten des Ablochens/Tag [DM] Kosten für Abschreibung u. Ablochen/Pkt [DM]		
	BRT 006	DI 10	Reg. Elta 14
300	6,80 28,50 0,12	37,— 28,50 0,22	111,— — 0,37
200	6,80 19,00 0,13	37,— 28,50 0,28	111,— — 0,56
100	6,80 9,50 0,16	37,00 9,50 0,46	111,— — 1,11

Die Kostenrechnung kann bei der Durchrechnung der verschiedenen Verwaltungen und Vermessungsbüros im Zahlenergebnis anders ausfallen. Dazu kann bei einer solchen Wirtschaftlichkeitsberechnung nicht ein sehr deutlich spürbares Sozialprestigedenken unter den potentiellen Käufern und der unterschiedliche Komfort berücksichtigt werden, welche der eine oder andere gerne mitbezahlen will. So unterbricht zum Beispiel der Reg Elta 14 nur die Messung, wenn der Meßstrahl unterbrochen wird, während beim DI 10 die Messung bei einer längeren Unterbrechung als 15 sec. verfälscht wird. Auch muß man bei DI 10 sich der Mühe unterziehen, den Startwert immer wieder einzugeben; die Notwendigkeit des Protokollführens wurde schon erwähnt.

Ich glaube, daß man trotz der notwendigerweise rohen Schätzungen etwas aus diesen Zahlen ablesen kann: Jedes Gerät hat bei gleicher Genauigkeit der Messungswerte von der Wirtschaftlichkeit her gesehen seine optimale Einsatzmöglichkeit, und für die optische Distanzmessung eröffnen sich gerade heute aus dem Zwang im Kataster, von der Orthogonalmethode zur polaren Aufmessung oder Zwischenformen überzugehen, noch manche Möglichkeiten (vgl. auch [12]).

Schrifttum

[1] Förstner, G.: Gesichtspunkte zur Entwicklung geodätischer Instrumente. Veröff. Geod. Inst. Aachen (1970), Nr. 15, S. 33–71.

[2] Zwickert, E.: Für den Code-Theodoliten. Verm. techn. Rdsch. (1967), S. 399.

[3] Müller, H.: Aufbau, Wirkungsweise und Genauigkeit des Filmumsetzgerätes der Firma Zuse (Z 84). Diplomarbeit Geod. Inst. Darmstadt 1968.

[4] Reiser, R.: Erprobung des Registriertachymeters von Kern (unveröff.).

[5] Reiser, R.: Topographische Geländeaufnahme mit dem Registriertachymeter von Kern (unveröff.).

[6] Knoop, H.: Polaraufnahme bandförmiger Vermessungen mit dem Geodimeter Modell 6. Nachr. Nieds. Verm. Verw. (1968), S. 25–30.

[7] Förstner, G.: Wirtschaftlichkeit optischer und elektronischer Entfernungsmesser. Der Vermessungstechniker, Zürich (1966), S. 217–218; auch in Geodesia (1966), S. 122–123.

[8] Haase, H. S.: Zur Frage des wirtschaftlichsten Aufnahmeverfahrens zur Erstellung von Bahnhofsplänen unter Berücksichtigung der Weiterverwendung dieser Daten für Einrechenzwecke. II. Teil der häuslichen Prüfungsarbeit zur großen Staatsprüfung (1970).

[9] GEILEN, QU.: Untersuchung des Basis-Reduktionstachymeters BRT 006. Diplomarbeit Geod. Inst. Bonn 1962.
[10] ASCHAUER, H.: Einsatz der elektronischen Entfernungsmessung im Fortführungsvermessungsdienst. Mittbl. DVW Bay. (1970), S. 9–36.
[11] KILGA, R.: Verwendung des Wild Distomat DI 10 bei der Grundlagenmessung Wien. Erfahrungen im Stadtgebiet. Mittbl. Östr. Vereins f. Verm.-wes. u. d. Östr. Ges. f. Photogr.; Beilage zur Östr. ZfV (1970), S. 13 – 15.
[12] APEL, H.: Wandel in der Vermessungstechnik des Katasters. Kolloquium Geod. Inst. Aachen 1970; ZfV (1971), S. 3 – 13.
[13] HÖLSCHER, H. D.: A short range highly accurate electrooptical distance measuring equipment. VI. Intern. Kurs f. Ing.-mess. hoher Präzision; Graz (1970). Presented paper Nr. 1/11.
[14] JANSSEN, H. D.: Untersuchung des elektronischen Kurzstreckenmeßgerätes ‚Distomat Wild DI 10'. Diplomarbeit Geod. Inst. Darmstadt (1970).
[15] GIGAS, E.: Geodätische Entfernungsmessungen. Veröff. DGK Reihe B, Nr. 15 (1954).
[16] ALPEN, R.; MÜLLER, W.: Beschreibung und Untersuchung eines Code-Theodolits der Firma Fennel, Typ FLT 2. Diplomarbeit Geod. Inst. Bonn (1966).
[17] HAHN, H.: Untersuchungen zum Einsatz von Code-Theodoliten bei Flurbereinigungsmessungen. Wiss. Arb. d. Lehrstühle für Geod., Photogr. u. Kartogr. TU Hannover (1968), Nr. 37.

Ferner wurden benutzt:

GORT, A. A.: Electronic distance measurement with the Hewlett-Packard model 3800. Hewlett-Packard, April 1970.

HALLERMANN, L.; ZETSCHE, H.: Elektronische Nahbereichs-Entfernungsmesser – Ein Überblick über den Entwicklungsstand. ZfV (1968), S. 439–455; dort auch ältere Lit.-Angaben.

JAAKKOLA, M.: Tellurometer MA 100 measurements at Jämijarvi test field. Presented paper Nordic Congress 1970.

JAAKKOLA, M.: A survey with Tellurometer MA 100; erscheint demnächst in Surv. Rev.

KAHMEN, H.: Der neue elektrooptische Entfernungsmesser HP 3800 B. ZfV (1970), S. 495–496.

KERNER, M.: Meßprinzip und instrumenteller Aufbau des Mekometers. VI. Intern. Kurs f. Ing.-mess. hoher Präzision, Graz (1970) Presented paper Nr. 1/15.

RICHTER, H.; WENDT, H.: Das neue elektrooptische Streckenmeßgerät EOK 2000. AVN (1969), S. 80–83.

STRASSER, G.: Die elektronischen Entfernungsmesser Wild DISTOMAT DI 50 und DI 10. Mess.-techn. (1969), S. 279–287.

ZETSCHE, H.: Beiträge zur Konstruktion von geodätischen Feldinstrumenten mit digitaler Datenausgabe. Veröff. DGK, Reihe C, Nr. 88, München (1966).

ZETSCHE, H.: Neue Entwicklung in der elektromagnetischen Entfernungsmessung. Mitt. DVW Rheinl.-Pf. (1970), Heft 39.

Historischer Rückblick auf Streckenmeßgeräte und Streckenmeßkurse der Firma CARL ZEISS

Von G. Förstner

Es ist immer reizvoll, die Vergangenheit zu erforschen, um daraus zu erfahren, wie unsere Gegenwart entstanden ist und zu erlernen, welche Richtung die zukünftige Entwicklung – vielleicht – nehmen wird. Um von den primitiven Meßmethoden der Drähte, Bänder und Latten wegzukommen, baute man um 1900 herum bereits eine Reihe von optischen Streckenmeßgeräten, auch Tachymeter = Schnellmesser genannt. Um diese Zeit begann Pulfrich zur Ergänzung seiner photogrammetrischen Geräte die ersten geodätischen Instrumente bei der Firma ZEISS zu bauen. Im Laufe der Zeit schälten sich dann hauptsächlich 4 brauchbare Prinzipien heraus, nach denen auch mein Vortrag eingeteilt wird:

1. Einstand-Entfernungsmesser
2. Basislatte und Streckenmeßtheodolit
3. Reichenbach'sche Distanzmessung
4. Instrumente mit Glaskeilen (Doppelbild).

Ich erinnere daran, daß die optische Streckenmessung in der Messung und Berechnung einer Strekke s mit Hilfe einer verhältnismäßig kleinen Basis b und dem parallaktischen Winkel γ besteht.

$$s = \frac{b}{\gamma} = kb \qquad k = s/b$$

Die Genauigkeit m der Strecke hängt hauptsächlich von der Genauigkeit μ des parallaktischen Winkels γ ab.

$$m = \left(\frac{\mu}{b}\right) s^2 = (k\,\mu)\,s$$

$$b = \text{const} \qquad \gamma \text{ bzw. } k = \text{const}$$

m geht also je nachdem proportional s^2 oder proportional s; für $m = \pm 2$ cm, $s = 100$ m, $k = 100$, $b = 1$ m muß $\mu = \pm 1{,}2^{cc}$ sein.

Um die langwierige rechnerische Nacharbeit insbesondere wegen der Reduktion auf die Horizontale zu sparen, wird bei der automatischen Reduktion γ als Funktion des Fernrohrkippwinkels variiert.

Über die Genauigkeit der Instrumente und Verfahren waren 1900 noch keine umfassenden Kenntnisse vorhanden. Man untersuchte zwar subjektiv und hielt das Ergebnis für objektiv. Heute wissen wir, daß die Genauigkeitsgrenze hauptsächlich in der Refraktion der Luft und in der subjektiven Augleistung liegt, also nicht nur am Instrument. Die Refraktion kann unter Umständen die Genauigkeit bei vertikaler Latte um eine Zehnerpotenz verschlechtern. Die richtige Ausnutzung der Nonien-Sehschärfe bringt beim Ablesen von Teilungen gegenüber der Zehntelschätzung etwa 4fache Genauigkeit. Alle Genauigkeitsangaben in diesem Vortrag sind objektiv vergleichbar.

Entwicklung der optischen Tachymeter in der Firma CARL ZEISS von 1900 bis 1945

1. Einstand-Entfernungsmesser

1888 meldet die englische Firma Barr and Stround den Schnittbild-Entfernungsmesser zum Patent an. 1893 wird das Instrument angeboten.

1899 berichtet Pulfrich (1868–1927) über den Bau eines Raumbild-Entfernungsmessers bei ZEISS, nach dem 1893 von Grusillier angemeldeten Patent.

1901 benutzt Pulfrich das kleinste Modell eines Stereo-Entfernungsmessers (4fach, $b = 0{,}32$ m, $\pm$ 50 cm/100 m, proportional s^2), mit einem Tachygraphen für topographische Aufnahmen. Damit hat sich der Mitarbeiter der Meß-Abteilung erstmals auf das geodätische Gebiet begeben.

1904 wird ebenfalls von Pulfrich der erste Universal-Theodolit mit Repetition gebaut. Das Besondere daran ist, daß der Fernrohr-Einblick in Richtung der Kippachse erfolgt und im Schnitt von Steh- und Kippachse ein wegklappbares Pentaprisma angebracht ist. Das Instrument diente offensichtlich zum Ausmessen terrestrisch-photogrammetrischer Standlinien.

1907 dienten die beiden genannten Instrumente als Bau-Elemente für einen Tachygraphen. In Richtung der Kippachse wurden zwei, das Objektiv halb verdeckende Pentaprismen im Abstand von 0,25 m angebracht. Dasselbe Ziel wurde nacheinander über die beiden Prismen angezielt. Der parallaktische Winkel wurde mit einer Tangentenschraube ($g = 0{,}25$, 100 i, $h = 100$ gibt $i = 5''$) auf etwa $\pm 2''$ genau gemessen.

F 10x $\quad m = \pm 0{,}25$ m/100 m $\quad$ proportional s^2

Pulfrich gibt etwas mehr an.

Nach der Fertigstellung entdeckte Pulfrich, daß ein ähnliches Prinzip 1894 von dem Amerikaner Buford zum Patent angemeldet worden war.

Erst 1929 baute Hugershoff bei der Firma Heyde in Dresden ein ähnliches Gerät, den Stereotachygraph, der später von Zeiss-Aerotopograph vertrieben wurde.

$b = 0{,}7$ m

Militärische Entfernungsmesser sind nur bedingt für geodätische Aufgaben zu gebrauchen. Meist sind diese zum Messen von weit entfernten Zielen im unzugänglichen Feindesland gedacht; den Geodäten interessiert aber die friedliche Vermessung, auch, ja gerade der nächsten Umgebung des Standpunktes. Ein für geodätische Zwecke gebauter Einstand-Schnittbild-Entfernungsmesser, das Teletop, wird bei den Glaskeil-Instrumenten behandelt.

2. Basislatte und Streckenmeß-Theodolite

Für dieses Verfahren bestanden um die Jahrhundertwende zwei verschiedene Arten:

Einmal wurde eine vertikale Latte mit 2 Marken in 2 m Abstand verwendet und die Messung mit einer vertikalen Tangentenschraube durchgeführt. Große Hebellängen und kleine Ganghöhen ergaben die höchstmögliche Genauigkeit; doch spielten Güte und Haltbarkeit der mechanischen Schrauben eine wichtige Rolle. Erwähnt seien

Hogrewe – Hannover 1800,
Stampfer – Wien 1845,
Vogler – Berlin 1891.

1890 wurde von Decher – Zürich die in den USA schon längst angewandte „sprechende Latte", gemeint ist mit Teilung, eingeführt.

1898 hat Böhler in Deutsch-Ostafrika mit einem horizontalen „Distanzbalken" von 4,02 m Länge und durch k = 5x Vergrößerung nach beiden Seiten 40 m lange Seiten gemessen; durch 10x Messung jeden der 4 kleinen Winkel. Lange Strecken wurden in 40 m lange Teilstücke unterteilt. Wissenschaftler stürzten sich auf dieses unbewegliche Spezialverfahren, wie Kurtz 1905, Schnöckel 1910 und Klempau 1912. Doch keiner kam auf die Idee, daß die Messung der ganzen γ doppelte Genauigkeit ergäben hätte, so daß man nur ein Viertel der Messungen hätte machen brauchen!

Bei den Zeiss'schen Entwicklungen wurde anfangs nach der Basislatte mit der Tangentenschraube, später mit dem Horizontalkreis verschiedener Th gemessen. Pulfrich ging nach seiner ersten Versuchsserie beim Phototheodoliten zur horizontalen Basislatte mit Teilung über und maß erstmals mit einer horizontalen Tangentenschraube, und zwar Strecken verschiedener Länge. Leider sind die Prospekte Mess 145 und 153 von 1906 nirgends mehr zu finden.

1907 schlug Truck eine Basislatte mit 2 Marken in 1 m Abstand unter Wegfall der unnötigen Lattenteilung vor; eine solche Latte konnte beiderseits zu einer 3 m Basis ausgezogen werden. Vermutlich ist darauf die Zeiss'sche 1- und 3 m-Latte zurückzuführen.

1884 hat erstmals die Firma Fric in Prag, 1889 die Firma Fromme in Wien Glaskreise in Th-Mustern benutzt. PULFRICH war es, der 1907 in verschiedene Meßinstrumente, auch in geodätischen Serien-Instrumenten mit den groben Metall-Teilungen genaue Glasteilungen verband. Für die Feinablesung schlägt PULFRICH sowohl die Skalenablesung als auch die später nur noch an Feinmeß-Instrumenten benutzte Transversalablesung für Winkelteilungen vor. Strichstärke war $2\,\mu$, Mikroskopvergrößerung 25 bis 30x, A $\pm$ 10^{cc}.

Bei dem Streckenmeß-Theodolit Th II wurde allerdings nochmals auf den Metallkreis, dafür aber auf Fernrohre mit Innenfokussierung, zurückgegriffen. Zwei Ausführungen wurden gebaut:
Repetitionstheodolit Th II

F 30 x 35   Z $\pm$ $1{,}2^{cc}$ A $\pm$ 25^{cc} *)

2 Skalenmikroskope mit zweimal 4x bis 5x Repetition konnte das Instrument als Streckenmeßtheodolit gebraucht werden.
Streckenmeßtheodolit Th II (1911)

h : g = 200   100teilige Trommel   A $\pm$ $1{,}5^{cc}$

In der Firma Zeiss hatte inzwischen WILD den Th I konstruiert, dessen Serie 1922 von O. v. GRUBER vollendet wurde. Es ist der erste Koinzidenztheodolit, bei dem die 2 diametralen Kreisstellen optisch zusammengeführt und das Mittel mit Hilfe eines optischen Mikrometers abgelesen wurde. Die Teilungen waren auf den Zylinderflächen des Glasträgers aufgebracht. Innenfokussierung und Indexlibelle mit Koinzidenz wurden neben einer tellerartigen Zwangszentrierung verwendet.

F 18 x 30   Z $\pm$ 2^{cc} A $\pm$ 7^{cc}

Namhafte Geodäten der damaligen Zeit äußerten ihre positive und negative Meinung über dieses völlig neuartige Instrument. Der totale Teilkreisfehler wurde mit $\pm$ 6^{cc} als gut befunden. A sei zu groß. Immerhin wurde schon damals von zwei Autoren ein Mikrometerintervall von 10^{cc} verlangt; trotzdem blieb die unpraktische und irreführende 2^{cc}-Teilung bis heute in den meisten Sekundentheodoliten verschiedener Firmen erhalten.

Sogar im eigenen Hause war es schwierig, von dieser „heiligen" Ablesung abzugehen (Th 2).

Die Grundkonzeption für diesen Th I kann wohl als sehr genial genannt werden. Wenn auch die Ausführung technisch zu wünschen übrigließ, so ist dies inzwischen bei den weiteren Konstruktionen erkannt und bestmöglich verbessert worden.

1923, etwa zur selben Zeit wie der Th I, erschien, aus den modernen Nivellieren entwickelt, ein NiTa; die Kippschraube wurde durch eine Tangentenschraube ersetzt, so daß das Hogrewe-Instrument von 1800 Wiederauferstehung feierte.

F 30 x 35   Z $\pm$ $1{,}3^{cc}$ 100teilige Trommel   A $\pm$ 3^{cc}
horizontal   2 Skala-Mikroskope wie RTh II   A $\pm$ 25^{cc}

Ob diese hohe Genauigkeit bei der Refraktion an der vertikalen Latte wohl ausgenützt werden konnte?

1929 wird der jahrelang gebaute RTh II durch den Th III mit Glaskreisen ersetzt.

F 27 x 40   Z $\pm$ $1{,}4^{cc}$
mit 2 Schätz-Mikroskopen A $\pm$ 25^{cc} mit Basisschraube A $\pm$ 2^{cc}

Repetition in neuartiger Form durch die Mahler-Klemme.

1929 gab O. v. GRUBER seinen Stuttgarter Lehrstuhl für Geodäsie auf und kehrte zu Zeiss zurück. Bereits 1930 führte er das Versuchsstück eines Th für I. und II. Ordnung vor, wegen seiner zylinderischen Form „Kochtopf" genannt. Es hatte feste Einblicke, es sollte dazu dienen, direkt Winkel zwischen 2 Zielen zu messen. Die Justierung der Optik war so kompliziert, daß das Instrument nicht in Serie ging. Das Instrument hatte einen neuartigen Steckzapfen, der heute allgemein genormt ist.

*) F = Fernrohrkenngrößen (Vergrößernug x Objektivdurchmesser); Z = Zielfehler; A = Ablesefehler

1930 erschien der TaTh IV, bisher der erfolgreichste Th von Zeiss. Beleuchtung durch eine einzige Lichtöffnung. Hz und V werden mit 50, 60 bzw. 100teiligen Skalen, jedoch nur an einer einzigen Kreisstelle im selben Okular abgelesen. Die Teilstriche der ersten Serie waren so dick, daß ein besonderes Schätzverfahren angegeben wurde. Durch dünne Striche und starke Mikroskop-Vergrößerung wurde die Schätzgenauigkeit erhöht. Die Ablesung erfolgt neben dem Fernrohrokular.

F 28 x 35 Z $\pm$ 1,3^{cc} A $\pm$ 20^{cc} später $\pm$ 10^{cc}

Repetition war mit hoher Genauigkeit über die Mahler-Klemme möglich; es war dies der letzte von O. v. GRUBER veranlaßte Versuch! In derselben Zeit konnte mit derselben Genauigkeit γ nach einer Basislatte gemessen werden, wie dies mit echten Sekundentheodoliten der Fall war.

1931 wurde auch der geniale, aber technisch etwas mangelhafte Th I durch den wohldurchkonstruierten Th II, ebenfalls mit optischer Mittelbildung, ersetzt. Dieser Th war als Streckenmeßtheodolit besonders geeignet. Teilungsgenauigkeit nach ACKERL (1934) $\pm$ 2^{cc}, Doppelstrichteilung. Die Mahlerklemme diente nicht zur Repetition, sondern zur Einstellung bestimmter Kreiswerte; sie wurde später durch die Reiterationsschraube ersetzt, eine nicht sehr glückliche Maßnahme. Der Th hatte eine einzige Beleuchtungsstelle. Ablesemikroskop neben Fernrohr.

F 27 x 40 Z $\pm$ 1,4^{cc} A $\pm$ 2,3^{cc}

Dieser Typ war so haltbar, daß das Instrument heute noch vielfach benutzt wird.

Eine Kombination der Th II-Ablesung für Hz, der Th IV-Ablesung für V hatte der unter Th D und Th M laufende Sondertheodolit. Mikrometereinblick, drehbar an der Spitze angebracht, die Mikrometerteilung hatte zuerst das zweckmäßige Intervall von 5^{cc}, später leider wie beim Th II 2^{cc}.

Ein Spezial-Tachymeter zur Messung des Windes nach Richtung und Stärke war der 1935 erschienene Ballon-Theodolit nach Dr. SCHOUTE. Als Basis diente die „gleichmäßige" Steigung eines Ballons, dessen Richtung verfolgt und alle volle Minuten die neue Lage auf einer Zeichenfolie festgehalten wurde. Daraus konnten die Windvektoren in den verschiedenen Höhen direkt entnommen werden. Da es sich um einen Verfolgungstheodolit handelte, wurden horizontale Einblicke in Richtung der Kippachse gewählt; F 20 x 35.

Der Vollständigkeit halber soll der 1938 gebaute einfache Kleintheodolit Th F angeführt sein, der jedoch nicht für Streckenmessungen geeignet ist (Nonius-Ablesung für Hz).

F 19 x 35 Z $\pm$ 2^{cc} A $\pm$ 50^{cc}

Ab 1941 wurde sowohl bei Carl Zeiss als auch bei Hildebrandt in Freiberg/Sachsen der bei CZ konstruierte, aus Leichtmetall bestehende Nachfolger des Th II der Th C (Zivil) bzw. Th 40 (Militär), ebenfalls mit optischem Mikrometer gebaut. Daten wie beim Th II.

Der letzte, 1945 gebaute Sekundentheodolit für I. und II. Ordnung, der Th B, hatte ebenfalls optische Mikrometer. Wie folgende Daten zeigen, war er ein vergrößerter Th C.

F 48 bzw. 34 x 60 Z $\pm$ 1^{cc} A $\pm$ 1,5^{cc}

Aus dieser Th-Entwicklung ist zu erkennen, daß der Streckenmeßtheodolit sich bis etwa 1930 vom Sonderinstrument mit der empfindlichen mechanischen Tangentenschraube in allgemein verwendbare Theodolite mit optischer Ablesung wandelte. Z ist bei allen Th ausreichend, für A ist $\pm$ 5^{cc} erforderlich; größere Ablesungsfehler können evtl. durch gute Repetitionseinrichtungen auf das zulässige Maß gebracht werden. Sonst ist es unrentabel, die Genauigkeitssteigerung durch mehrere Sätze zu erzwingen. An Basislatten wurden verwendet:

Invarlatte 1 m und 3 m Stahllatte 2 m

Die Basislatte wurde in Mitteldeutschland zur Messung von Polygonzügen eingesetzt, vermutlich ein Erfolg unserer Streckenmeßkurse. Heute wissen wir, daß Bala-Netze sehr flexibel aufgebaut werden können; umso verwunderlicher ist es, daß nach neuesten Vorträgen und Aufsätzen auf das unwirtschaftliche Teilen großer Strecken anstatt auf eine Hilfsbasis zurückgegriffen wird.

Abb. A: Indirekte Streckenmessung mit dem Jakobstab (1547).

Abb. B: Einstand-Entfernungsmesser (siehe auch Abb. E 8).
1. Erster Universaltheodolit von Zeiss (Pulfrich 1904)
2. Tachygraph (Pulfrich 1907)
3. Stereotachygraph (Hugershoff 1929)

Abb. C: Streckenmeßtheodolite (Basislatten in Abb. D 5).
1. Repetitionstheodolit RTh II. Ausführung mit Tangentenschraube (1912). 1. Serie.
2. Theodolit Th I mit optischem Mikrometer (1922).
3. Nivelliertachymeter mit Tangentenschraube (1923). 2. Serie.
4. Repetitionstheodolit RTh III (auch mit Tangentenschraube) (1929). 1. Serie.
5. Präzisionstheodolit für I. und II. Ordnung (von Gruber 1930). Muster.
6. Repetitionstheodolit RTh IV, mit Distanzmeßkeil (1930). 2. Serie.
7. Universaltheodolit Th II mit optischem Mikrometer (1931). 1. Serie.
8. Ballon-Theodolit (Schoute 1935).
9. Präzisionstheodolit Th B (1945). Muster.

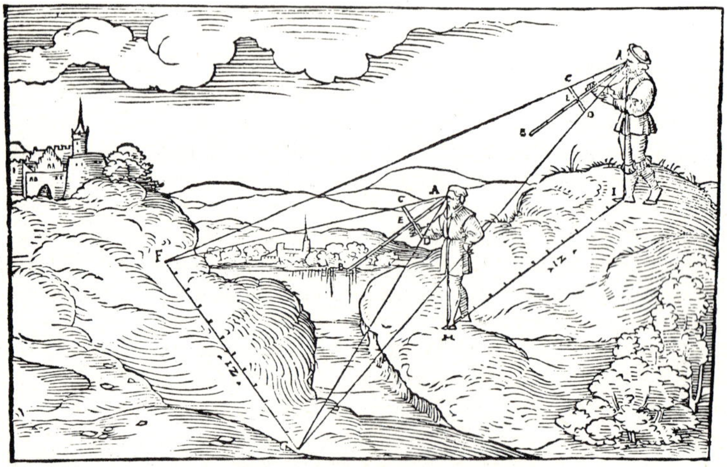

A

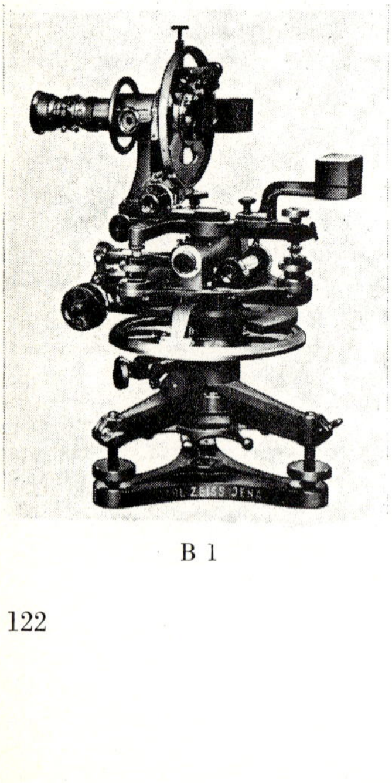

B 1

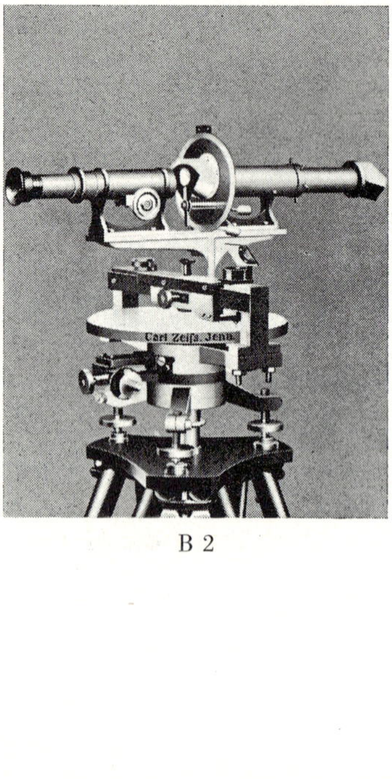

B 2

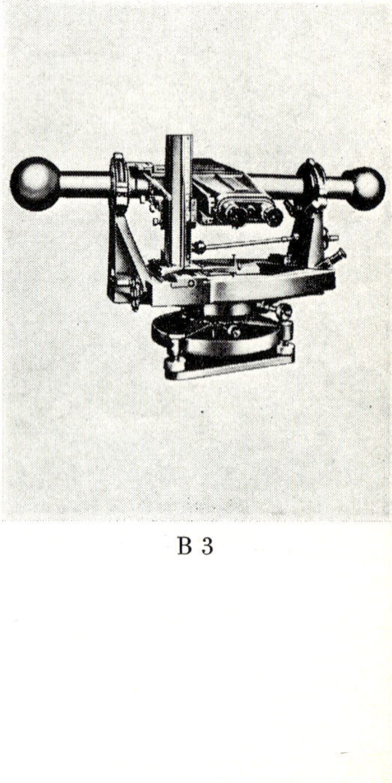

B 3

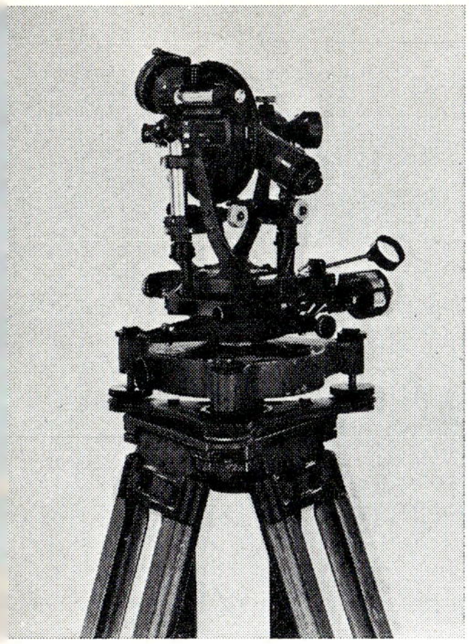
C 1

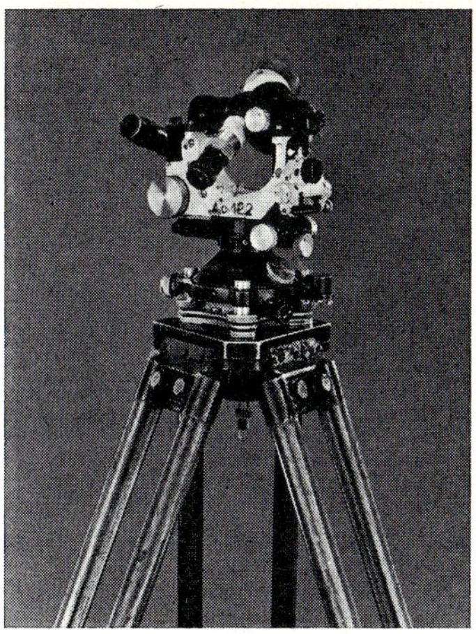
C 2

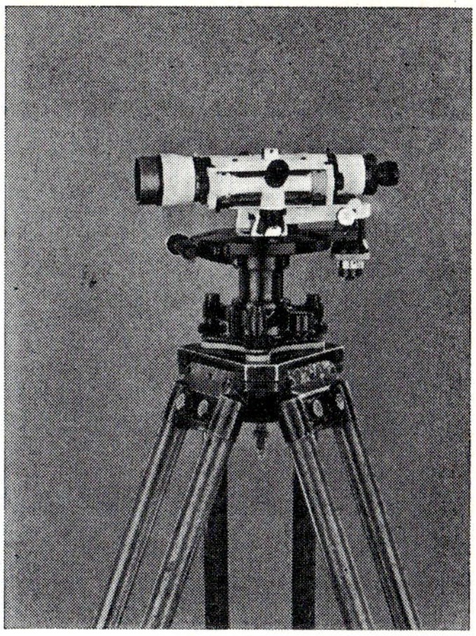
C 3

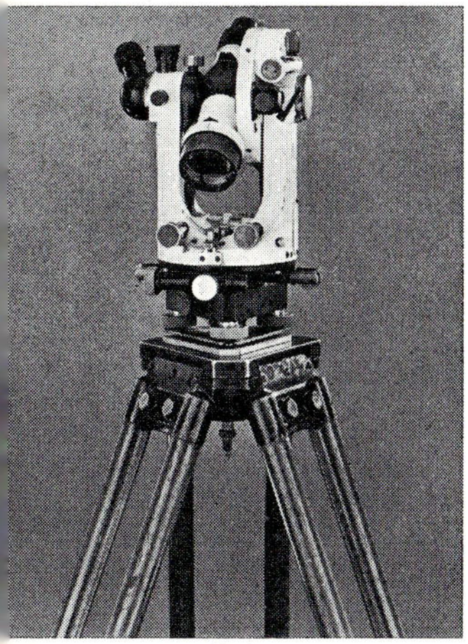
C 4

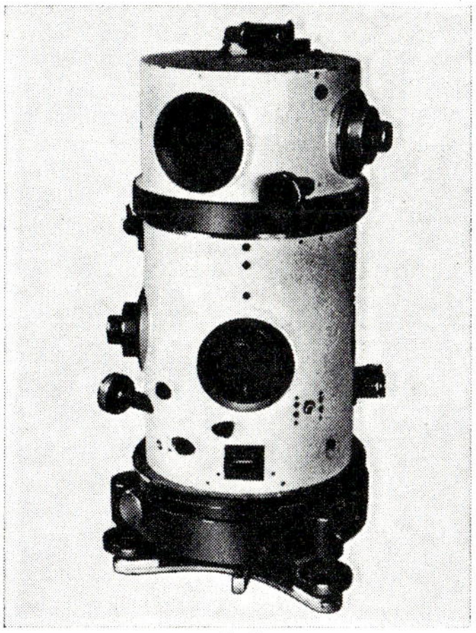
C 5

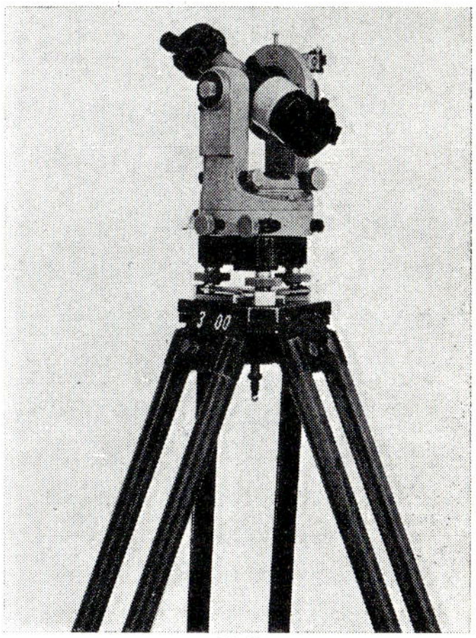
C 6

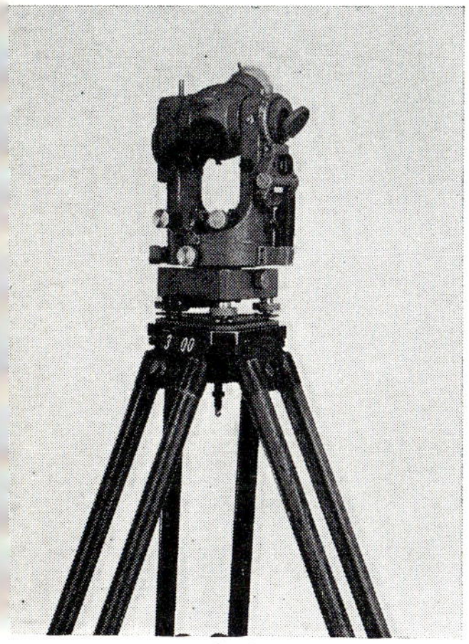
C 7

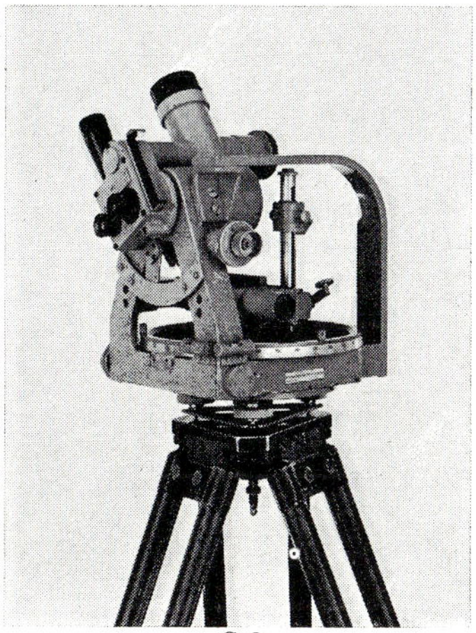
C 8

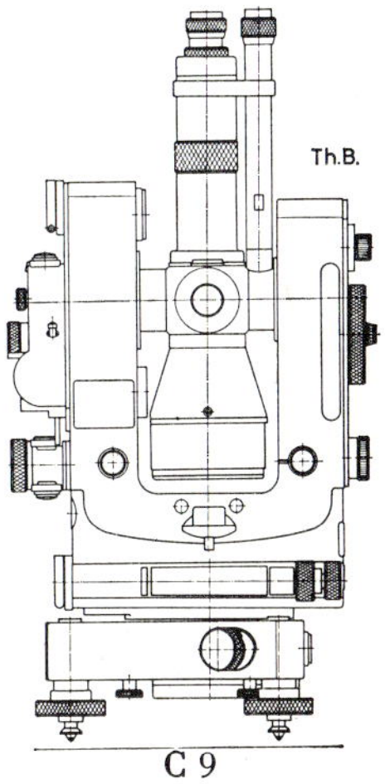

C 9

3. Tachymeter nach dem Reichenbach-Prinzip

Jeder der genannten Th sowie alle Ni sind selbstverständlich mit Reichenbach'schen Distanzstrichen ausgestattet. Da alle Serien-Th Innenfokussierung haben, konnte man die Additionskonstante für Zielweiten über 10 m praktisch so klein halten, daß sie gegenüber der Streckengenauigkeit vernachlässigt werden konnte. Wenig bekannt, trotz vieler falscher und einiger richtiger Veröffentlichungen, ist die optische Tatsache, daß bei Innenfokussierung die „Additionskonstante" mit der Zielweite variabel ist und gerade bei Zielweiten unter 10 m der Additionswert im Vergleich zur Genauigkeit merkbar ansteigt.

1928 hatte ich als Student an der TH Stuttgart Gelegenheit, die ersten Messungen mit einer nach WALTHER gebauten Profil-Kippregel durchzuführen. Beim Anzielen der auf einem Profilpunkt stehenden Latte (in Höhe z = i) wurde durch Kegelräder die Fernrohrkippung in eine horizontale Drehung des Zeichenmaßstabes auf dem Meßtisch umgesetzt. Am Maßstab wurde die an der entsprechend gekippten Latte abgelesene schiefe Entfernung abgetragen. Mit dieser Einrichtung konnten auf dem Felde Profile sehr schnell gezeichnet werden. Der Maßstab konnte außerdem von der Fernrohrkippung gelöst werden, so daß das Instrument auch als übliche Meßtisch-Kippregel verwendet werden konnte.

Ab 1929 wurde die konventionelle Meßtischkippregel I, später C,

F 25 x 30 K 100 200 400 V Nonius $\pm$ 50^{cc} Strich $\pm$ 1^{c}

und ab 1934 die etwas genauere Meßtischkippregel III, später B, hergestellt:

F 26 x 35 K 100 200 400 V Skala $\pm$ 25^{cc}

Ab 1937 wird eine kleine handliche Tachymeter-Bussole „Tachytop" nach PFITZER gebaut. In der Ableselupe waren Bussole und V-Kreis nebeneinander zu sehen.

F 14 x 21 A $\pm$ 5^{c}

Bei allen Reichenbach'schen Instrumenten ist eine Reduktion nötig. Diese umfangreichen Berechnungen veranlaßten 1900 den Stuttgarter Professor HAMMER eine automatische Reduktion zu erfinden, die dann von FENNEL in eine technische einfache Form gebracht wurde. Der Nachteil dieser Kurventachymeter war, daß das halbe Fernrohrgesichtsfeld verdeckt wurde.

Der norwegische Geometer DAHL schlug 1919 vor, die Kurven auf den V-Kreisträger aus Glas aufzutragen und das Gelände ebenfalls auf diesen V-Kreis abzubilden. Damit bleibt das ganze Fernrohrgesichtsfeld frei. Die Entwicklung dauerte aus mir unbekannten Gründen etwa 2 Jahrzehnte; das Instrument „Dahlta" genannt, kam 1942 auf den Markt und fand in kurzer Zeit guten Anklang.

Abb. D: Tachymeter nach dem Reichenbach-Prinzip.
1. Profil-Kippregel (Walther 1928).
2. Tachymeter-Bussole Tachytop (Pfitzer 1937).
3. Kleintheodolit Th F (1938).
4. Vertikale Latten. Von links nach rechts:
für Uferabstandmesser (s. Abb. E 7) mit Sonderziffern,
für Dahlta (s. Abb. D 3),
für (Kipp-) Lodis (s. Abb. E 5 und E 6),
für Tachytop (s. Abb. D 2),
für Profilkippregel (s. Abb. D 1) mit Kippachse.
5. Horizontale Latten. Von oben nach unten:
Basislatte 1 m (oder 3 m),
Basislatte 2 m,
Redtalatte, 1 cm Intervall,
Redtalatte, 2 cm Intervall,
Dimesslatte, 2 cm Intervall.
6. Reduzierender Tachymeter-Theodolit Dahlta (Dahl 1942) mit Kartiertisch (von Gruber 1952).

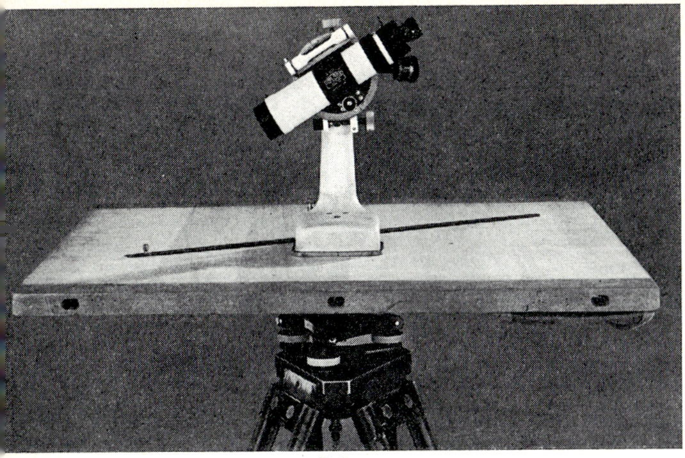

D 1

D 2

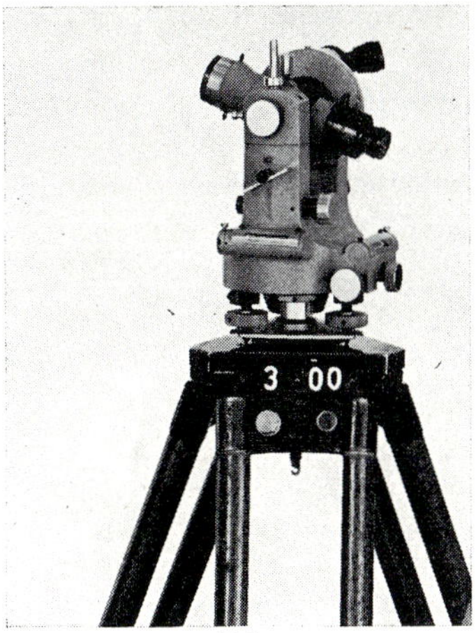

D 3

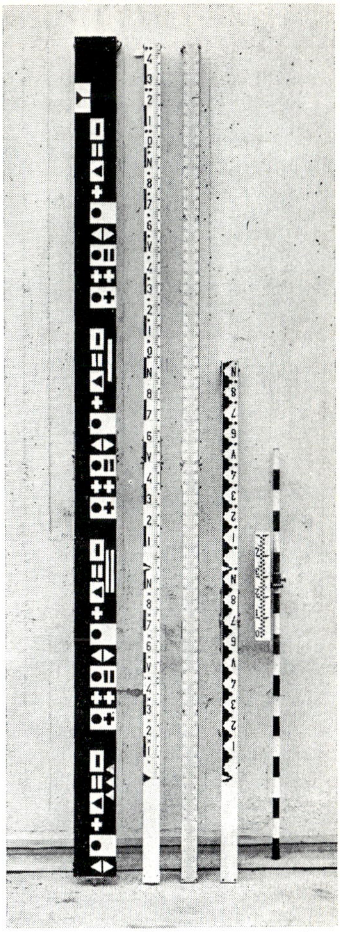

D 4

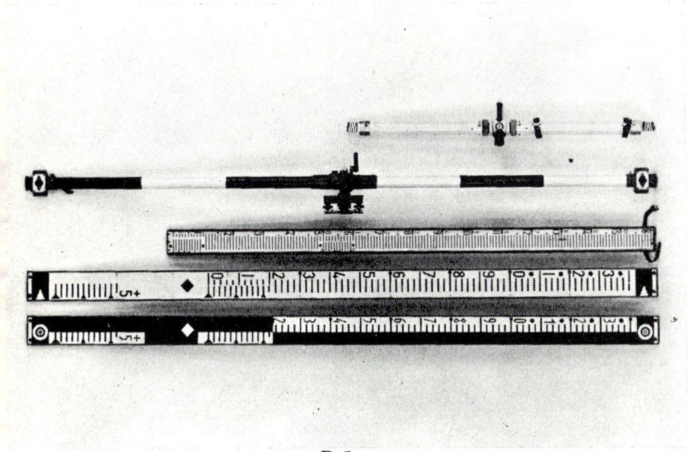

D 5

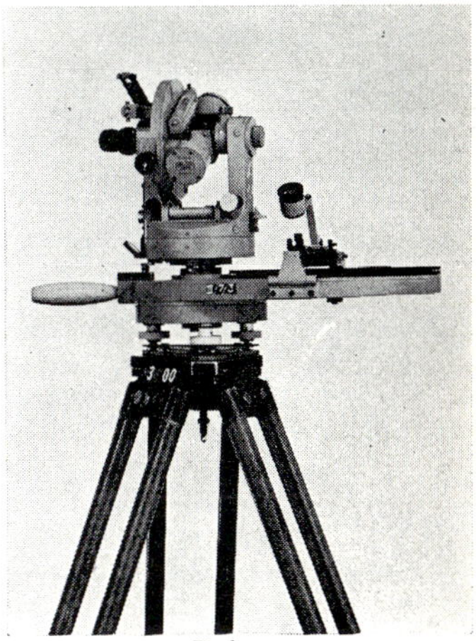

D 6

Im „Dahlta" hatten die Kurven eine angenehme Steigung:

Strecken k = 100
Höhen k = 10 20 100

Die später unternommenen Versuche einiger Firmen, die Kurven noch flacher zu machen, konnten keine Verbesserung bringen. Insbesondere sind mechanische Steuerungen sehr bedenklich gegenüber der stabilen optischen Kurvenbildung des Dahlta. Sonst war das Dahlta wie der Th IV ausgestattet.

F 21 x 40 Z $\pm$ 1,8^{cc} A $\pm$ 10^{cc}

Repetition mit Mahler-Klemme möglich. Die Strecken- und Höhengenauigkeit beträgt k = 100,

$\pm$ 10 cm/100 m proportional s proportional k/100

Die Genauigkeit ist wegen der vertikalen Latte stark von der Refraktion abhängig.

Bemängelt wurde an dem Instrument die Parallaxe zwischen den beiden Strichplatten (leicht einstellbar) und einmal sogar absolut „falsche Kurven", wobei dieser Fehler aber auf eine schiefe Latte zurückzuführen war.

Eine wertvolle Ergänzung für das Dahlta war der von O. v. Gruber angegebene Kartiertisch, dessen kreisrunde Zeichenfläche sich stets rechts vom Fernrohr befand, während das Zeichenblatt stets nach Norden orientiert blieb. Eine sehr gelungene Kombination.

4. Instrumente mit Glaskeilen (Doppelbild)

Die vierte und letzte zu behandelnde Instrumentengruppe sind die Tachymeter, bei denen der parallaktische Winkel durch einen Glaskeil erzeugt wird. Die Idee der Doppelbilder stammt von dem Amerikaner Richards, 1894. Doch wurde aus subjektiven Gründen das Reichenbach'sche Verfahren vorgezogen, vermutlich wegen der störenden Doppelbilder und einer völlig falschen Vorstellung über die mögliche Genauigkeit. Der alte Fehler: das Alte ist das Bessere!

1922 meldete der Schweizer Grundbuchgeometer Bosshardt ein Patent an, bei dem der parallaktische Winkel γ proportional mit dem cos des Höhenwinkels durch ein vor das Fernrohr angebautes Drehkeilpaar verändert wurde; Keildrehung = Fernrohrkippung durch Kegelradverbindung. Maßgebende schweizer Firmen lehnten den Bau ab. Dr. Albert König bei CZ ging jedoch sofort auf diese Idee ein. Die später von einer anderen Firma eingebaute sin-Drehung für die Höhe lehnte aber König aus Genauigkeitsgründen ab, ergänzte dafür die Höhenteilung durch eine tg-Teilung. Auch andere optische Finessen wie das Ineinanderlegen der Pupillen oder die optische Bildtrennung stammen von A. König.

1924 war ein Probe-Instrument des „Bosshardt-Zeiss" Redta fertig. Das Deutsche Museum in München war so freundlich, es uns für die Dauer unserer Ausstellung zur Verfügung zu stellen. Wie zeigen außerdem vier weiterentwickelte Exemplare des Redta. Für die Werbung hat Bosshardt 1930 ein Buch geschrieben und darin sehr ausführlich die mit dem Instrument eng verbundene polare Aufnahme-Methode publik gemacht. Außerdem wurden sehr umfangreiche Untersuchungen

Abb. E: Doppelbild-Tachymeter (Latten s. Abb. D 5).
1. Reduktions-Tachymeter (Boßhardt 1924). Muster. Latte s. Abb. D 5.
2. Desgleichen, 1. Serie.
3. Desgleichen, 3. Serie.
4. Desgleichen, 4. Serie. Latte s. Abb. D 5.
5. Lodis (1927); Latte s. Abb. D 4.
6. Kipplodis (Gröne 1934) mit Steilsichtaufsatz (Pöhling 1930).
7. Uferabstandmesser (1936), Latte s. Abb. D 4.
8. Teletop (1937).
9. Keilmikrometer, Zusatz zum Universaltheodolit Th II oder Th C (1940). Muster.

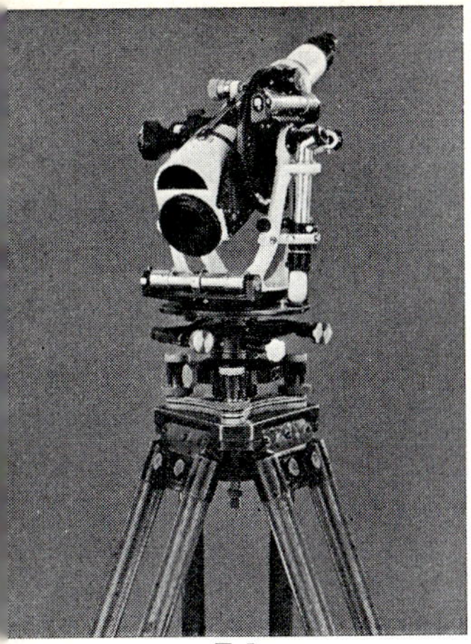
E 1

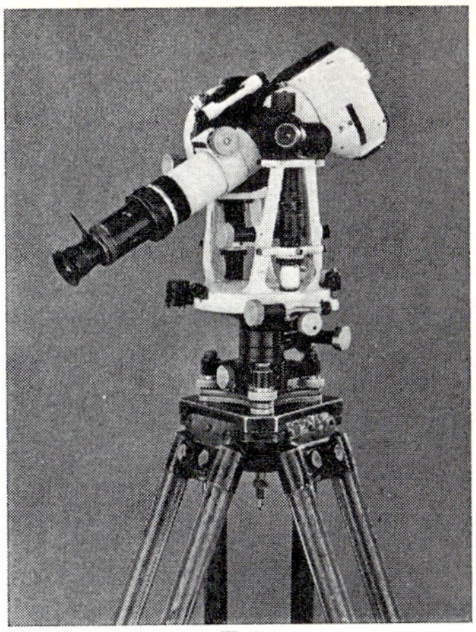
E 2

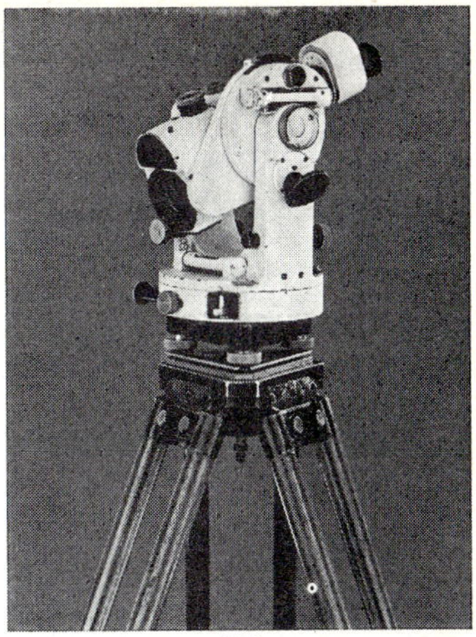
E 3

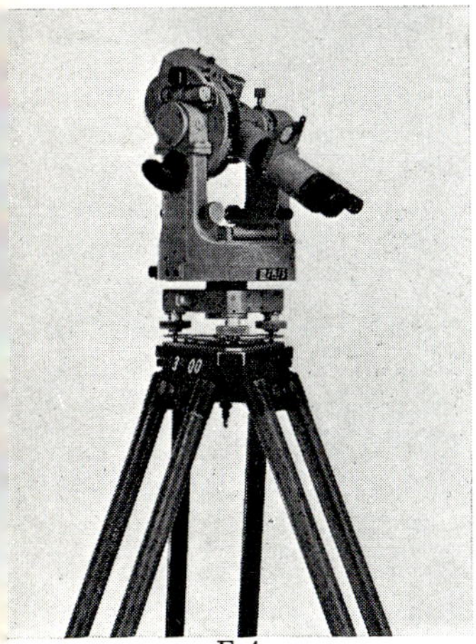
E 4

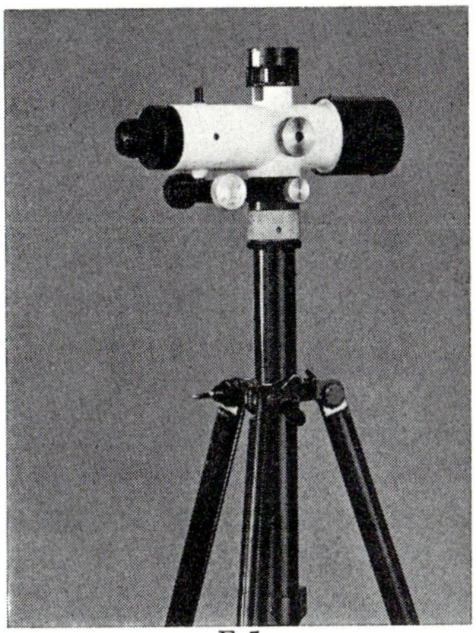
E 5

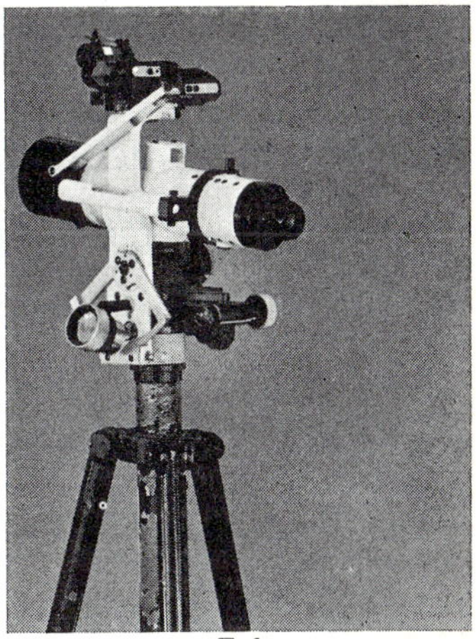
E 6

E 7

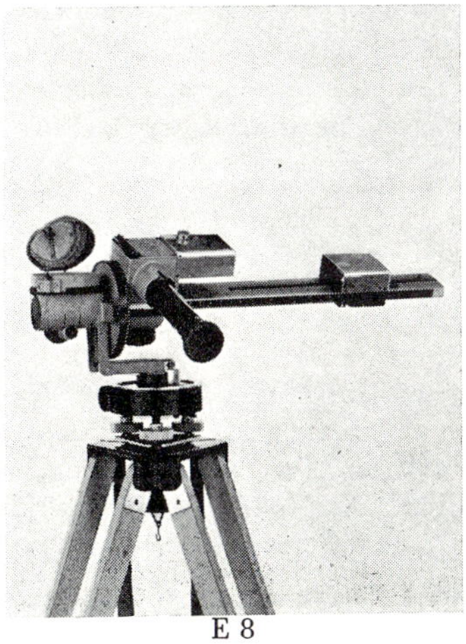
E 8

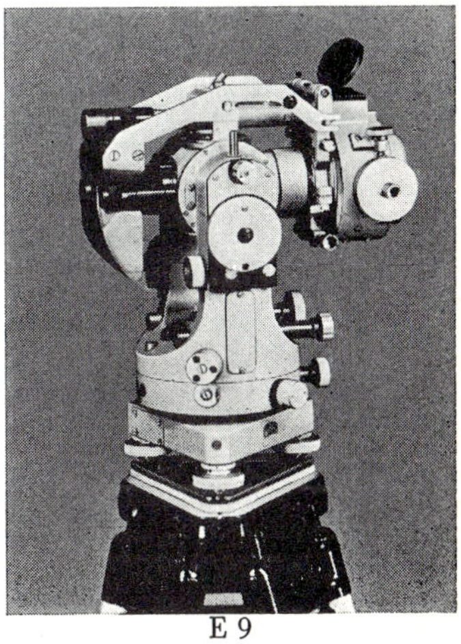
E 9

ausgeführt, siehe O. v. GRUBER „Optische Streckenmessung". Die Genauigkeit ergab sich theoretisch und praktisch zu

$$\pm \sqrt{1 + s^2}\ \text{cm, s in 100 m} \quad \text{F 24 x 42}$$

sonst wie Th IV.

Schweizer und österreichische Behörden haben sich sehr schnell auch mit entsprechend geänderten Vorschriften auf dieses zeitsparende Instrument eingestellt. In Deutschland wurde es dagegen nur zögernd angeschafft, weshalb auch nach dem Weltkrieg eine entsprechende Lücke vorhanden war.

Außerhalb der deutschsprachigen Länder hat sich dieses genial konstruierte Instrument überhaupt nicht eingeführt, vermutlich weil dort kein so großer Genauigkeitsaufwand getrieben wurde.

Eine Konzession an die Anhänger der Orthogonal-Methode war das 1927 gebaute Lodis. Die achromatischen Teilkeile sind so eingebaut, daß die Additionskonstante 0 wird. k = 20 ist ungewöhnlich klein, führt aber trotz vertikaler Latte zu einer Streckengenauigkeit von ± 1–3 cm; dafür wird die maximale Entfernung auf etwa 60 m begrenzt. Die Bildtrennung geschieht durch eine Scheidewand.

Ein Steilsichtaufsatz nach PÖHLING, eine optische „Kreuzscheibe", dient zum Aufsuchen des Lotfußpunktes. x und y werden dann mit dem Lodis aus der Differenz der beiden Lattenablesungen gemessen.

F 18 x 26

Um das Lodis auch bei welligem Gelände einsetzen zu können, wurde 1934 nach GRÖNE im Kipplodis das Fernrohr kippbar angebracht. Die gemessenen Strecken müssen daher reduziert werden. Wegen der exzentrischen Anbringung des Fernrohres ist bei der Kippung eine am Instrument ablesbare Korrektion anzubringen.

Zu nicht mehr genau feststellbaren Zeiten wurde für verschiedene Theodolite ein Zusatzkeil „Dimess" entwickelt: k = 100, evtl. Maßstabskorrektur. Latte mit 1 cm-Intervallen hatte 20-teiligen Nonius, Schätzung der Entfernung auf ± 2 cm. Später wurde ein Planplattenmikrometer zur Koinzidenzeinstellung mit der Genauigkeit des Redta eingebaut. Bildtrennung durch Lattenbemalung (1931).

Primitiver und daher verhältnismäßig ungenauer ist der Ufer-Abstandsmesser, ein einäugiger Feldstecher mit Keilvorsatz. Damit wurden die Abstände eines Bootes von 2 am Ufer aufgebauten Latten gemessen. Wegen der Schaukelei wurden die Lattenziffern durch Zeichen ersetzt. Unsere Ausstellung zeigt ein solches Unikum von Latte (1936).

Ab 1937 wurde ein Schnittbildentfernungsmesser mit variabler Basis, das Teletop, angeboten. Zunächst als Freihandinstrument gedacht, wurde es bald mit Bussole und Höhenkreis ausgestattet. Der parallaktische Winkel wird durch Vorsetzen entsprechender Glaskeile vor das feste Pentaprisma erzeugt, die Koinzidenz am Bildschnitt durch das verschiebbare andere Pentaprisma. Die Basis, max. erst 20, später 30 cm, wird an einem Maßstab abgelesen. Bildtrennung durch Doppelglaskeil.

k	100	250	500	1000	2000
Genauigkeit	± 0,1	0,25	0,5	1	2 %
max.	30	75	150	300	600 m

Während des zweiten Weltkrieges entstand noch ein Zusatzinstrument zum Th II bzw. C–40. das Keilmikrometer „Keimi". Wie beim Redta wurde ein Drehkeilpaar vor das Fernrohr gesetzt; dieses hat aber keine Zahnradverbindung mit der Fernrohrkippung. Die 2 Endmarken (Einfach- und Doppelstrich) einer Basislatte werden zur Koinzidenz gebracht, die dazu nötige Keildrehung optisch sehr genau mit Teilungen gemessen, die fest mit den Drehkeilen verbunden sind. Nach einigen rechnerischen Reduktionen erhält man daraus die Entfernung mit der überhaupt größtmöglichen Schärfe. (Der Grundgedanke des Keimi von BERROTH – FENNEL ist wesentlich anders.) Da das Militär kein Interesse zeigte, konnte das Zusatzgerät während des Krieges nicht in Serie gehen. Die seinerzeit von uns patentierte Idee wurde nach Patentablauf im Code-Theodolit von Kern zur Streckenmessung benutzt.

Unabhängig von den bisherigen 4 Tachymeterarten wurden ab 1937 bis 1945 von meinem Mitarbeiter Dr. CANTZ Versuche zur elektronischen Entfernungsmessung mit Impulsen gemacht. Mit einer primitiven Ausrüstung haben wir bereits 1938 die Entfernung vom Hochhaus nach einem in 100 km Abstand fliegenden Flugzeug auf ± 1 km genau gemessen. Diese Genauigkeit wurde auf ± 50 m gesteigert. Doch wurde uns die Weiterentwicklung von der Luftwaffe strikt untersagt. Es gelang uns jedoch, die Versuche auf einen elektronischen Höhenmesser abzubiegen, dem FuG 103, mit dem beliebige Höhen über Grund auf ± 2 m gemessen werden konnten. Unser Mitarbeiter Dr. BRUCKLACHER hat ein solches Gerät bei photogrammetrischen Flügen praktisch benutzt. Auch dies waren Streckenmessungen.

Zu unseren Streckenmeßkursen

Auch unsere Streckenmeßkurse haben eine interessante Geschichte, die mit der Entwicklung und dem Vertrieb der optischen Streckenmeßgeräte eng verbunden ist.

Otto VON GRUBER wurde 1925 als Nachfolger von HAMMER an die Stuttgarter TH berufen. Die neuen optischen Instrumente wurden von ihm keineswegs mehr in Glasvitrinen gestellt, sondern wir Studenten mußten sie benutzen. Er suchte jedoch auch Kontakt und Verständnis bei den Praktikern. Zu diesem Zweck hielt er in Ulm für den württembergischen DVW im Jahr 1927 einen sehr beachtlichen Lichtbildervortrag über optische Distanzmessung. Nach dem Tode von PULFRICH übernahm O. v. GRUBER im April 1929 die Leitung des 6. Ferienkurses für Photogrammetrie in Jena.

Da die Behörde nicht von der Orthogonalmethode abgehen wollte, die Polarmethode sogar verboten wurde, hielt O. v. GRUBER vom Herbst 1928 bis 1929 insgesamt 4 „Kurse für optische Streckenmessung" mit jeweils 30 Teilnehmern ab. Über das Ergebnis der dabei gemachten praktischen Vergleiche berichteten O. v. GRUBER und W. SCHNEIDER im DVW. Die Kurse waren eine Einführung der Praktiker in die neuen Instrumente; in Hohenheim wurden praktische Messungen durchgeführt und dabei die Genauigkeit und die Wirtschaftlichkeit der einzelnen Ausrüstungen bestimmt und verglichen.

Daraus entstanden dann die „Kurse für optische Streckenmessung" in Jena, ab 1936. Diese Kurse mußten häufig zweimal nebeneinander abgehalten werden.

1942 regte SLAWIK vom Verlag Wichmann an, die Vorträge in Form eines Buches herauszubringen. Das ist noch 1942 ausgeführt worden:

> O. v. GRUBER: „Optische Streckenmessung und Polygonierung mit besonderer Berücksichtigung von Zeiss-Instrumenten.

Bis zum Tode O. v. GRUBERS 1942 fanden 14 Kurse mit zusammen fast 800 Teilnehmern statt. Sie wurden bis Kriegsende weitergeführt, was insgesamt auf 1000 Teilnehmer führte. Nach Einführungsvorträgen wurde mit verschiedenen Ausrüstungen (Th C + Bala, Th C + Dimess, Redta, Dahlta) dasselbe geschlossene Polygon im Gelände vergleichend gemessen.

1953 hält Prof. KNEISSL den ersten „Internationalen Streckenmeßkurs" in München ab. Studenten und Praktiker sollten von den Fortschritten im Instrumentenbau, „besonders auch" auf dem Gebiete der optischen Streckenmessung in regelmäßig alle 2 Jahre abzuhaltenden Lehrkursen profitieren. Auch die Industrie sollte sich untereinander näher kommen. Die Ergebnisse sollten im Handbuch der Vermessungskunde von JORDAN–EGGERT–KNEISSL ihren Niederschlag finden.

Anfangs wurden noch die bewährten systematischen Jenaer Methoden eingehalten. 1955 erschien die 2. Auflage des Buches O. v. GRUBER ohne Untertitel, weil alle optischen Streckenmeßgeräte enthalten waren. Das Buch wurde in der Praxis gut aufgenommen.

Im Verlag WITTKE erschienen unter dem Titel „Internationale Streckenmeßkurse in München", herausgegeben von M. KNEISSL, die im Gruberbuch nicht enthaltenen Vorträge. Im dritten, derartigen

Kurs 1957 wurden ausschließlich Themen der elektro-optischen Entfernungsmessung gewählt. Die Gestaltung des Programms geschah ohne Zeiss; nach der Einladung auf dem vorläufigen Programm hatten wir die Möglichkeit, einen Nachmittag nach unserem Stil zu gestalten. Leider waren wird durch den Neuaufbau in Oberkochen noch nicht so beweglich wie die vom Kriegsgeschehen nicht berührten Firmen.

Zur Wahrung der Internationalität wurden später die Kurse wechselweise in München, Zürich und Graz (1970) abgehalten. Diese Kurse sind mit der ursprünglichen Zielsetzung der Zeiss'schen Streckenmeßkurse nicht mehr identisch. Nachdem wir nun eine neue Generation von Streckenmeß-Instrumenten im SM 11 und Reg Elta 14 haben, war es naheliegend, mit der altbewährten Form das Gespräch zwischen dem Instrumentenhersteller und dem zukünftigen Benutzer wieder aufzunehmen.

Autorenverzeichnis

Prof. Dr.-Ing. Friedrich Ackermann
Institut für Photogrammetrie
Universität Stuttgart
7 Stuttgart 1, Keplerstr. 10

Prof. Dr.-Ing. Heinz Draheim
Rektor der Universität Karlsruhe
Geodätisches Institut
75 Karlsruhe, Englerstr. 7

Prof. Dr.-Ing. Gustav Förstner, i. Hse. Carl Zeiss
Abteilung für Geodäsie und Photogrammetrie
7082 Oberkochen/Württ.

Dr.-Ing. Ludger Hallermann
Geodätisches Institut der Universität Bonn
53 Bonn, Nußallee 17

Bundesbahnoberrat Dipl.-Ing. Hans-Joachim Heinrich
Dezernat 46 der Bundesbahndirektion Stuttgart
7 Stuttgart 1, Heilbronner Straße 7

Vermessungsrat Dr.-Ing. Hans Knoop
Niedersächsisches Landesverwaltungsamt
Landesvermessung
3 Hannover 1, Warmbüchenkamp 2

Dr.-Ing. Helmut Leitz i. Hse. Carl Zeiss
Abteilung für Geodäsie und Photogrammetrie
7082 Oberkochen/Württ.

Dr. Ernst Michelbacher i. Hse. Carl Zeiss
Abteilung für Geodäsie und Photogrammetrie
7082 Oberkochen/Württ.

Bundesbahnoberamtmann Günter Pauletzki
Deutsche Bundesbahn, Zentralstelle für Betriebswirtschaft
6 Frankfurt (Main), Güterplatz 8

Wiss. Rat und Professor Dr.-Ing. Bodo Schrader
Technische Universität Braunschweig
Institut für Vermessungskunde,
33 Braunschweig, Pockelstr. 4

Oberregierungsvermessungsrat Peter Schulze
Landesvermessungsamt Baden-Württemberg
Abteilung Neumessung
7 Stuttgart 1, Büchsenstraße 54

Die „Allgemeine“ Spezielle: AVN

Die Fachzeitschrift AVN behandelt das weite Arbeitsgebiet des Vermessungswesens — Wissenschaft, Technik, Verwaltung und Wirtschaft — mit allen Randgebieten. Sie gibt Informationen für alle Berufe, die im weiten Sinne mit der Erfassung, Beschreibung und Gestaltung der Erdoberfläche zu tun haben.

Neben der Bewältigung der aktuellen Belange für die Praxis bietet die AVN dem Leserkreis durch Schwerpunkthefte, die nur einem Thema gewidmet sind, die Möglichkeit einer umfassenden Unterrichtung und Orientierung. Die elektronische und elektrooptische Entfernungsmessung, das Bundesbaugesetz, Ingenieurvermessungen, die Ermittlung von Grundstückswerten, die Modernisierung des Katasters, die Kartographie der Erde und des Weltraums und das geodätische Rechnen sind Beispiele für besonders wichtige Themen, die immer wieder Berücksichtigung finden.

Fachblatt

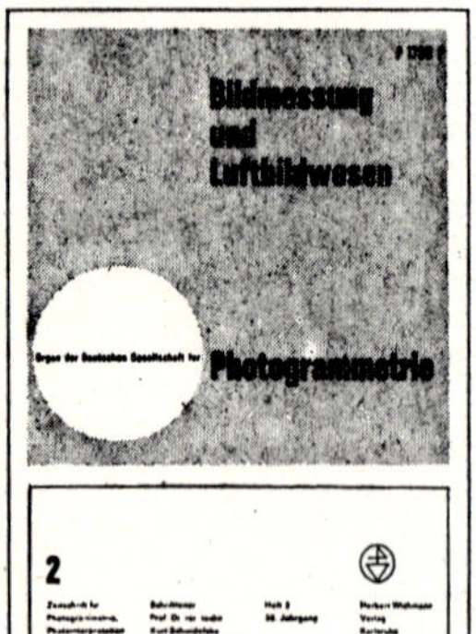

— **für den Geodäten aller Sparten:** Originalbeiträge aus Theorie und Praxis der Photogrammetrie und aus ihren Grenzgebieten und Grundlagenwissenschaften; Tagungsberichte; Personalmitteilungen

— **für den Nachwuchs auf Hoch- und Fachschulen, in Praxis und Verwaltung:** Einführungs- und Übersichtsarbeiten; Autorenreferate über neue Dissertationen; Hochschulnachrichten

— **für den ausländischen Fachkollegen:** kurze Zusammenfassungen aller Originalbeiträge in den drei Sprachen der Internationalen Gesellschaft für Photogrammetrie; Buchbesprechungen deutscher und ausländischer Werke

— **für den Ingenieur, vor allem im Bauwesen:** interessante, neue Anwendungen der Photogrammetrie

— **für den Geowissenschaftler:** Beiträge aus dem Gebiet der Photointerpretation

Herbert Wichmann Verlag
75 Karlsruhe 21 · Postfach 210729